征地补偿及收益分配制度研究

陈 莹 著

华中科技大学人文社会科学学术专著出版基金
国家自然科学基金（71603089）

科 学 出 版 社

北 京

内 容 简 介

本书首先介绍了我国征地补偿及收益分配政策演变，对全国 31 个城市 2010～2016 年征地过程中增值收益分配情况进行公平性分析。其次，测算不同区位被征地农民的福利变化，了解农户的受偿意愿，按照损失与补偿相一致，尊重农民意愿的原则，确定补偿标准和补偿方式。然后，从各主体意愿期望、土地增值收益贡献及风险分担额度，构建土地增值收益分配关系。再次，以罗尔斯正义论为指导，分析征地对弱势和非弱势群体的权益影响，同时结合不同类型弱势群体的利益诉求，提出差异化的农户权益保护政策。最后，以分配纠纷诉讼案例为基础，分析征地补偿款集体内部分配问题。

本书可供各级政府部门、土地资源管理、农林经济管理及资源环境管理相关领域的科研人员及高校师生参考。

图书在版编目（CIP）数据

征地补偿及收益分配制度研究 / 陈莹著. —北京：科学出版社，2023.9

ISBN 978-7-03-071501-2

Ⅰ．①征… Ⅱ．①陈… Ⅲ．①土地征用－补偿－研究－中国②土地征用－利益分配－研究－中国 Ⅳ．①F321.1

中国版本图书馆 CIP 数据核字（2022）第 027057 号

责任编辑：徐 倩 / 责任校对：贾娜娜
责任印制：张 伟 / 封面设计：有道设计

科 学 出 版 社 出版
北京东黄城根北街 16 号
邮政编码：100717
http://www.sciencep.com

北京盛通数码印刷有限公司 印刷
科学出版社发行 各地新华书店经销

*

2023 年 9 月第 一 版 开本：720 × 1000 1/16
2024 年 1 月第二次印刷 印张：15
字数：300 000

定价：156.00 元
（如有印装质量问题，我社负责调换）

作 者 简 介

陈莹，女，汉族，1980 年 12 月生，湖北武汉人，教授。1999～2008 年就读于华中农业大学土地资源管理专业，并取得管理学博士学位。2008～2010 年在华中科技大学理论经济学博士后流动站工作两年，现就职于华中科技大学公共管理学院，主要研究方向为土地经济、土地管理。主持完成了国家自然科学基金、国家社会科学基金、教育部人文社会科学基金、中国博士后特别资助基金、中国博士后科学基金等多项省部级课题。出版专著《农民权益保护下的征地补偿及安置政策研究》《武汉市土地集约利用时空分异及功效评价研究》，副主编普通高等教育"十二五"本科国家级规划教材《土地资源学》（一版、二版）。在《管理世界》《中国土地科学》《经济地理》《长江流域资源与环境》以及 SSCI 期刊 *Land* 等发表学术论文 30 余篇。

目　　录

第1章 绪 论

1.1 研 究 背 景

土地征收问题不仅是关系到我国经济发展和粮食安全的重要问题，也是保障农民利益、维护社会稳定的一个关键问题。根据中国社会科学院公布的《2013 年中国社会形势分析与预测蓝皮书》，60%的失地农民生活困难，73%的农村上访和纠纷都和土地有关，其中40%的上访涉及征地纠纷问题，征地纠纷问题中的 87%则涉及征地补偿和安置。学术界普遍表示征地补偿低，一味强调要提高征地补偿标准，然而不断提高的征地补偿标准并未给农民带来心理上的满足。在我国高补偿标准的发达地区也并不比低补偿标准的欠发达地区征地纠纷少，甚至更突出，归其原因，矛盾的根源不在于补偿数量的多少，而在于时间和空间尺度上征地过程中土地收益分配的不均衡性。

现有征地过程中的土地收益分配规则并没有纳入一个完整的科学的分配体系中予以考虑，只是单纯地规定了征地补偿标准、土地征收过程中的税费标准，土地出让金是以市场化的"招拍挂"方式予以确定。其中，征地补偿标准还有很多地区仍采用年产值倍数法予以确定，缺乏科学性，并且农村集体经济组织（简称村集体）和农户之间的分配方式主要采用村民自治的方式，缺乏一定的监督机制，分配矛盾突出。林瑞瑞等（2013）从省级层面考察当前的土地增值收益分配格局，集体（农民）、政府和开发商所得增值平均比例分别为 3.70∶22.32∶73.98。2005～2012 年，东部区域集体（农民）和地方政府之间土地增值收益的差距愈加明显，即土地增值收益分配越发不平衡，而中西部区域增值收益分配不平衡程度趋向平缓。

面对上述问题，亟须通过调控手段来平衡征地过程中各权利主体之间的利益分配关系，以保障农民的权益。中央政府高度重视失地农民问题，党的十八大明确提出"改革征地制度，提高农民在土地增值收益中的分配比例"[①]。十八届三中全会《中共中央关于全面深化改革若干重大问题的决定》再次提出"建立兼顾国家、集体、个人的土地增值收益分配机制，合理提高个人收益"[②]。2015 年 1 月，中共中央办公厅和国务院办公厅联合下发《关于农村土地征收、集体经营性建设

---

① 《胡锦涛在中国共产党第十八次全国代表大会上的报告》，http://www.gov.cn/ldhd/2012-11/17/content_2268826.3.htm[2012-11-17]。

② 《中共中央关于全面深化改革若干重大问题的决定（2013 年 11 月 12 日中国共产党第十八届中央委员会第三次全体会议通过）》，http://cpc.people.com.cn/n/2013/1115/c64094-23559163-3.html[2013-11-15]。

用地入市、宅基地制度改革试点工作的意见》，并在全国选取 33 个县（市、区）行政区域进行试点。对实施农村土地征收改革的试点地区，暂时调整为实施原《中华人民共和国土地管理法》第四十七条关于征收集体土地补偿的规定，明确综合考虑土地用途和区位、经济发展水平、人均收入等情况，合理确定土地征收补偿标准，安排被征地农民住房、社会保障。加大就业培训力度，符合条件的被征地农民全部纳入养老、医疗等城镇社会保障体系。有条件的地方可采取留地、留物业等多种方式，由村集体经营。改革以建立城乡统一的建设用地市场为方向，以夯实农村集体土地权能为基础，以建立兼顾国家、集体、个人的土地增值收益分配机制为关键，以维护农民土地权益、保障农民公平分享土地增值收益为目的，因地制宜、循序渐进，让农民平等参与现代化进程、共同分享现代化成果。2017 年11 月十二届全国人大常委会第三十次会议决定，将试点工作延长至 2018 年 12 月31 日。在 2018 年 12 月十三届全国人大常委会第七次会议，国务院对关于"三块地"（农村土地征收、集体经营性建设用地入市、宅基地）制度改革试点情况进行了总结，并决定将试点再次延长至 2019 年 12 月 31 日。2019 年《中共中央 国务院关于坚持农业农村优先发展做好"三农"工作的若干意见》又指出"在修改相关法律的基础上，完善配套制度，全面推开农村土地征收制度改革和农村集体经营性建设用地入市改革，加快建立城乡统一的建设用地市场"①。

　　提高征地补偿并不能减少征地矛盾冲突，国家从改革理念和实践探索中均提到了提高农民在土地增值收益分配比例和构建公平合理的土地收益分配机制，这引发了我们的思考，现行的征地补偿及收益分配情况如何？是否公平合理？各个利益主体期望的土地收益分配格局是怎样的？怎样的收益分配格局才是合理的？征地补偿如何弥补城市内部不同微观区位被征地农民的福利损失，并满足其意愿需求？征地中的老弱病残等弱势群体我们该如何保护其权益？征地补偿款在集体内部该如何分配？本书正是基于以上考虑进行分析，以期按照公平合理的原则完善征地补偿及土地收益分配政策。本书的部分成果在 2020 年 1 月 1 日实施的新《中华人民共和国土地管理法》得到了体现。

1.2　国内外研究进展

1.2.1　罗尔斯的正义论和征地过程中的福利均衡

　　罗尔斯主义是研究在一个多元化的社会背景下如何达成社会的公平正义，如

---

① 《中共中央 国务院关于坚持农业农村优先发展做好"三农"工作的若干意见》，http://www.gov.cn/ zhengce/ 2019-02/19/content_5366917.htm[2019-01-03]。

何解决社会的不平等问题,罗尔斯先后出版了《正义论》《政治自由主义》《万民法》《作为公平的正义—正义新论》等传世之作(赵敦华,1998)。罗尔斯的《正义论》是把最初的不平等作为应用的对象,在设计原始状态和无知之幕的前提下,运用"反思的平衡",推演出两个正义原则:一是权利、自由的优先原则;二是公平机会和差别原则。正义优先于效率原则和最大限度的利益总额原则,公平机会优先于差别原则。差别原则又被称为"最大最小值原则",即除非有一种改善两个人状况的分配,否则不管其中一人的状况得到多大的改善,而另一个人一无所得的话,一种平等的分配就更可取(罗尔斯,2009)。罗尔斯的《正义论》强调,只有关注底层民众的平等、自由的权利以及利益,才能维护社会秩序的稳定和增进政权的合法性(王超,2015)。在宏观经济研究中常常涉及政策分析时都必然涉及社会福利的价值判断(Atkinson,2001),因此罗尔斯的正义论被广泛用于解决贫富分化问题、弱势群体问题、资源和收入分配不公问题以及环境问题等(邹海贵和曾长秋,2010;欧阳葵和王国成,2014),然而,从罗尔斯正义论视角研究我国土地问题的文献很少,在中国知网上仅查阅到2篇,分别是关于土地出让金收益分配和农地确权制度改革(朱靖娟和李放,2013;杨庆育和高军,2015)。

西方征地涉及的利益集团主要包括开发前发展土地所有者(predevelopment landowners)、中间人(intermediate actors)、最终消费者(final consumers)、市场协调者(包括律师、规划者及政客)和地方政府(Bryant et al.,1982)。早期的研究集中体现在均值农地在同样的农地保护和发展政策下,农地发展和保护引起的福利不均衡,即所谓的暴利(windfall gain)和暴损(wipeout losses)(Gardner,1977;Epstein,1985;Kooten,1993),或者是征地过程中出现的直接与间接可见、间接不可见损失(Pond and Yeates,1994,1993),甚至是由于制度的不完善使农民在征地中福利受损(Gengaje,1992)。随着人们对环境的忧患意识和农地稀缺性的认识的提高,越来越多的研究开始注重流转中不同利益集团福利变化的定量研究。Innes(2000)以模型化的分析指出,征地补偿的设计和支付对于社会福利相当重要,政府必须考虑自身行为是否损害了土地所有者的利益。Nosal(2001)基于社会收益最大化提出关于税收、补偿的最优分配政策。Giammarino(2005)指出政府采取征收手段为增加社会效率的时候应该为之付费。Zhang和He(2011)从各个利益主体的福利角度出发,绝对和相对的社会福利由农村土地转化为城市土地的速度决定,政府必须给失地农民以绝对公平补偿来弥补他们失去土地的损失。Koroso等(2013)研究探讨政府在城市土地使用权转让中起到的作用是否符合良好治理的基本原则。Qian(2015)通过评估土地征用补偿的过程和各利益主体之间(政府、个体村民和村集体)的相互作用,分析混合补偿方式,即包括货币补偿、就业帮扶、股份制合作、社会安全保障和土地保留等一系列补偿措施。Mishra和Sam(2016)认为在以农业收入为主要收入来源的地区,对于女性来说,加强土地产权的权益有益于妇女生活的提高，对于妇女权益和相应的福利效益都有广泛的帮助。我国征地过程中涉及的利益主体包括农民、村集体、各级政府、开发商。毛振强等（2008）对土地征收和出让中不同集团利益取向进行了理论分析。丛旭文和王怀兴（2012）、邹秀清等（2012）对各利益相关主体在土地征收过程中的博弈策略进行分析，构建了在土地征收与补偿过程中博弈分析总体构架。

有关福利均衡的理论主要有：以关注社会最底层群体社会福利为主的罗尔斯主义；以追求社会总福利最大化的功利主义；以追求分配结果平等的平均主义；相对折中的纳什均衡；以追求代内、代际公平的可持续发展的公平原则。杨建顺（2013）认为中国应当注重土地征收中的利益均衡，借鉴法制发达国家"正当补偿"的经验，从财产权利的物权平等原则出发，保护各个主体的利益，实现土地征收中的利益均衡。彭开丽和张安录（2012）探讨了农地城市流转中不同权利主体的福利变化，建立了农地城市流转的福利分配模型，并且运用阿特金森指数和社会福利指数对武汉市2007～2010年土地征收中收益分配情况进行实证分析。高进云等（2007）、徐唐奇等（2011）分别从农民、农民集体的角度研究农地城市流转中的福利均衡问题。高进云和乔荣锋（2010a）以动态优化理论为基础，通过建立理论模型研究农民福利最优和总体福利最优的农地城市流转数量和时间路径。

1.2.2　征地过程中的土地收益分配

1. 农民分享土地增值收益

农民是否有权分享土地增值收益，主要围绕"涨价归公""涨价归私""公私兼顾"三种观点进行争论。"涨价归公"最早由英国经济学家约翰·斯图亚特·穆勒（John Stuart Mill）提出，他主张土地自然增值需要以课税的方式全部收归公有。亨利·乔治（Henry George）认为在最优城市规模的条件下土地增值来源于社会，应当由全社会共享。后来约瑟夫·尤金·斯蒂格利茨（Joseph Eugene Stiglitz）证明了在所有大型、帕累托最优的立体经济中，如果级差地租被很好地定义，Henry George 定理成立，而且在一定条件的竞争性经济中 Henry George 也成立，其拓宽了 Henry George 定理的适用范围（Arnott et al.，1994）。在我国"涨价归公"论的支持者刘勇（2003）认为，农地的增值是由于整个社会经济的发展而产生的，根据按劳分配与按生产要素分配相结合的原则，农民本身对于土地的增值没有贡献，因此农地的开发权利应该归于国家。"涨价归私"主要是在土地私有制条件下形成的土地价值补偿规范，他们认为所有者的权益应该充分保障。在我国，这一观点主要围绕维护农民土地权益展开，周其仁（2004）、周天勇（2006）、蔡继明（2004）均主张征地后的土地增值扣除必要的管理费用后要全部返还给农民。而我国学者大多数认同"公私兼顾"论，这是一种折中的观点，兼顾了各方面利益，比较符合我国土地二元所有制的实际情况，其核心是公平分配土地的自然增值，在公平补偿失地者的前提下，将土地自然增值的剩余部分用于支援全国农村建设，土地增值收益分配应当全面兼顾失地农民、在耕农民和中央政府三个方面（周诚，2006）。

明确要让农民分享土地增值收益是在党的十八大提出来的，因此以"农民分享土地增值收益"为主题词，截至 2016 年 12 月 31 日在中国知网上仅查阅到 21 篇文献，而且学者多是从现状分析农民获得的土地增值收益情况，认为农民分享份额低（杨红朝，2015；武立永，2014；王晓明，2016）。杨萍（2015）从产权经济学的角度，认为应该赋予农民农业用地到非农业用地的流转权。杨红朝（2015）提出生存权、发展权是农民分享土地增值收益的理论基础。谭术魁等（2015）基于实物期权理论和案例分析法讨论了土地二次开发中政府分享的土地增值收益。研究表明，历史房产价值的大小和波动程度，以及未来土地开发动态风险对政府分享土地增值预期收益有较大影响。

2. 国外土地收益分配的典型做法

国外在土地增值收益分配问题上各有其特点：英国在发展权国有化的理念下，为解决农地开发收益分配的公平问题，以课征税赋的方式实现土地增值收益的分配。美国依据使用者付费的理念，采取捐地或课税的方式，将土地开发的外部效果内部化。美国土地增值收益分配制度采用发展权转移政策（Anderson，2005）。在美国各地实施的发展权转移措施，因地区不同、目的不同，而有不同的转移方式或方法。德国根据其规划体系，对于规划损失（因公共利益对土地利用的限制），在《联邦建设法》中明确规定予以补偿；对于规划利得（根据规划对土地进行开发取得的收益）在《城市建设促进法》和德国《建设法典》等法律中制定土地交易许可、先买权和开发捐等制度进行吸收，避免土地投机。法国为避免私人对土地投机，将土地开发增值利益收归公有，采取行使优先购买权的手段，预先取得公共所需土地并由政府掌握土地开发后的土地增值收益（Mangone，2002）。通过对英国、美国、德国和法国等国家土地增值收益分配政策的分析可以看出，市场经济发达国家对土地开发的干预多采取公开、透明的法律和政策手段，以征税、发展权转移和行使先买权等制度将土地开发增值收益在社会和私人土地所有者之间进行分配，其实质是解决土地自然增值的外部性问题。

3. 土地收益分配的理论研究

国外土地收益分配的主要理论包括：①以亚当·斯密和大卫·李嘉图为代表的古典学派的收入分配理论。亚当·斯密在《国富论》中提出了劳动者、资本所有者、土地所有者三个阶级的分配理论（斯密，2011）。他认为，地租是由劳动者创造的，但在土地私有制的基础上会被土地所有者占有，并包含有因土地区位、土地条件不同而地租收益不同的"级差"含义。大卫·李嘉图运用劳动价值论来研究地租，对级差地租理论做出了重要贡献。②以凯恩斯、马歇尔为代表的新古典学派的收入分配理论。阿弗里德·马歇尔以均衡价格理论为核心研究收入分配，他认为决定价格的因素是需求和供给，在两者的相互作用下可形成均衡价格（马歇尔，2017）。凯恩斯认为我们生存的经济社会的显著特点是不能提供充分就业，财富与所得的分配有欠公平，应充分发挥政府对社会分配的干预，促进公平合理分配。③马克思的按劳分配理论。其核心在于揭示了劳动剩余或者说剩余价值的产生。④以庇古为代表的福利经济学的收入分配理论。他认为，影响经济福利的因素是国民收入的大小和国民收入在社会成员中的分配情况。庇古提出了"收入均等化"学说。

我国对于征地过程中的收益分配研究主要从三个视角展开：一是运用地租地价理论研究土地利益关系及收益分配问题。于恩和乔志敏（1997）认为级差地租Ⅰ是土地物质收益，应归土地所有者；级差地租Ⅱ是土地资本收益，应归土地投资者。原玉廷（2005）将马克思的地租理论运用到城市土地管理体制的"三权分离"中。按照所有者、经营者和使用者各自的权利和责任取得相应的土地收入。邓宏乾（2008）认为土地增值表现为不同形态地租的资本化，因此土地增值的收益分配应以地租理论为依据。二是依据土地产权理论研究收益分配问题。毛泓和杨钢桥（2000）、袁苗（2006）、张广辉和魏建（2013）认为，土地利益分配实质上是土地产权权能在各利益主体之间的配置。土地产权权能在各产权主体之间的不同配置，就会形成不同的土地产权结构，而不同的产权结构又会形成相应的土地利益分配格局。三是从土地增值的形成原理研究收益分配问题，林瑞瑞等（2013）对征地、出让、房地产开发环节的产权关系与经济关系进行理论梳理，将相应环节所产生的土地增值的分配进行界定。马贤磊和曲福田（2006）、王小映等（2006）、廖洪乐（2007）、邓宏乾（2008）、陈莹等（2009）、鲍海君（2009）、黄美均和诸培新（2013）、钱凤魁（2015）、林瑞瑞（2015）对土地增值收益的来源、收益分配的原则进行了分析，并以某地区为例对土地征收过程中的增值收益分配比例进行了测算。此外，沈飞等（2004）、朱一中和曹裕（2012）、王小映等（2006）、梁爽（2009）、边振兴等（2016）对土地收益分配制度改革中涉及的征地补偿及安置制度改革、租税费制度改革、土地出让制度改革以及发展权制度创新等进行了研究。

1.2.3　征地补偿

国际上征地补偿可归纳为三种：完全补偿（complete compensation）、适当补偿（appropriate compensation）和公正补偿（just compensation）。大多国家采用公正补

偿，即使是津巴布韦、纳米比亚等经济贫困国家也采用公正补偿（Schwarzwalder，1999；Treeger，2004）。补偿标准国际上通行的做法是以被征收（征用）土地市场价值为基础，统筹考虑产权受侵害者的财务损失、土地利用状况、土地市场和过去征地补偿的历史、征地时间、土地投入构成等因素（Esposto，1996；Blume and Rubinfeld，1984；Giammarino，2005；Innes，2000）。国外对于征地补偿问题主要有四个代表思想：一是以 Posner（波斯纳）为代表的传统经济分析，他们认为，"如果没有补偿，政府就有动力用土地来替代其他对社会而言更便宜、但对政府而言更贵的要求"。二是以 BRS（Blume，Rubinfeld，Shapiro）为代表的道德风险理论。他们认为补偿是没有效率的，因为补偿会鼓励土地所有者对土地的过度投资，直至未来可能获得的补偿（公平市场价值）大于投资对他的实际价值。Kaplow（1986）在 BRS 的基础上更进一步，认为政府比市场在处理道德风险问题上更没有效率，因而可以完全取消政府补偿。三是以 Michelman（1967）为代表的功利主义理论。功利主义者要考虑效率收入、消极成本与和解成本三个因素来决定是否征地及补偿；四是以 Ackerman（1977）为代表的正义论，他认为按照一个普通人的标准，他拥有一块财产，政府对这块财产进行征收、占有或规制。如果他不再拥有那块财产，就需要补偿。在现实世界的大多数情况下，以"公平市场价值"为标准的补偿，由于没有过度补偿，再加上对单个财产而言，统计意义上的政府征收风险微乎其微，产生的道德风险几乎可以忽略不计，同时不补偿在某些情况下会造成"消极成本"的大幅度上升，于是补偿是必要的。

国内对征地补偿的研究主要从以下几个方面：一是以土地价值为基础的征地补偿理论，其代表性观点有按原农地价值补偿、按转用后土地市场价值补偿、按预期收益补偿等几种（吕萍等，2005；高汉，2006；严金明，2006；张效军等，2008；徐元明，2004；吴克宁等，2006）。资源经济学认为农地的价值包括市场价值（market value）和非市场价值（non-market value）两部分。对市场价值的补偿主要应该支付给土地所有者和使用者，作为他们失去土地所有权和使用权的补偿；非市场价值是一个抽象的概念，它所衍生的经济价值多为无形且不容易被人们所察觉的环境效益和社会效用，对非市场价值补偿则应支付给全社会成员（王瑞雪等，2005；陈莹等，2010；蔡银莺和余元，2012；马爱慧等，2012；马爱慧和张安录，2013；陈竹和张安录，2013）。二是以福利经济学为基础的土地功能补偿理论。农民对农地的需求主要是对农地功能的需求。假如能提供与征收前农民所能享有的农地功能价值相等的补偿，那么农民的需求相应地得到了满足。因此，农地补偿的合理性标准可以通过农民所能享有的农地功能价值评估确定，农地的功能既包括生产性功能，又包括最低生活保障、养老保障、就业保障等多种保障功能（姚洋，2000；陈莹等，2010）。因此，学者从农地提供福利保障功能角度做了大量的研究（刘卫东和彭俊，2006；陈立明，2007；臧俊梅等，2008；文学禹，

2009；王雪青等，2014；陈莹和王瑞芹，2015）。三是从农地产权的角度分析构建产权侵害的理论分析框架，实证研究征地过程中农民的各项权益损失（包括经济权益损失、政治权益损失、发展权利损失、就业权利损失等），以此作为合理补偿的依据（黄祖辉和汪晖，2002；肖屹和钱忠好，2005；汪晖，2002；周其仁，2004；蒋省三和刘守英，2004；林毅夫，2004；陈利根和刘方启，2004；王勇和付时鸣，2005；叶剑平等，2006；臧俊梅等，2008；刘雯波，2009；张婉莹，2015）。

此外，对失地农民的合理安置也是征地补偿的重要内容。国外学者很少涉及失地农民安置问题，补偿主要是对金额数量的研究。尽管国外多采用货币补偿的方式，但美国、英国、日本等发达国家也非常关注失地农民的就业问题，积极提供职业培训和职业教育，以缓解失地农民就业困难的问题（李国健，2008）。我国学者对失地农民安置模式的探索主要集中在东部发达地区，如广东及江浙地区的"土地股份制"安置模式（刘愿，2008；徐建春和李翠针，2013）、"留地安置"模式（王如渊和孟凌，2005；陈莹和张安录，2008；金晓斌等，2008；姚如青，2015）、"土地换社保"模式（张鹏和张安录，2008；陈莹和张安录，2008），以及重庆的"政府＋保险公司＋农民"的安置模式（江平等，2007）等。这些安置模式结合自身区域发展的特殊阶段和资源禀赋情况，丰富了失地农民的补偿方式，但从现有文献的研究方法和思路来看，大多数研究目前还处于定性研究的阶段，只有少数学者从定量的角度探究区域特征禀赋与补偿政策效果之间的关系（许恒周和郭忠兴，2011）。

1.2.4　征地补偿款集体内部分配

1. 分配对象及依据研究

Ferranto 等（2014）从土地产权状况与其价值的角度研究并论证了产权的明晰度对土地的预期收益和投资力度的影响。施英燕（2013）以农村妇女为研究对象，探讨农村土地征收分配中妇女经济权益受损的作用机理。李代君（2013）在补偿款分配中划分新的分配对象，包括要求同等待遇的"空挂户"、外嫁女以及享有村民资格的人，提出按类来制定法定分配方式。刘灵辉（2014）研究城镇化过程中"农转非"成员的资格认证标准，以"地权"为依据保护其土地承包经营权补偿收益分配。王崇敏和熊勇先（2014）认为外嫁女及其子女、服刑人员、"空挂户"、上学户口迁出等特殊群体的分配，可以以户籍取得方式，结合成员资格判定的标准和排除因素进行类型化分配。陈婷（2014）认为出嫁女在土地补偿款分配中的分配资格不能以简单的户籍制度作为判断标准，村委会应当将土地补偿款按照土地征收时的原经济组织成员进行足额发放。郭俊霞（2015）对比外来户和本地户有关分配权的直面冲突，外来户认为集体经济组织成员权的根本是户籍和承包经营权，主张其参与分配有法律依据。本地户则以"祖业"观念和长久以来的劳动付出为判断，该意识在农村现实生活中处于竞胜地位。邓康（2015）认为对特殊群体的分配大多根据"村民自治"，容易受人情、乡俗等因素影响，缺乏指导和法律依据，导致不公平现象严重。龚敬芬（2016）将户籍和长期稳定的生产、生活联系作为形式标准，基本生活保障作为实质标准。在集体成员资格认定时，形式标准优先考虑，当两者发生冲突时，则以实质标准为准。陈其强（2018）认为现有的成员资格认定标准都存在一定不足，建议采用综合标准，即以是否依赖集体土地为基本生活保障为实质要件，以户籍为形式要件综合考虑，同时再通过列举的方式排除不再享有成员资格的情形。

2. 分配思路和方式研究

Bohn 和 Deacon（2000）指出，当农用地转变成建设用地时，土地上附着的一系列价值得以凸显，同时随着经济的发展、社会的进步，其辐射价值也会增加。Alias 和 Daud（2009）研究了农村土地所有权的详细转移，特别强调财产交易的行政程序和法律框架。探讨了征地补偿对社会福利的影响，认为其能对土地所有者、使用者产生经济上的激励。Xiong（2011）基于我国征地补偿特殊性，提出我国征地补偿需考虑被征地农民的社会保障问题。陈暹秋（2006）对比分析广东省三种分配模式：全部补偿费都归集体，留存集体和分配给所有成员各占一半，征谁补偿款归谁，并指出进行分配制度设计时要秉持土地集体所有和承包地永久不变原则。崔永斗等（2007）探讨从土地承包经营形式和安置方式两个方面制定征地补偿费的分配方法。郑娟（2007）认为村级组织和农民在征地补偿款分配时不仅追求自身经济效益，还会受村落文化、社会网络等因素影响，进而改变其实施的分配规则。顾莉萍和薛莉（2008）、张志（2013）提出"户籍加农龄"模式来确定征地补偿款分配。仇军学（2012）认为集体提留一定比例是应该的，剩余的再由村民共同分配，并重新为被征地者调地，没有条件的，需用集体提留的征地补偿款对该村民进行合理补偿。邢朝国（2014）认为村民自治能在议定分配方案中平衡不同群体的利益诉求，解决分配纠纷时更具有灵活性，避免集体成员间人际关系的破坏。伍世东（2017）走访总结了肇庆市高要区某镇村民小组的分配方式，有按户籍平均分配、征谁补偿谁、村民小组与承包户按比例分配、补偿款留作集体资产进行投资，发现每种分配方式都各有利弊，不能完全满足所有村民要求。陈其强（2018）认为应以征地面积为主，平均分配为辅。被征地者能分得的份额是其所有被征土地的剩余承包期的土地租金转化而来，剩余征地补偿费则由全体成员平均分配，同时等承包期届满再重新调整土地。杜业明（2004）认为中国农民 30 年土地承包权的净现值相当于全部土地价值的 75%～95%，征地补偿款在村集体和农民之间按照 3∶7 比例分配是可取的。陈莹和谭术魁（2010）提出村集体和村民之间的分配比重约等于 30 年承包期的农村土地使用权价值与无限年期的农村土地所用权价值的比，且通过剩余年限折现法计算得到村级提留 30% 以下为最佳。王海鸿等（2009）基于法律要求保持土地关系 30 年稳定不变为前提，提出被征地农民获得征地补偿款 80% 份额是较为合理的。

3. 分配现状及存在问题

Zhang 和 He（2011）认为当下很多的学者都是从"为人民提供利润"为方向对现有征地制度改革进行研究，但是没人是从"回归人民"角度来推动征地制度的改革。Fan 和 Li（2015）认为目前我国存在四种征地矛盾，即非法征地、干部腐败、相对剥夺和内部利益分配，未来的话，其将在区域差异、征收方式，政策体系等方面发生新的征地矛盾。冯琦等（2007）认为补偿款分配存在户籍管理无法适应现实生活中出现的新情况、村规民约与法律规定之间的冲突、个别村干部缺乏法治意识、法律层面上的相关规定存在空白等问题。周建国（2008）归纳当前补偿分配的突出问题表现为分配主体不明确、补偿分配细则缺乏、补偿分配不平等、村民自治权滥用和救济途径不完善。王海鸿等（2009）认为征地补偿款村级分配问题比较集中，一是农村土地集体所有制的本质，二是有关分配效率与公平，三是城市边缘区的集体公共产品供给机制问题，建议尽早构建征地补偿款的村级分配制度。苏亚蕊（2010）、邹靖（2012）、刘小溪（2013）主要分析我国现行征地补偿款分配制度存在的问题，包括管理主体不确定、分配对象不明确以及分配方案制订程序和相关配套不完善。朱金东和孙婷婷（2012）认为征地补偿费分配纠纷的症结包括分配范围不清、分配对象不明和分配方案不公。马建伟（2013）认为存在分配对象不明确、分配不公平、内部分配规则不清和户籍制度与集体土地产权制度无法适应当前，需完成农村集体土地产权制度根本性改革。许曼（2014）、罗志文（2015）从社会横向的代内关系和纵向的代际关系来分析农民内部的分配矛盾。代内关系主要是失地与未失地农民之间、因地域或没有集体行动而出现补偿有差别的被征地农民之间、被征地农民家庭内部成员之间补偿款分配纠纷问题。

4. 分配制度及改革建议

Janssen 等（1996）将博弈论模型应用于荷兰政府征收部分农民土地以创建新的公共项目的情况，得出政府与农民并非总是协议定价。Fischel 和 Shapiro（1989）认为土地征收补偿与分配能达到保护私人财产和约束国家权力的作用。Krusekopf（2002）认为土地产权制度不稳定、地方政府干预的程度及市场发育是造成农村集体土地使用权流转市场发展的瓶颈。Holcombe（2004）研究了多个发达国家的征地制度，发现这些国家为有效规范征地行为和及时保护被征地人的合法权益，大部分都出台了土地征收专项法律。Giammarino（2005）和 Nosal（2001）研究发现能决定被征土地最终用途的有两大主要因素：一是政府促进社会福利最大化的目的；二是私人投资具体水平。Anka 等（2008）对加拿大和美国两个国家的征地程序和司法救济制度进行详尽研究，提出多元主体民主参与能组成复合监管体系，该监管体系能有效抑制征地者的随意行为，真正起到维护被征地者合法权益的作用。Mathur 和 Smith（2013）认为，土地征收过程中由于土地产权不完整、政府过度干预、土地交易市场不健全等，会导致增值收益分配的不公平。Qu（2015）认为中国征地补偿应以市场价格为通用标准进行改革，平衡私人利益和公共利益。Shi（2016）从失地农民福利的角度研究了政府征地产生福利的作用。白呈明（2008）指出在土地补偿费分配问题上农民的个人行为和政府的目标之间存在显著的区别和分歧，正确的做法是界定农村集体土地所有权与农户承包经营权之间的权利边界，保护不同主体的合法权益；考虑中国农村区域性现实特征，推动地方具体立法；厘清农村各类社会组织的功能属性和法律地位，消除法律制度之间的矛盾。周建国（2008）提出公平合理分配原则，即成员资格认定以公平为出发点，以户籍审查为原则，再以在该村集体长期生活且尽到义务为补充，并提出完善立法和相关司法解释，行政指导和审查，民间调解和民间诉讼的分配救济途径。胡正平（2009）建议进一步明确集体成员认定资格，以及安置补助费和土地补偿费之间的构成比重，集体和集体成员的权利与义务关系，甚至明确不同类型的集体成员的权利与义务。黄福江（2011）认为农地征收补偿款对象是土地所有权人和使用权人，应从法律和制度上规范分配机制，明确分配主体和对象，确定合理分配标准。朱金东和孙婷婷（2012）提出完善补偿款发放制度，明确集体土地所有权人和集体成员的识别标准，限定村级提留的最高比重，提倡村民自治。邹靖（2012）提出通过制定相关法律法规来统筹解决分配主体和分配方式问题、完善分配方案制订程序和村级留存款项使用责任追究制度。杨维富（2013）建议改变两种土地所有制权利不平等的现状，征地补偿款的分配和使用应当遵守公开、公平、公正三个原则，保护在土地流转关系中相关利益主体的合法权益。龚敬芬（2016）提出应确定分配管理主体为村民小组、集体成员资格认定上升立法层面、完善分配民主议定和纠纷救济程序、健全补偿款监督制度和责任追究。

1.2.5 研究评述

综上所述，国内外学者在土地征收过程中涉及的利益主体关系、土地收益分配理论、征地补偿及安置问题、征地补偿款集体内部分配等方面进行了大量的研究，但国内外学者研究的侧重点存在差异。国外大多数国家实施的是土地私有制，征地补偿大多按市场价格补偿，安置政策比较完善，被征地群体的权益得到了充分的尊重和保护，学者更多关注的是农地保护与开发的问题。此外，发达国家对土地开发采用了征税、发展权转移等制度，较好地解决土地开发过程中自然增值的外部性问题。而我国以往城乡分割的二元体制，征地后土地价值得到了大幅度提升，而绝大多数的增值收益被政府和开发商获得，尽管国家和学者对农民征地补偿的研究逐步从单纯经济利益损失的补偿提升到分享土地增值收益，但是农民该如何参与土地增值收益的分配并没有得到解决。目前学者对土地收益分配问题也多是进行实证分析，仅仅停留在现状分析的基础上，即现实中的征地补偿及土地收益分配是怎么样的，但是现有的制度是否存在补偿不合理、土地收益分配不公的问题？该如何改进？改进的理论基础又是什么？合理的征地补偿及土地收益分配关系又该是怎样？这样一些问题并没有得到解决。

1.3　研究思路、研究内容和方法

1.3.1　研究思路

作为农地所有者的农民（集体）在我国现行的征地补偿及收益分配制度下分得的土地增值收益较少，国家明确提出改革征地制度，建立兼顾国家、集体、个人的土地增值收益分配机制，合理提高个人收益。因此，本书将从宏观尺度上了解不同地区、不同时期的征地补偿及收益分配情况，利用基尼系数、阿特金森指数以及社会福利函数对土地收益分配的公平性进行判断；从中观和微观尺度上测算城市不同区位下失地农民的经济福利和非经济福利损失，深入了解不同区位下的失地农民受偿意愿，审视目前的征地补偿是否合理，并按照损失与补偿相一致、尊重农民意愿的原则，确定不同区位下的征地补偿标准及补偿方式。在探寻如何构建公平合理的土地收益分配关系时，将从主观感受和客观贡献两个角度进行考虑，一方面深入了解不同利益主体（农民、村干部、政府部门）对目前征地补偿及收益分配的满意程度以及改进建议；另一方面，测算各个利益主体对土地增值的贡献及风险分担的比例，为土地收益分配制度改革提供依据。同时，还要重点关注征地过程中的老弱病残等弱势群体，以及征地过程中集体内部的收益分配问题，包括分配相关主体、成员资格认证、分配方式及分配流程等，尤其是特殊群体的补偿分配问题（外嫁女、农村大学生、农民工等）。基于上述研究，以构建公平合理的征地补偿及收益分配制度。

1.3.2　研究内容及方法

1. 现有征地补偿及收益分配的公平性判断

系统梳理我国征地补偿及收益分配政策的演变过程，重点对东中西部典型城市的现行征地补偿及收益分配政策进行比较分析。同时对我国东中西部经济发展处于不同阶段的 31 个城市 2010～2016 年的征地补偿及收益分配情况进行测算，利用基尼系数、阿特金森指数以及社会福利指数对土地收益分配的公平性进行判断。

2. 不同区位下被征地农民福利变化测算及补偿标准、补偿方式选择

采用福利测度方法，测算不同区位（城中村、近郊和远郊）失地农民的福利损失，这种福利损失包括经济福利损失和非经济福利损失，前者主要包括土地收益的剥夺、土地资产的损失、土地投入及土地资本的损失等；后者主要是指社会福利和生态福利损失，即失地农民因失去工作和生活来源对社会稳定的威胁，生活环境破坏、景观改变而引起的生态福利损失等。同时，深入调研不同区位下失地农民的受偿意愿，按照损失与补偿相一致，充分尊重农民意愿的原则，考虑土地市场和区位因素等，确定补偿标准和补偿方式（货币补偿、非经济补偿）。防止因区位条件差补偿资金不到位而引起的农民利益暴损（wipeout losses），以及因区位经济条件好一次性货币补偿而造成的暴利（windfall gain）。

3. 基于各主体意愿期望、土地增值贡献及风险分担的土地增值收益分配研究

从各主体的主观感受、客观的增值收益贡献和风险分担两个角度分析，构建土地增值收益分配关系。从主观感受方面来看，深入了解不同利益主体（农民、村干部、政府部门）对目前征地补偿及收益分配的满意程度、意愿期望及改进建议。从客观贡献及风险分担来看，分析土地征收转用过程中的增值来源和承担的风险类别，按照"收益分享，风险分担"的原则，以分配主体在农用地征收过程中的贡献及承担风险的大小为收益分配依据，构建合理的收益分配关系，并提出收益分配制度的改革方向。

4. 征地过程中弱势群体的权益保护问题

在系统梳理前人研究成果的基础上，创新性地引入罗尔斯正义论，试图利用自由平等原则和差别原则建立起征地过程中保障弱势群体权益的理论框架，在界定征地过程中的弱势群体主要为老弱病残及家庭中人多劳动力少等不同类型，通过测算征地对弱势群体和非弱势群体、不同类型弱势群体权益的影响程度，同时

结合不同类型弱势群体的利益诉求，提出建立弱势群体和非弱势群体、弱势群体内部差异化权益保护政策。

5. 征地过程中集体内部的收益分配问题研究

集体分配征地补偿款的主要依据是成员权，而我国集体成员资格认定标准不明确（大部分集体习惯以户籍为判断依据）使得特殊群体（如外嫁女、农村大学生等）的分配资格模糊，争议较大。此外，征地补偿款的分配方式也缺乏相关规定，多采用村民自治，各村差异很大，利益分配不均，矛盾突出。因此，将从理论上借鉴 MECE（mutually exclusive collectively exhaustive，相互独立，完全穷尽）原则来构建征地过程中集体内部分配的分析框架，按"谁来分""谁能分""怎么分"的层次展开树状分析，同时采用多案例分析法，借助"北大法宝"和"法意网"来搜索相关案例，将"谁来分""谁能分""怎么分"的案例归类为补偿款集体内部分配相关主体辨析、成员资格认证辨析、集体内部分配方式及分配流程四大部分进行系统分析。

第2章　我国征地补偿及收益分配政策演变及现状

2.1　土地征收转用

土地征收是政府行政行为，经认定为满足社会公共利益需要，按照有关法律程序和权限，对失地农民和村集体给予公平合理的征地补偿之后，将农民集体所有土地变成城镇国有土地的行为。其前置条件是依法批准和依法补偿，两个关键点是社会公共利益需要和合理的补偿标准（郭亮，2012）。社会公共利益一般采用概括兼列举的方式在法律中明确界定，新《中华人民共和国土地管理法》将社会公共利益范围主要界定为五大类：军事、外交用地；能源、交通、水利、通信、邮政等基础设施建设用地；科技、教育、文化、卫生、体育、生态环境和资源保护、防灾减灾、文物保护、社区综合服务、社会福利、市政公用、优抚安置、英烈保护等公共事业用地；扶贫搬迁、保障性安居工程建设用地；经省级以上人民政府批准由县级以上地方人民政府组织实施的成片开发建设需要用地。当前我国的土地征收补偿费包括土地补偿费、安置补助费以及地上附着物和青苗补偿费，补偿标准从原有的年产值倍数法逐步转向区片综合价进行补偿。农村集体所有土地通过征收转为城镇国有土地后，再通过行政划拨或市场出让程序将土地使用权转给开发商进行开发建设，前者是土地征收程序，属于政府行政行为，后者是土地供应程序，属于市场行为（图2-1）。

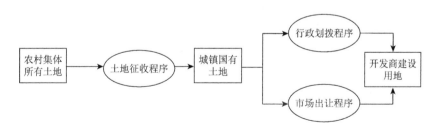

图2-1　土地征收转用过程

2.2　土地征收补偿及收益分配政策演变

我国在计划经济时期的土地征收属于无偿强制获得集体所有地，将所征收土地行政划拨给用地单位，并拥有无限期土地使用权。在征收补偿方面，政府对于极其贫困的失地农民给予不定价补偿，补偿标准没有统一规范的限定，但在国家政策优先支持城市发展、农民支援城市的情况下，对失地农民有很大吸引力的是在被征地后农民由农村户口转为城市户口，享受市民各种保险、保障待遇，并安排工作岗位。在新中国成立初期涉及征地的仅有 1950 年出台的《铁路留用土地办法》及《关于铁路留用地办法的几点解释》规定了铁路用地需通过地方政府收买或征购，征用国民政府时期路基地产及公地无须支付地价，对确实贫困的所有权人，酌情补偿。

随后，征地制度改革逐步推进，在 1953 年至 1958 年期间，国家先后出台了《关于国家建设征用土地办法》《关于纠正与防止国家建设征用土地中浪费现象的通知》《国家建设征用土地办法》等，对于失地农民的补偿，由自由度较大的酌情补偿改革为使用年产值总量作为补偿标准参考，并考虑到地上附着物的补偿，由政府安排工作改为协助农民转业，更向市场化方向靠拢。

改革开放后的市场经济时期，我国的征地制度在不断调整适应经济发展与民生国情，引入土地市场流通，进入征地制度确定及完善的定型期。1982 年《国家建设征用土地条例》作为将补偿标准确定化的转折点，明确了征地费包括土地补偿费、青苗补助费、附着物补偿费和农业人口安置补助费。在此之后相继出台了《中华人民共和国土地管理法》（1986 年、1998 年、2004 年）、《国务院关于深化改革严格土地管理的决定》（2004 年）、《关于完善征地补偿安置制度的指导意见》（2004 年）、《关于开展制订征地统一年产值标准和征地区片综合地价工作的通知》。对于征地的补偿标准更加明确，征地补偿标准也从不超过土地年产值 20 倍提高到 30 倍，再到可以突破法定上限。

对于征地的安置政策，在计划经济时期，"政府必须协助被征地农民解决转业，用地单位应尽可能吸收其参加工作""农民安置有农业安置、其他方面的安置或组织移民"。进入市场经济时代，安置政策几乎被一次性的安置补偿费所取代。到 2004 年，《关于完善征地补偿安置制度的指导意见》中提到被征地农民的安置途径有农业生产安置、重新择业安置、入股分红安置、异地移民安置。之后，失地农民的社会保障问题被日益重视，成为安置政策的重要组成部分。

对于征地过程中的收益分配政策，是从党的十八大报告以后才明确提出了要提高农民分享土地增值收益分配的比例。十八届三中全会通过的《中共中央关于全面深化改革若干重大问题的决定》再次提出"建立兼顾国家、集体、个人的土地增值收益分配机制，合理提高个人收益"。2015 年 1 月，中共中央办公厅和国务院办公厅联合下发《关于农村土地征收、集体经营性建设用地入市、宅基地制度改革试点工作的意见》，并在全国选取 33 个县（市、区）行政区域进行试点。对实施农村土地征收改革的试点地区，暂时调整实施《中华人民共和国土地管理法》第四十七条关于征收集体土地补偿的规定，明确综合考虑土地用途和区位、经济发展水平、人均收入等情况，合理确定土地征收补偿标准，安排被征地农民住房、社会保障。加大就业培训力度，符合条件的被征地农民全部纳入养老、医疗等城镇社会保障体系。有条件的地方可采取留地、留物业等多种方式，由村集体经营。改革是以建立城乡统一的建设用地市场为方向，以夯实农村集体土地权能为基础，以建立兼顾国家、集体、个人的土地增值收益分配机制为关键，以维护农民土地权益、保障农民公平分享土地增值收益为目的，因地制宜、循序渐进，让农民平等参与现代化进程、共同分享现代化成果。试点持续到2019年12月31日。2018年12月在第十三届全国人民代表大会常务委员会第七次会议上，国务院关于"三块地"（农村土地征收、集体经营性建设用地入市、宅基地）制度改革试点情况进行了总结，在2020年1月1日实施的新《中华人民共和国土地管理法》中得到了体现。在土地征收制度改革中，一是缩小土地征收范围，首次对土地征收的公共利益进行了明确界定；二是完善土地征收程序，把原来的公告改为了批前公告，使被征地农民在整个过程中有更多的参与权、监督权和话语权；三是完善对被征地农民的合理、规范、多元保障机制，以区片综合地价取代原来的土地产值倍数法，在原来的征地补偿费基础上增加了农村村民住宅补偿和社会保障费。关于集体经营性建设用地入市，明确了入市条件和范围，对土地利用总体规划等法定规划确定为工业、商业等经营性用途，并经依法登记的集体建设用地，允许土地所有权人通过出让、出租等方式交由单位或者个人使用。明确了集体经营性建设用地入市规则和监管措施，明确要求集体建设用地使用权人严格按照土地利用总体规划等法定规划确定的用途使用土地；集体经营性建设用地使用权的最高年限、登记等，参照同类用途的国有建设用地执行。这是土地管理法的一个重大制度创新，取消了多年来集体建设用地不能直接进入市场流转的二元体制。关于宅基地管理制度，在原来一户一宅的基础上增加了户有所居的规定。允许进城落户的农村村民自愿有偿退出宅基地，农民不愿意退出宅基地，地方政府不能强迫其退出宅基地，必须是在自愿有偿的基础上。

从新中国成立后的计划经济时期到改革开放的市场经济时期，我国的征地补偿及收益分配政策经历了多次调整（表2-1）。概括起来表现在以下几个方面：①对土地征收由不补偿到合理补偿，补偿标准在逐步提高，并朝着规范化方向发展。②对征收补偿款的支付和管理朝更规范、合理的方向发展。③对失地农民的安置由安排工作到自主谋业，再到失地农民社会保障政策的逐步建立。④土地收益分配制度从"以牺牲农民利益来促进城市经济发展"到"提高农民在土地增值收益分配中的比例，让农民平等参与现代化进程、共享土地增值收益"转变。

表 2-1 征地补偿及收益分配政策演变

年份	法规及政策	具体规定
1950.6.24	《铁路留用土地办法》	第六条规定："铁路因建筑关系，原有土地不敷应用或有新设施需要土地时，由铁路局通过地方政府收买或征购之"
1950.11.21	《城市郊区土地改革条例》	"国家为市政建设及其他需要征用私人所有的农业土地时，须给以适当代价，或以相等之国有土地调换之。对耕种该项土地的农民亦应给以适当的安置，并对其在该项土地上的生产投资（如凿井、植树等）及其他损失，予以公平合理的补偿"
1953.12.5	政务院《关于国家建设征用土地办法》	第一条 为适应国家建设的需要，慎重地妥善地处理国家建设征用土地问题，特制定本办法。第八条 被征用土地的补偿费，在农村中应当地人民政府会同用地单位、农民协会及土地原所有人（或原使用人）或由原所有人（或原使用人）推出之代表评议商定之。一般土地以其最近三年至五年产量的总值为标准，特殊土地得酌情变通处理之。如另有公地可以调剂，亦须发给被调剂土地的农民以迁移补助费。对被征用土地上的房屋、水井、树木等附着物及种植的农作物，均应根据当地人民政府、用地单位、农民协会及土地原所有人和原使用人（或原所有人和原使用人推出之代表）会同勘定之现状，按公平合理的现价予以补偿。第十三条 农民耕种的土地被征用时，当地人民政府必须负责协助解决其继续生产所需之土地或协助其转业，不得使其流离失所。用地单位亦应协同政府劳动部门和工会在条件许可的范围内，尽可能吸收其参加工作
1954.9.20	《中华人民共和国宪法》	国家为了公共利益的需要，可以依照法律规定的条件，对城乡土地和其他生产资料实行征购、征用或者收归国有
1956.1.21	国务院《关于纠正及防止国家建设征用土地中浪费现象的通知》	据武汉、长沙、北京、杭州、成都和河北等五市一省部分地区的不完全统计，几年来共征用土地十万一千多亩，浪费的即达四万一千多亩，占征用土地总数的40%以上
1958.1.6	《国家建设征用土地办法》	第七条 征用土地，应该尽量用国有、公有土地调剂，无法调剂的或者调剂后对被征用土地者的生产、生活有影响的，应该发给补偿费或者补助费。征用土地的补偿费，由当地人民委员会会同用地单位和被征用土地者共同评定。对于一般土地，以它最近二年至四年的定产量的总值为标准；对于茶山、桐山、鱼塘、藕塘、桑园、竹林、果园、苇塘等特殊土地，可以根据具体情况变通办理。遇有因征用土地必须拆除房屋的情况，应该在保证原来的住户有房屋居住的原则下给房屋所有人相当的房屋，或者按照公平合理的原则发给补偿费。对被征用土地的水井、树木等物和农作物，都应该按照公平合理的原则发给补偿费。第八条 征用农业生产合作社的土地，土地补偿费或者补助费发给合作社；征用私有的土地，补偿费或者补助费发给所有人。第十三条 对因土地被征用而需要安置的农民，当地乡、镇或者县级人民委员会应该负责尽量就地在农业上予以安置；对在农业上确实无法安置的，当地县级以上人民委员会劳动、民政等部门应该会同用地单位设法就地在其他方面予以安置；对就地在农业上和在其他方面都无法安置的，可以组织移民。组织移民应该由迁出和迁入地区的县级以上人民委员会共同负责。移民经费由用地单位负责支付
1982.5.14	《国家建设征用土地条例》	土地补偿费。征用耕地（包括菜地）的补偿标准，为该耕地年产值的三至六倍，年产值按被征用前三年的平均年产量和国家规定的价格计算。安置补助费的标准：征用耕地（包括菜地）的，每一个农业人口的安置补助费标准为该耕地每亩年产值的二至三倍，需要安置的农业人口数按被征用单位征地前农业人口（按农业户口计算，不包括开始协商征地方案后迁入的户口）和耕地面积的比例及征地数量计算。年产值按被征用前三年的平均年产量和国家规定的价格计算。但是，每亩耕

续表

年份	法规及政策	具体规定
1982.5.14	《国家建设征用土地条例》	地安置补助费,最高不得超过其年产值的十倍。因征地造成的农业剩余劳动力由县、市土地管理机关组织被征地单位、用地单位和有关单位分别负责安置。安置的主要途径有:一、发展农业生产。二、发展社队工副业生产。三、迁队或并队。土地已被征完或基本征完的生产队,在有条件的地方,可以组织迁队;也可以按照自愿互利的原则,与附近生产队合并。 按照上述途径确实安置不完的剩余劳动力,经省、自治区、直辖市人民政府批准,在劳动计划范围内,符合条件的可以安排到集体所有制单位就业,并将相应的安置补助费转拨给吸收劳动力的单位;用地单位如有招工指标,经省、自治区、直辖市人民政府同意,也可以选招其中符合条件的当工人,并相应核减被征地单位的安置补助费。生产队的土地已被征完,又不具备迁队、并队条件的,本队原有的农业户口,经省、自治区、直辖市人民政府审查批准,可转为非农业户口或城镇户口。原有的集体所有的财产和所得的补偿费、安置补助费,由县、市以上人民政府与有关社队商定处理,用于组织生产和不能就业人员的生活补助,不准私分
1986.6.25	《中华人民共和国土地管理法》	征用耕地的补偿费,为该耕地被征用前三年平均年产值的三至六倍。征用耕地的安置补助费,按照需要安置的农业人口数计算。需要安置的农业人口数,按照被征用的耕地数量除以征地前被征地单位平均每人占有耕地的数量计算。每一个需要安置的农业人口的安置补助费标准,为该耕地被征用前三年平均每亩年产值的二至三倍。但是,每亩被征用耕地的安置补助费,最高不得超过被征用前三年平均年产值的十倍。土地补偿费和安置补助费的总和不得超过土地被征用前三年平均年产值的二十倍。因国家建设征用土地造成的多余劳动力,由县级以上地方人民政府土地管理部门组织被征地单位、用地单位和有关单位,通过发展农副业生产和举办乡(镇)村企业等途径,予以安置;安置不完的,可以安排符合条件的人员到用地单位或者其他集体所有制单位、全民所有制单位就业,并将相应的安置补助费转拨给吸收劳动力的单位
1998.8.29	《中华人民共和国土地管理法》第一次修正	征用耕地的补偿费用包括土地补偿费、安置补助费以及地上附着物和青苗的补偿费。征用耕地的土地补偿费,为该耕地被征用前三年平均年产值的六至十倍。征用耕地的安置补助费,按照需要安置的农业人口数计算。需要安置的农业人口数,按照被征用的耕地数量除以征地前被征地单位平均每人占有耕地的数量计算。每一个需要安置的农业人口的安置补助费标准,为该耕地被征用前三年平均年产值的四至六倍。但是,每公顷被征用耕地的安置补助费,最高不得超过被征用前三年平均年产值的十五倍。土地补偿费和安置补助费的总和不得超过土地被征用前三年平均年产值的三十倍
2004.2.8	《中共中央 国务院关于促进农民增加收入若干政策的意见》	各级政府要切实落实最严格的耕地保护制度,按照保障农民权益、控制征地规模的原则,严格遵守对非农占地的审批权限和审批程序,严格执行土地利用总体规划。要严格区分公益性用地和经营性用地,明确界定政府土地征用权和征用范围。完善土地征用程序和补偿机制,提高补偿标准,改进分配办法,妥善安置失地农民,并为他们提供社会保障。积极探索集体非农建设用地进入市场的途径和办法
2004.4.29	《国务院办公厅关于深入开展土地市场治理整顿严格土地管理的紧急通知》	全国暂停审批农用地转非农建设用地。暂停涉及基本农田保护区调整的各类规划修改。对新批的县改市(区)和乡改镇,要暂停修改涉及土地利用的各类规划
2004.8.28	《中华人民共和国土地管理法》第二次修正	国家为了公共利益的需要,可以依法对土地实行征收或者征用并给予补偿

年份	法规及政策	具体规定
2004.10.21	《国务院关于深化改革严格土地管理的决定》	省、自治区、直辖市人民政府要制订并公布各市县征地的统一年产值标准或区片综合地价。土地补偿费和安置补助费的总和达到法定上限，尚不足以使被征地农民保持原有生活水平的，当地人民政府可以用国有土地有偿使用收入予以补贴
2004.11.3	《关于完善征地补偿安置制度的指导意见》	省级国土资源部门要会同有关部门制订省域内各县（市）耕地的最低统一年产值标准，制订统一年产值标准可考虑被征收耕地的类型、质量、农民对土地的投入、农产品价格、农用地等级等因素。土地补偿费和安置补助费的统一年产值倍数，应按照保证被征地农民原有生活水平不降低的原则，在法律规定范围内确定；按法定的统一年产值倍数计算的征地补偿安置费用，不能使被征地农民保持原有生活水平，不足以支付因征地而导致无地农民社会保障费用的，经省级人民政府批准应当提高倍数；土地补偿费和安置补助费合计按30倍计算，尚不足以使被征地农民保持原有生活水平的，由当地人民政府统筹安排，从国有土地有偿使用收益中划出一定比例给予补贴。有条件的地区，省级国土资源部门可会同有关部门制订省域内各县（市）征地区片综合地价，报省级人民政府批准后公布执行，实行征地补偿。土地补偿费的分配。按照土地补偿费主要用于被征地农户的原则，土地补偿费应在农村集体经济组织内部合理分配。具体分配办法由省级人民政府制定。土地被全部征收，同时农村集体经济组织撤销建制的，土地补偿费应全部用于被征地农民生产生活安置。关于被征地农民安置途径：农业生产安置、重新择业安置、入股分红安置、异地移民安置
2005.1.30	《中共中央 国务院关于进一步加强农村工作提高农业综合生产能力若干政策的意见》	严格保护耕地。控制非农建设占用耕地，确保基本农田总量不减少、质量不下降、用途不改变，并落实到地块和农户。严禁占用基本农田挖塘养鱼、种树造林或进行其他破坏耕作层的活动。修订耕地占用税暂行条例，提高耕地占用税税率，严格控制减免。搞好乡镇土地利用总体规划和村庄、集镇规划，引导农户和农村集约用地。加强集体建设用地和农民宅基地管理，鼓励农村开展土地整理和村庄整治，推动新办乡村工业向镇区集中，提高农村各类用地的利用率。加快推进农村土地征收、征用制度改革
2005.7.23	《关于开展制订征地统一年产值标准和征地区片综合地价工作的通知》	东部地区城市土地利用总体规划确定的建设用地范围，应制订区片综合地价格；中、西部地区大中城市郊区和其他有条件的地区，也应积极推进区片综合地价制订工作。征地区片综合地价是征地综合补偿标准，制订时要考虑地类、产值、土地区位、农用地等级、人均耕地数量、土地供求关系、当地经济发展水平和城镇居民最低生活保障水平等多方面因素进行测算
2006.4.10	《关于做好被征地农民就业培训和社会保障工作的指导意见》	尽快建立适合被征地农民特点与需求的社会保障制度，采取有效措施落实就业培训和社会保障资金，促进被征地农民实现就业和融入城镇社会，确保被征地农民生活水平不因征地而降低，长远生计有保障
2006.12.17	《国务院办公厅关于规范国有土地使用权出让收支管理的通知》	土地出让收入的使用要确保足额支付征地和拆迁补偿费、补助被征地农民社会保障支出、保持被征地农民原有生活水平补贴支出，严格按照有关规定将被征地农民的社会保障费用纳入征地补偿安置费用，切实保障被征地农民和被拆迁居民的合法权益。建立对被征地农民发放土地补偿费、安置补助费以及地上附着物和青苗补偿费的公示制度，改革对被征地农民征地补偿费的发放方式。有条件的地方，土地补偿费、安置补助费以及地上附着物和青苗补偿费等相关费用中应当支付给被征地农民的部分，可以根据集体经济组织提供具体名单，通过发放记名银行卡或者存折方式直接发放给被征地农民，减少中间环节，防止被截留、挤占和挪用，切实保障被征地农民利益

续表

年份	法规及政策	具体规定
2006.12.17	《国务院办公厅关于规范国有土地使用权出让收支管理的通知》	被征地农民参加有关社会保障所需的个人缴费，可以从其所得的土地补偿费、安置补助费中直接缴纳。地方人民政府可以从土地出让收入中安排一部分资金用于补助被征地农民社会保障支出，逐步建立被征地农民生活保障的长效机制
2007.4.28	《关于切实做好被征地农民社会保障工作有关问题的通知》	各市县征地统一年产值标准和区片综合地价公布实施前，被征地农民社会保障所需资金的个人缴费部分，可以从其所得的土地补偿费、安置补助费中直接缴纳；各市县征地统一年产值标准和区片综合地价公布实施后，要及时确定征地补偿安置费用在农民个人、农村集体之间的分配办法，被征地农民社会保障个人缴费部分在农民个人所得中直接缴纳
2008.12.22	《关于切实做好扩大内需促进经济平稳较快发展的用地保障和管理的通知》	切实维护被征地农民的知情权、参与权和申诉权。加强建设用地全程管理，特别要做好征地批后实施监管。各地要按照确保被征地农民生活水平不降低、长远生计有保障的要求，做好被征地农民的补偿安置工作
2010.5.15	《国务院办公厅关于进一步严格征地拆迁管理工作，切实维护群众合法权益的紧急通知》	征地涉及拆迁农民住房的，必须先安置后拆迁，妥善解决好被征地农户的居住问题，切实做到被征地拆迁农民原有生活水平不降低，长远生计有保障
2010.6.26	《国土资源部关于进一步做好征地管理工作的通知》	全面实行征地统一年产值标准和区片综合地价。各地应建立征地补偿标准动态调整机制，根据经济发展水平、当地人均收入增长幅度等情况，每2至3年对征地补偿标准进行调整，逐步提高征地补偿水平。探索完善征地补偿款预存制度。优先进行农业安置，规范留地安置，推进被征地农民社会保障资金的落实。做好征地中农民住房拆迁补偿安置工作，解决好被征地农民居住问题。规范征地程序，提高征地工作透明度。切实履行职责，加强征地管理
2012.11	党的十八大报告	提出"改革征地制度，提高农民在土地增值收益中的分配比例"
2013.5.13	《国土资源部办公厅关于关于严格管理防止违法违规征地的紧急通知》	"征地实施前，要进行补偿安置收益分析，向被征地农民说明征地补偿标准的合理性、安置方式获得长远收益的可行性"；征地实施中，"要建立健全征地矛盾纠纷排查调处机制"
2013.11	十八届三中全会《关于全面深化改革若干重大问题的决定》	提出"缩小征地范围，规范征地程序，完善对被征地农民合理、规范、多元保障机制"，进一步提出"建立兼顾国家、集体、个人的土地增值收益分配机制，合理提高个人收益"
2015.1	中共中央办公厅和国务院办公厅联合下发的《关于农村土地征收、集体经营性建设用地入市、宅基地制度改革试点工作的意见》	在全国选取33个县（市、区）行政区域进行试点。对实施农村土地征收改革的试点地区，暂时调整实施《土地管理法》第四十七条关于征收集体土地补偿的规定，明确综合考虑土地用途和区位、经济发展水平、人均收入等情况，合理确定土地征收补偿标准，安排被征地农民住房、社会保障。加大就业培训力度，符合条件的被征地农民全部纳入养老、医疗等城镇社会保障体系。有条件的地方可采取留地、留物业等多种方式，由村集体经营。改革以建立城乡统一的建设用地市场为方向，以夯实农村集体土地权能为基础，以建立兼顾国家、集体、个人的土地增值收益分配机制为关键，以维护农民土地权益、保障农民公平分享土地增值收益为目的，因地制宜、循序渐进，让农民平等参与现代化进程、共同分享现代化成果
2016.9	原中央全面深化改革领导小组决定	农村土地征收制度改革和集体经营性建设用地入市改革分别从3个试点地区扩大到33个试点地区
2017.11.4	十二届全国人大常委会第三十次会议决定	全国人大常委会授权在试点地区暂时调整实施有关法律规定期限延长至2018年12月31日

年份	法规及政策	具体规定
2018.12.29	十三届全国人大常务委员会第七次会议决定	全国人大常委会授权在试点地区暂时调整实施有关法律规定期限延长至 2019 年 12 月 31 日
2019.1.3	《中共中央 国务院关于坚持农业农村优先发展做好"三农"工作的若干意见》	在修改相关法律的基础上，完善配套制度，全面推开农村土地征收制度改革和农村集体经营性建设用地入市改革，加快建立城乡统一的建设用地市场
2020.1.1	《中华人民共和国土地管理法》	征收土地应当给予公平、合理的补偿，保障被征地农民原有生活水平不降低、长远生计有保障。征收土地应当依法及时足额支付土地补偿费、安置补助费以及农村村民住宅、其他地上附着物和青苗等的补偿费用，并安排被征地农民的社会保障费用。征收农用地的土地补偿费、安置补助费标准由省、自治区、直辖市通过制定公布区片综合地价确定。制定区片综合地价应当综合考虑土地原用途、土地资源条件、土地产值、土地区位、土地供求关系、人口以及经济社会发展水平等因素，并至少每三年调整或者重新公布一次。征收农用地以外的其他土地、地上附着物和青苗等的补偿标准，由省、自治区、直辖市制定。对其中的农村村民住宅，应当按照先补偿后搬迁、居住条件有改善的原则，尊重农村村民意愿，采取重新安排宅基地建房、提供安置房或者货币补偿等方式给予公平、合理的补偿，并对因征收造成的搬迁、临时安置等费用予以补偿，保障农村村民居住的权利和合法的住房财产权益。县级以上地方人民政府应当将被征地农民纳入相应的养老等社会保障体系。被征地农民的社会保障费用主要用于符合条件的被征地农民的养老保险等社会保险缴费补贴

注：1 亩约等于 666.667 平方米；1 公顷等于 1 万平方米

2.3　我国现行的征地补偿及收益分配政策

根据"农村土地征收、集体经营性建设用地入市、宅基地制度改革试点工作"的统计数据（表 2-2），截至 2018 年 10 月底，全国 33 个试点县（市、区）完成土地征收共计 1344 宗，土地征收总面积 18.33 万亩。按照试点县（市、区）的经济发展状况，结合中国四大经济区域的特征，将全国征地改革试点县（市、区）划分为东北地区、东部地区、中部地区以及西部地区。在土地征收宗数与面积上，全国 33 个试点县（市）表现出一定的区域差异特征：东部地区涉及 11 个试点县，土地征收宗数为 1121 宗，征收面积较大，为 63 863.26 亩，占比 34.84%；中部地区土地征收涉及 6 个试点县 101 宗土地，总面积 20 814.41 亩，占比 11.35%；东北地区土地征收面积最少，仅为 16 宗，总面积为 2407.97 亩，占比 1.31%；西部地区涉及 13 个试点县，征地面积达到 96 234.47 亩，占比 52.50%，其中内蒙古和林格尔土地单宗征收面积较大，5 宗土地征收总面积高达 82 976.74 亩。同时，集体经营性建设用地已入市地块 1 万余宗，面积 9 万余亩，总价款约 257 亿元，收取调节金 28.6 亿元。

表 2-2　全国 33 个试点县（市、区）土地征收宗数和面积统计表

地区	试点县（市、区）	宗数	面积/亩	试点县（市、区）	宗数	面积/亩
东北	辽宁海城	5	653.44	黑龙江安达	1	18.75
	吉林九台	10	1 735.78			
	合计	16	2 407.97			
东部	北京大兴	17	338.65	浙江义乌	222	13 997.91
	天津蓟县	22	233.24	福建晋江	178	8 751.17
	河北定州	283	9 277.00	广东南海	11	2 513.78
	上海松江	191	8 215.26	海南文昌	11	1 084.60
	江苏武进	48	2 844.24	山东禹城	82	4 572.49
	浙江德清	56	12 034.92			
	合计	1 121	63 863.26			
中部	山西泽州	6	1 219.73	河南长垣	41	4 636.17
	安徽金寨	6	3 640.00	湖北宜城	10	107.35
	江西余江	3	2 099.00	湖南浏阳	35	9 112.16
	合计	101	20 814.41			
西部	内蒙古和林格尔	5	82 976.74	西藏曲水	—	—
	广西北流	26	1 631.22	陕西高陵	9	3 023.00
	重庆大足	4	868.68	甘肃陇西	7	3 857.90
	四川郫都	3	12.15	青海湟源	4	572.08
	四川泸州	29	1 490.11	宁夏罗平	7	515.64
	贵州湄潭	6	988.37	新疆伊宁	3	190.44
	云南大理	3	108.14			
	合计	106	96 234.47			
合计		1 344	183 320.11			

注：2016 年天津市委、市政府决定，撤销蓟县，设立蓟州区。因数据统计时为天津蓟县，故保留

　　课题组为了更深入地了解各地的征地补偿及收益分配政策，在东中西三个地区选择了四个典型省市进行政策研究，以便对目前我国不同地区的征地补偿安置政策做出更深入的探讨。

　　东部地区一直是我国经济发展相对快速的地区，也是我国城市化开展较早的地区，因此相对于其他地区，农地城市流转也出现得较早，征地补偿制度也比较完善。南京市和杭州市作为东部长江三角洲（简称长三角）地区最发达的两个城市，他们征地的范围和频率较高，对于征地的补偿和安置形成了一套地方性规范，针对补偿和安置的具体细则有详细的规定，在征地补偿的测算方式、社会保障工

作、安置工作上都领先于其他的省市，具有典型性。因此我们选取这两个城市作为东部地区的政策研究对象。

武汉市是中部地区最大的城市之一，也是中部崛起的核心城市。随着城市化的迅速发展，武汉市的征地行为也逐渐开始频繁。作为一个素有九省通衢之称的大城市，武汉市具有吸收政策快、了解多的特点。因此近年来武汉市不断完善征地补偿安置政策，对土地补偿的测算方式进行了改进，因此我们选取武汉作为中部地区的政策研究城市。

重庆市是我国西部地区唯一的直辖市，也是西部地区最发达的城市之一，城市化程度较高。近年来，重庆市征地频繁，重庆市政府根据中央的政策及自身的实际情况，在失地农民的社会保障及养老体系上的改革十分突出，并且被广大被征地农民所接受，具有典型性，值得我们去深入地研究。因此我们选取重庆作为西部地区的典型城市进行研究。

2.3.1 杭州市征地补偿及收益分配政策

1. 征地补偿及安置

杭州市的被征地包括水田、旱地、菜地、园地和其他土地，土地补偿费和安置补助费实行"征地区片价"核算法，根据 2020 年 4 月省政府下发的《浙江省人民政府关于调整全省征地区片综合地价最低保护标准的通知》（浙政发〔2020〕8 号），杭州市人民政府对杭州市征地区片综合地价标准进行了调整（表 2-3）。一是实现了全市征地区片一体化，将主城区与区、县（市）进行接轨，全市共划分为九个区片等级。在主城区的基础上，将萧山区、余杭区、富阳区、临安区、桐庐县、淳安县、建德市等区、县（市）统一纳入区片等级，实现了不同等级区片间的有序衔接，进一步推动全市统筹融合。二是适度提高征地区片标准，调整后杭州市征地区片综合地价标准为 4.8 万元/亩（九级）至 29 万元/亩（一级货币安置）。三是明确了征地补偿资金分配比例及地类标准。明确土地补偿费占比不得超过征地区片综合地价的 40%，安置补助费不高于 6 万元/人。规定除林地和未利用地外，对相同区片内被征土地按征地区片综合地价标准执行。对林地和未利用地按照不低于所在征地区片综合地价标准的 60%计算。四是衔接征地社会保障政策，明确被征地人员应纳入相应的养老等社会保障体系，萧山区、余杭区、富阳区、临安区可结合实际自行确定参保缴费资金的筹集方式。青苗费与地上附着物补偿方面，菜地为 3000 元/亩，水田为 1450 元/亩，园地为 1650 元/亩。《杭州市征收集体所有土地房屋拆迁补偿办法》规定房屋拆迁补偿总金额由房屋补偿金额、房屋装修补偿金额、附属物补偿金额和迁移费等组成，附属物包括除去住宅之外的室外地坪、水井、围墙、炉灶等。为鼓励被拆迁人提前签约和腾房，拆迁人可给予其奖励。拆迁人在拆迁前应明确奖励的条件和标准，并报区政府备案。目前杭州市规划和自然资源局代杭州市政府拟制了《关于调整杭州市区征收集体土地地上附着物和青苗补偿标准的通知》，2020 年 9 月 10 日至 9 月 18 日公开向社会征求意见。

表 2-3　杭州市征地补偿安置政策

政策内容	政策的具体规定与做法
征地补偿分类标准与测算	将主城区与区、县（市）进行接轨，划分九个区片等级，采用区片综合地价法，规定了青苗与地上附着物补偿标准
征地补偿程序	拆迁人在拆迁公告发布之日起 30 日内公布货币安置单价，明确被拆迁人可选择安置的期限；拆迁人在拆迁补偿协议生效后 30 日内报市征地拆迁办公室备案
征地补偿费分配	明确了征地补偿资金分配比例，土地补偿费不得超过区片综合价 40%，安置补助费不高于 6 万元/人。征地补偿费全额预存；各村设立征地补偿费专户管理；直接拨付到村集体；土地征收、安置补偿标准公开、公告、听证
安置模式	采用货币安置或开发性安置，与招工安置相结合

2. 征地补偿费的分配

补偿费的分配遵循依法操作、合理分配、规范统一、公平、公正、公开的原则，建立征地补偿费全额预存政策，即将征地补偿费足额存入国库，拥有缴费凭证才可报批建设项目；各建制村设立征地补偿费专用账户，并报当地国土资源部门备案；补偿费直接拨付到村集体，不通过乡镇或其他部门而减少中间环节，防止征地资金的违规挪用、混用、截留、挤占等；对于补偿费的监督管理既要公开接受村民监督，又要接受监察、农业、国土资源等部门定期或不定期的专项检查，以保障村集体和农民的合法权益。

3. 失地农民社会保障

杭州市失地农民社会保障政策规定见表 2-4，失地农民家庭收入低于城镇居民最低生活保障的，可申请享受城镇居民最低生活保障待遇，且对于未达到劳动年龄的人员或超过劳动年龄的人员，享受货币补偿作为基本生活来源。不仅对困难家庭进行补偿，而且给予非劳动年龄的失地人员额外补偿。

表 2-4　杭州市失地农民社会保障政策规定

社会保障类型	政策的具体规定与做法
最低生活保障	被征地家庭人均收入低于城镇居民最低生活保障标准，可申请城镇居民最低生活保障
就业援助或事业保险	为男年满 16 周岁未满 60 周岁、女年满 16 周岁未满 50 周岁失地农民办理失业登记手续，提供就业培训、择业指导、职业介绍等多种就业服务，实现市场就业

续表

社会保障类型	政策的具体规定与做法
养老保险	实施"低标准缴费、低标准享受"的基本养老保险办法，一次性缴纳基本养老保险费，其缴费年限为 15 年，缴费基数为缴费时上年全省职工平均工资，缴费比例为 19%，达到规定年龄后按月领取基本养老金。可与城镇职工基本养老保险累计合并
医疗保险	失地农民就业后，参加职工基本医疗保险；未就业失地农民享受城镇个体劳动者基本医疗保险待遇
其他	不仅对困难家庭进行补偿，而且给予非劳动年龄的失地人员额外补偿

失地农民处于劳动年龄阶段的，可以申请就业援助或者事业保险，使失地农民过渡到城镇就业，劳动年龄（男 16～60 周岁、女 16～50 周岁）内的失地农民办理失业登记手续，领取杭州市失业证后进入劳动力市场，通过就业培训、择业指导、职业介绍等多种就业服务，实现市场就业。

杭州市实施"低标准缴费、低标准享受"的基本养老保险，一次性缴纳基本养老保险费，缴费年限为 15 年，缴费基数为缴费时上一年全省职工平均工资，缴费比例为 19%。参保人员达到规定年龄后按月领取基本养老金，基本养老金由基础养老金和个人账户养老金组成。基础养老金月标准为退休时上年全省职工月平均工资的 20%乘以缴费系数；个人账户养老金月标准为个人账户储存额的 1/120，缴费系数为 0.7。对于一次性缴纳"双低保险费"，同时又缴纳城镇职工基本养老保险的，可累计合并。

失地农民的医疗保险依规定参加城镇基本医疗保险，分为就业人员和非就业人员两种：就业的失地农民由用人单位按规定办理参保，享受职工基本医疗保险待遇；未就业失地农民按城镇个体劳动者参保，享受城镇个体劳动者基本医疗保险待遇。

2.3.2　南京市征地补偿及收益分配政策

1. 征地补偿及安置

江苏省 2020 年 5 月 19 日发布了《省政府关于公布江苏省征地区片综合地价最低标准的通知》（苏政发〔2020〕44 号），进一步提高了土地补偿费和安置补助费最低补偿标准。全省划分为四类地区，一类地区 64 000 元/亩，二类地区 55 000 元/亩，三类地区 47 000 元/亩，四类地区 40 000 元/亩。征收集体建设用地参照所在区片征收集体农用地区片综合地价标准执行。征收集体未利用地参照所在区片征收集体农用地区片综合地价标准的 0.7 倍执行。涉及征收依法取得的集体经营性建设用地采用宗地地价评估的方式确定。南京市仅三个区（六合区、溧水区和高淳区）属于二类地区，江南八区（玄武区、白下区、秦淮区、建邺区、鼓楼区、下关区、栖霞区、雨花台区）均属于一类地区。2020 年 9 月 18 日南京市根据江苏省的文件精神召开了"南京市六区征地区片综合地价制定成果"的听证会，有关成果尚未对外公布（表 2-5）。

表 2-5　南京市征地补偿安置政策规定

政策内容	政策的具体规定和做法
征地补偿分类标准与测算	划分二类地区，实施征地区片综合价补偿，征收建设用地参照农用地标准，征收未利用地参照农用地标准的 0.7 倍执行
征地补偿程序	省批准文件下发 10 日内，予以公告；征地报批前依法听证、告知确认；被征地成员有争议可向市政府申请协调；市国土局及分局会同征地有关单位自征地补偿安置方案批准之日起 3 个月内全额支付征收各项费用
征地补偿费分配	专户预存征地补偿款；补偿费 70%纳入被征地农业人员基本生活保障资金；30%支付给农村集体经济组织，纳入公积金管理，用于村集体发展生产和公益性事业。青苗及地上附着物补偿归所有者
安置模式	货币安置和宅基地安置相结合，以货币安置为主

2. 征地补偿程序

市国土局在收到省级批准文件 10 个工作日内，在被征收土地所在地的村、组予以公告，被征收人在公告规定期限内办理征地补偿安置登记之后，国土分局拟定征地补偿安置方案并予以公告。对于征地补偿区片价、青苗与附着物综合补偿价标准有争议的可申请调解、裁决。为了公平双方权益，征地补偿安置费足额到位前，被征地方有权拒绝交地；足额到位后，则不得拖延交地。

3. 征地补偿费的分配

土地补偿费总额的 70%纳入被征地农业人员基本生活保障资金，其余 30%支付给拥有土地所有权的村集体，纳入公积金管理，必须用于村集体发展生产和公益性事业，青苗和附着物补偿费全部归所有者所有。

4. 失地农民安置方式

南京市的失地农民安置模式以货币安置为主，对于征收宅基地涉及农民住房的，应当保障被征收人的居住条件，能够重新安排宅基地的，对其住房按照重置价格结合房屋的成新度给予补偿。

5. 失地农民社会保障

南京市自 2011 年开始实行《南京市被征地人员社会保障办法》，据此规定，将被征地人员纳入基本生活保障、老年生活困难补助、城镇居民基本医疗保险的社会保障体系中，其中缴费资金来源为：一是征地区片价补偿费；二是政府从土地出让金等土地有偿使用收益中提取部分；三是按规定需个人补缴的基本养老保险和失业保险费（表 2-6）。

表 2-6　南京市失地农民社会保障政策规定

社会保障类型	政策的具体规定和做法
最低生活保障	分为家庭最低生活保障和老年人生活困难补助
就业援助和失业保险	未就业人员申请办理失业保险，申领失业金
养老保险	按年龄分为：16 周岁以下（未成年年龄段）、16 周岁以上至 60 周岁（劳动年龄段）、60 周岁以上（养老年龄段）三个阶段将失地农民纳入不同养老保险体系

按照《江苏省征地补偿和被征地农民社会保障办法》（省政府令 2013 年第 93 号）对于被征地农民最低生活保障的要求，被征地农民家庭人均收入低于当地最低生活保障标准的，可以按照规定申请最低生活保障，并且设立老年人生活困难补助资金，列入社会保障资金专户管理，通过专户及时足额拨付给生活困难的老年人。

被征地农民未实现就业的，到户籍所在区失业保险经办机构自行办理失业保险待遇审核，在每月的 3～25 日到户籍所在街道劳动保障所办理失业登记及失业金申领手续。

根据《江苏省征地补偿和被征地农民社会保障办法》规定，被征地农民分为以下三个年龄段参加养老保险：一是 16 周岁以下（未成年年龄段），按照当地安置补助费标准一次性领取生活补助费，不再作为被征地农民参加城乡社会养老保险。二是 16 周岁以上至 60 周岁（劳动年龄段），在企业就业的，应当参加企业职工基本养老保险；从事非全日制工作或者自由择业（灵活就业）的，可以按照灵活就业人员的规定参加企业职工基本养老保险。三是 60 周岁以上（养老年龄段），从征地补偿安置方案批准次月起，按照不低于当地农村最低生活保障标准的 1.1 倍按月领取养老补助金，并且被征地前已参加新型农村社会养老保险或城镇居民养老保险的人员，可同时享受省人民政府规定的最低标准基础养老金，两种养老保险并不冲突。

2.3.3　武汉市征地补偿安置政策

1. 征地补偿费

武汉市按照区片综合价予以补偿，目前实施的补偿标准是 2019 年 11 月 1 日执行的《湖北省征地区片综合地价标准》（表 2-7），相比于 2014 年的补偿标准，湖北省平均补偿由每亩 32 990 元涨到 44 330 元，涨幅达 34.37%。武汉市中心城区征地区片综合地价划分为七个等级，补偿标准为 115 000～380 000 元/亩，郊区包括东西湖区、汉南区、蔡甸区和江夏区，每个郊区又划分为 3～5 个等级，补偿标准为 44 000～69 000 元/亩。

表 2-7　武汉市征地补偿安置政策规定

政策内容	政策的具体规定和做法
征地补偿分类标准与测算	根据区位状况和经济发展水平采用区片综合价补偿；中心城区划分为七个等级，补偿标准为 115 000～380 000 元/亩，郊区包括东西湖区、汉南区、蔡甸区和江夏区，每个郊区又划分为 3～5 个等级，补偿标准为 44 000～69 000 元/亩
征地补偿程序	征地补偿方案经批准后，市政府将被征地信息予以公告；被征地权利人进行补偿登记，土地行政主管部门进行调查核实；补偿安置方案经批准后由土地行政主管部门组织实施
征地补偿费分配	集体经济组织不能调地给被征地农民的，不低于 70%补偿费分配给农民；土地全部被征收，同时撤销村集体的，补偿费全额用于被征地农民生产生活安置
安置模式	货币安置、留地安置、入股经营安置、社会保险安置等多种模式

2. 征地补偿程序

征地补偿方案经依法批准后，市政府或者区政府将批准征地机关、批准文号、征地的用途、范围、面积以及征地补偿标准、农业人员安置办法和办理征地补偿的期限等，在被征地所在地的乡、村予以公告。公告之后由被征地的村集体、村民或其他权利人在规定期限内，持土地权属证书到指定地点办理征地补偿登记，土地行政主管部门组织征地工作人员到现场调查核实。通过主管部门批准的征地方案，拟定征地补偿、安置方案，予以公告并听取被征地村集体和农民的意见。

3. 征地补偿费分配

征地区片综合地价标准由土地补偿费和安置补偿费两部分组成，其中土地补偿费占 40%，安置补偿费占 60%。征地实施时，市、县国土资源部门按照征地补偿安置方案，向享有被征收土地所有权的村集体，足额支付征地补偿安置费用。集体经济组织不能调整质量和数量相当的土地给被征地农民承包经营的，需分配给被征地农民不低于 70%的补偿费；土地全部被征收，同时撤销村集体的，补偿费全额用于被征地农民生产生活安置。

4. 失地农民安置方式

安置方式采取货币安置的，安置补助费全额支付给被征地农民；经被征地农民同意，由村集体采取留地安置的，安置补助费可支付给集体经济组织；采取入股经营安置并能使被征地农民获得长期稳定收益的，经被征地农民同意，可以以安置补助费入股；经被征地农民同意，安置补助费可用于办理社会保险。

5. 失地农民社会保障

武汉市对失地农民区别对待，在劳动年龄段的失地农民以就业培训为重点，促进就业；对于难以就业的大龄和老龄人群以社会保障为重点，保障其基本生活。分区对待，将在城市规划区内的失地农民纳入城镇就业体系，建立社会保障政策；在城市规划区外的，在本行政区域内，为失地农民留有必要的土地或安排相应的工作岗位，纳入农村社会保障体系；对不具备生产生活条件地区的失地农民，可异地移民安置，纳入安置地的社会保障体系。

统筹城乡就业，多渠道开发就业岗位，改善就业环境，鼓励引导各类企业、事业单位和社区吸纳失地农民就业，支持自谋职业和自主创业。公共就业服务机构为其提供就业咨询、职介等服务，提高竞争能力和创业能力。职业介绍和就业培训所需的资金从当地就业资金和"阳光工程""雨露计划"等专项资金中列支。

根据《武汉市被征地农民参加基本养老保险实施办法》（2015）规定，被征地农民参加基本养老保险工作遵循"先补后征、应保尽保"的原则，建立被征地农民参加基本养老保险补偿机制（表2-8）。被征地时年满60周岁的人员，按照不低于被征地时上年度全市农村常住居民人均可支配收入的3倍予全额补偿；被征地时60周岁以下（16周岁至59周岁）的人员，年龄每降低1岁，补偿标准按全额补偿的1%递减。被征地农民选择参加城乡居民基本养老保险或者城镇职工基本养老保险，个人均应当按照规定缴纳基本养老保险费。其中，在用人单位就业的，应当按照规定参加城镇职工基本养老保险。被征地农民养老保险补偿资金专项用于被征地农民参加基本养老保险，并按照规定划入基本养老保险基金和记入个人账户，不得直接发放给被征地农民个人。对参加城乡居民基本养老保险且符合补偿条件的被征地农民，由人力资源社会保障部门所属的社会保险经办机构将其所获得补偿资金（含利息）按照规定记入其城乡居民基本养老保险个人账户。其中，已达到城乡居民基本养老保险领取待遇条件的，根据其所获得补偿资金数额，发放城乡居民基本养老保险个人账户养老金，计发月数按照其领取补偿资金待遇时的实际年龄确定。养老保险所需资金，由市、区财政分别按照1∶1和3∶7的比例共同承担，分年逐步解决。市、区财政部门要做好所需资金的总体预算，缩短资金筹集周期，并合理安排年度预算，确保当期支付；市、区人力资源社会保障部门要维护被征地人员参加基本养老保险的合法权益，确保各项待遇按时足额发放。

表 2-8　武汉市失地农民社会保障政策规定

社会保障类型	政策的具体规定和做法
最低生活保障	提供最低生活保障，每人约 200 元/月
就业援助和失业保险	市场导向，鼓励企业吸纳失地农民就业，支持自谋职业和自主创业，加强失地农民职业培训，落实就业培训资金
养老保险	"先补后征、应保尽保。"年满 60 岁，按照不低于被征地时上年度农村常住居民人均可支配收入的 3 倍补偿；16～60 岁，年龄每降低 1 岁，补偿标准按全额补偿 1% 递减。被征地农民养老保险金专款用于农民的基本养老保险。就业的，参加城镇职工基本养老保险
特点	按年龄区别对待：在劳动年龄段的失地农民以就业培训为重点；大龄和老龄人群以社会保障为重点。分区对待：在城市规划区内的纳入城镇就业体系，建立社会保障政策；在城市规划区外的，为失地农民留有必要的土地或安排相应工作岗位，纳入农村社会保障体系；对不具备生产生活条件地区的，可异地移民安置，纳入安置地社会保障体系

2.3.4　重庆市征地补偿安置政策

1. 征地补偿费

根据《重庆市征地补偿安置办法》和《重庆市人民政府关于进一步调整征地补偿安置标准有关事项的通知》渝府发〔2013〕58 号（表 2-9），土地补偿费不分地类、不分地区，按批准征收土地总面积计算，标准为每亩 18 000 元。安置补助费按农转非安置的农业人口数计算，每个农转非安置的农业人口安置补助费标准为 38 000 元。农村房屋补偿按附件所列标准执行。青苗和地上附（构）着物实行综合定额补偿，以批准征收土地总面积扣除农村宅基地和林地后的面积为准，每亩定额补偿 22 000 元。农村宅基地范围内的地上附（构）着物补偿的具体标准由各区人民政府制定。

表 2-9　重庆市征地补偿及收益分配政策规定

政策内容	政策的具体规定和做法
征地补偿分类标准与测算	土地补偿费不分地类、不分地区，18 000 元/亩，安置补助费为 38 000 元/人，农村房屋补偿按标准执行，青苗和地上附着物实行综合定额补偿，每亩 22 000 元
征地补偿程序	确定征收项目、拟定征收补偿方案、征收决定、进行征收补偿、被征收人不服决定可以申请复议或诉讼、拆迁单位可以申请强制执行
征地补偿费分配	土地补偿费有 80% 分配给被征地农户，其余 20% 支付给村集体；设立征地补偿费专户；安置补助费要全额支付给负责安置单位或农户
安置模式	货币安置、保险安置、以地安置或民政部门安置。住房安置可以采取统建优惠购房、货币安置住房、自建住房等方式，按每人 17 至 20 平方米建筑面积标准予以安置

2. 征地补偿程序

重庆市的征地补偿程序是在征地项目议定后拟定征收补偿方案，方案的拟定需要登记征地区域调查结果，制定征收决定的过程也需要征求意见、将修改情况进行公布，才能最终确定补偿细节，并且将初步评估结果分户公示，被征收人如果对评估结果有异议，可在收到评估报告之日起 10 日内申请复核或鉴定，最终签订补偿协议建档。征地单位在征地补偿安置方案批准之日起 3 个月内，将征地补偿费全额支付给被征地农户，或经被征地农户统一约定分期支付补偿费。征地补偿费足额到位后，国土资源部门才能发放建设用地批准书。

3. 征地补偿费分配

征地补偿费的分配使用坚持公开、公平和公正的原则，妇女与男子享有平等权利，县级以上政府国土资源部门将拟征地的用途、位置、面积、补偿标准、安置途径等，书面告知被征地农户、集体经济组织和地上附着物产权人。土地补偿费有 80%分配给被征地农户，其余 20%支付给村集体，或在撤销村集体建制的情况下平均支付给享有土地承包经营权的成员。集体经济管理的补偿费，需设立征地补偿费专户，将此集体资产纳入公积公益金管理，只有集体经济组织成员 2/3 以上同意才可以使用，并及时公布接受监督。安置补助费根据不同安置途径支付，由征地单位或其他单位统一安置失地农民的，支付给负责安置的单位；不需要统一安置的，应当全部支付给失地农民。

4. 失地农民安置方式

重庆市失地农民的安置可以采取货币安置、保险安置、以地安置或民政部门安置等方式。①选择货币安置的，土地行政主管部门应将土地补偿费、安置补助费支付给被征地村集体，由农转非人员在规定时间内领取，或者由土地行政主管部门直接支付给失地农民。②采用保险安置的，男满 50 岁，女满 40 岁的，经本人书面申请，土地行政主管部门可将征地补偿款全额或半额交由中国人寿保险公司重庆市分公司办理储蓄式养老保险。③以地安置。有条件兴办经济实体且安置失地农民人员在 10 人以上的，经有审批权的人民政府批准，土地行政主管部门可将征地补偿款一次性支付给经济实体，作为被安置的失地农民投入的资本金。同时按每个农转非人员 20 至 30 平方米的标准向该经济实体划拨土地，用于发展生产，安置农转非人员。该经济实体应按规定缴纳征地成本费。④采用民政部门安置的，由土地行政主管部门将征地补偿款一次性拨给民政部门，由民政部门按规定安置或逐月发放生活费。对农转非人员安置实行征地统筹费调剂使用办法。统筹费由区县（自治县、市）人民政府按市区每亩 3000 元，其他区县（自治县、市）每亩 2000 元的标准向建设用地单位收取，专项用于征地农转非人员安置的统筹调剂。

重庆市失地农民住房安置可以采取统建优惠购房、货币安置住房、自建住房等方式，按每人 17 至 20 平方米建筑面积标准予以安置。①选择优惠购房方式并且确有统一修建安置房条件的，以户为单位，按区县（自治县、市）人民政府依据《重庆市征地补偿安置办法》确定的应安置房建筑面积标准，以土地征用时砖墙（条石）预制盖价格向区县（自治县、市）土地行政主管部门申请优惠购买安置房。因户型设计限制，住房安置对象所购的安置房超过规定标准 5 平方米以内的部分，按建安造价的 50%购买；超过规定标准 5 平方米的部分按综合造价购买。但建设用地预办通知书下达后离婚分户的住房安置对象所购的安置房，超过当地区县（自治县、市）人民政府规定的住房安置标准的部分，按综合造价购买。因户型设计限制，购买安置房未达到规定标准的，不足部分由住房安置方按造价补偿给被安置人。住房安置对象已婚未育的，优惠购房时，可申请增购 1 个自然间的住房，其价格按安置房建安造价的 50%计算。住房安置对象的配偶或未成年子女为城镇户口，经审核在他处确无住房并长期与配偶或父母居住在征地拆迁范围内的，优惠购房时，可申请按建安造价的 50%购买 1 个自然间的住房，与原户主合并安置。征地前无法定婚姻关系或抚养（赡养）关系迁入且无住房的被征地人员，可申请按本办法规定的住房安置标准以综合造价购买住房。在政府批准征用土地之日前，长期居住在征地拆迁范围内的城镇人员，具有房屋所有权证和土地使用权证且城镇确无住房的被拆迁人，经住房安置方审核同意后，可申请按本办法规定的住房安置标准按建造价的 50%优惠购买住房。②选择货币安置住房方式的，土地行政主管部门应与安置对象签订货币安置住房合同，一次性结算货币安置款。货币安置款额等于货币安置住房合同履行时，征地拆迁范围相邻经济适用房平均售价与土地征用时砖墙（条石）预制盖房屋补偿标准之差乘以当地区县（自治县、市）人民政府根据本办法确定的应安置房建筑面积。③无条件集中统一修建安置房的，区县（自治县、市）土地行政主管部门应按照同级人民政府依据本办法确定的应安置房建筑面积标准和当时当地城镇居民住宅平均建安造价予以补助，并按照规划管理要求和当地城镇居民修建住宅用地标准划给宅基地，由住房安置对象自建住房。

规定时限内搬迁的拆迁户，其搬家补助费按户一次性计发，3 人以下（含 3 人）每户不超过 300 元，3 人以上每户不超过 500 元，临时过渡户按 2 次计发。因建设需要，被拆迁户须提前搬迁过渡的，从过渡之日起以批准征地时的在籍户口为准，发给搬迁过渡费或搬迁补助费。属统建优惠购房安置的，核实际过渡时间计算，每人每月发给 80 至 100 元搬迁过渡费；属货币安置住房、自建住房的，每人一次性发给 300 元至 500 元搬迁补助费。

5. 失地农民社会保障

重庆市失地农民安置办法主要由各区县独立施行，对失地农民建立多渠道、多形式的生活困难救助政策（表 2-10）。最低生活保障为每人 600 元/月，实行每年上调政策。建立和完善失业登记政策和就业服务体系，提供政策咨询、就业指导、就业培训、职业介绍等服务，多渠道开发就业岗位，给予劳动力阶段的失地农民就业优惠。

表 2-10 重庆市失地农民社会保障政策规定

社会保障类型	政策的具体规定和做法
最低生活保障	提供最低生活保障，参保基本每人 600 元/月，每年再上调
就业援助和失业保险	提供政策咨询、就业指导、就业培训、职业介绍等服务
养老保险	分三个年龄段参与养老保险：男 16～50 周岁、50～60 周岁、60 周岁以上；女 16～40 周岁、40～55 周岁、55 周岁以上，针对不同年龄段采取不同养老保险政策
特点	失地农民商业保险模式。多方筹资，政府、集体、个人共同负担，权利和义务相对应，保障水平与经济发展相适应

重庆市实行失地农民商业保险模式，市政府经过农民同意将其土地补偿费、安置补助费的全额或半额交给保险公司，商业保险公司作为受托人，为参保失地农民建立长期个人账户，对其资金进行投资管理。参保所需费用，对 2007 年 12 月 31 日前的被征地农转非人员，政府给予 50%～80%不等的参保补贴，补贴资金通过对 2008 年以后新增的商业和工业用地分别加收 3 万元/亩和 1 万元/亩的社会保险统筹费解决；对 2008 年 1 月 1 日以后的被征地农转非人员，一次性缴纳养老保险费，所需费用由个人和政府各负担 50%，个人负担部分通过提高土地补偿费和安置补助费标准解决。

遵循多方筹资，政府、集体、个人共同负担，权利和义务相对应，保障水平与经济发展相适应的原则，将失地农民纳入城镇企业职工基本养老保险体系。失地农民参加养老保险分为三种类型：一是男满 60 周岁、女满 55 周岁的失地农民，满 75 岁以上的每人按 15 000 元的标准一次性缴纳基本养老保险费；不满 75 岁，在 15 000 元的基础上，按其不足 75 岁的年限，每相差一年增加 1300 元的标准，一次性缴纳基本养老保险费。老龄人员在缴费完清后，征地补偿安置方案批准的次月起，依法领取养老金。二是对于男满 50～60 周岁、女满 40～55 周岁的失地农民，每人按 41 000 元标准一次性缴纳基本养老保险费，自达到法定退休年龄的次月起，享受城镇企业退休人员最低基本养老金标准，按月领取养老金。三是对于男满 16～50 周岁、女满 16～40 周岁的失地农民，一次性缴纳基本养老保险费，缴费标准为上年度全市城镇经济单位在岗职工平均工资的 60%、本市城镇个体劳动者基本养老保险缴费比例与本人应缴费年限的乘积，参加城镇企业职工基本养老保险。

2.3.5　征地补偿安置政策的比较

1. 征地补偿费

按照我国的征地政策，各个省市的征地补偿范围都包括土地补偿费、安置补助费、青苗费和地上附着物补偿费，这一补偿范围仍没有涉及由征地行为造成的间接损失，特别是残余地和相邻地的损失，因此还是有一定缺陷的，需要进一步的改进。

在征地补偿的分类标准、测算方式、金额的多少等方面这四个地区都有所不同。在征地补偿的分类标准上都是按照区片综合价进行补偿，除了重庆市，其他三个地区都是根据区位状况和经济水平将土地划区进行分区补偿。其中杭州市区片划分最细，总共有九个等级，征地补偿标准 4.8 万～48 万元/亩，武汉市区分了中心城区和郊区，中心城区划分为七个等级，补偿标准为 11.5 万～38 万元/亩，郊区包括东西湖区、汉南区、蔡甸区和江夏区，每个郊区又划分为 3～5 个等级，补偿标准为 4.4 万～6.9 万元/亩。南京市只划分为二类，规定的最低补偿标准分别为 6.4 万元/亩和 5.5 万元/亩，重庆市不分地类、不分地区，土地补偿费为 1.8 万/亩，安置补助费为 3.8 万/人。

目前，我国典型地区对被征地的青苗费及地上附着物的补偿（除了杭州市）都没有具体的标准，这给予了地方政府很大的权利，有可能会损害村集体和农民的权益。另外，青苗补偿费仍较低，与农民的劳动成果并不等价。南京市对可移植的作物进行移植，支付移植费这一政策具有先进性，可以在一定程度上节约土地的补偿费用，但作物因为移植可能会影响产量，因此针对这方面，政府应该给予适当补偿。

对地上建筑物的补偿各地补偿方法也不一致。除武汉市没有文件规定外，其他地区都有相应的补偿措施。南京市和重庆市都是按照分类法进行分类补偿，这有利于更好地测算出房屋的价值，显示补偿的公平性。在对农田设施的补偿上，武汉市没有做出详细规定。可见，武汉市应该完善地上附着物这方面的政策。杭州市和重庆市都是按照农田设施的分类进行补偿的，南京市则按等效替代原则进行补偿，南京市的补偿政策更显公平性。

2. 征地程序

在征地程序方面，存在着补偿和被补偿方地位不平等、信息不对称等问题。

当然为了防止征收前的抢种、加盖等行为的出现，预征地信息不公布是有一定作用的，但这样会导致被征地农民丧失就被征土地与地方政府进行谈判的权利，不仅没有对征地与否的表决权，也没有征地过程的参与权，只能通过征地公告等途径被告知征地项目的范围、方式等基本信息。在法律规定下，补偿标准一般由地方政府相关部门制定，缺少评估机构以及被征地主体的参与，这极大限制了农民的知情权和参与权。

3. 征地补偿费的分配

南京市和重庆市明确了农民和集体经济组织的分配比例，南京市是将土地补偿费的70%纳入被征地农民基本生活保障资金，其余30%给村集体。重庆市是将土地补偿费的80%分配给被征地农户，20%给村集体。武汉市只规定了农户的最低分配比例为补偿费的70%。杭州市没有给出具体分配办法，民主协商解决，这主要考虑到各区域、各村差异较大。如果全部补偿款分给农民，可能会导致后续养老资金不足，政府对失地农民的社会保障压力加大，或者部分农民缺乏计划性和投资素质等，后续生活难以为继。

4. 失地农民安置方式

当前货币化安置仍是各地采用的主要安置方式，重庆市失地农民的安置形式最为多样，除了货币安置，还有保险安置、以地安置和民政部门安置等多种方式，并且每种安置方式都有详细说明。

在招工安置方式上，南京市对劳动年龄阶段的被征地农民发放就业补助，其余三个地区在此方面并未明确规定，仅限积极提供就业岗位。招工安置应由征地单位或其他单位安排符合条件的劳动力就业，用人单位取得一定安置补偿费，但招工单位有一定的用工要求，并不能完全消化剩余劳动力，且企业面临减员、破产等威胁，仍会造成就业压力。

在留地安置（以地安置）方式上，武汉市、重庆市和南京市都有相关政策规定，而武汉市的留地安置发展时间较短，适用于中心城区的征地项目以及开发区等区片，留地安置可以给被征地农民带来长期稳定的收益。

在住房安置方面，重庆市采用统建优惠购房、货币安置住房、自建住房等方式，同时还结合了经济适用房政策，对征地农民的住宅进行经济适用房招标，为农民提供住宅，相对来说对农民更实惠，但经济适用房建设项目的落实需要一系列严格的后续监管；南京市对于农民宅基地的征收方面，一般采用置换宅基地的安置方式，给予房屋补偿，这种方式对农民的生活影响较小，但宅基地划定需大量人力、物力，且这种方式并不能提高农村的土地集约利用程度，与目前全国倡导的土地集约利用观念不相符合，没有考虑到农村发展可持续性。

5. 失地农民社会保障

失地农民后续生活保障问题成为目前学术界和社会关注的焦点，一时的安置并不能解决农民的永久性生活，由于我国的特殊国情，长期采用城乡分离的"土地二元体制""社会保障二元体制"，城市和农村发展极不平衡，在养老保险、失业保险、医疗保险等方面城乡差距较大，而且对农民来说，农用地在一定程度上扮演了社会保障的角色，因此解决失地农民的长远生计尤其重要。

根据 2020 年新修订的《中华人民共和国土地管理法》规定，要求"征收土地应当给予公平、合理的补偿，保障被征地农民原有生活水平不降低、长远生计有保障。县级以上地方人民政府应当将被征地农民纳入相应的养老等社会保障体系。被征地农民的社会保障费用主要用于符合条件的被征地农民的养老保险等社会保险缴费补贴"，四个地区均在修订"征地补偿和被征地农民社会保障办法"，明确将被征地农民纳入相应的养老社会保障体系中，根据年龄段采用相应的养老保障办法。重庆市则直接采用商业保险模式，将失地农民纳入城镇企业职工基本养老保险体系中。

失地养老保险目前主要有两种形式：一是根据不同年龄段，将失地农民纳入城镇职工基本养老、失业保险等体系，以及城镇居民最低生活保障体系，以重庆市、南京市和武汉市为代表；二是实行"双低"标准，杭州市采用低缴费标准，为不同征地时点、不同年龄段失地农民建立不同缴费标准，将失地农民纳入社会保障体系中。年龄较大的失地农民受益较多，可以在短时间内得到优惠，而对于年轻人来说参保时限和金额带来的压力较大。

杭州市、重庆市、南京市、武汉市四个地区在就业保险和养老保险方面均有详细规定，杭州市和重庆市更加重视在就业指导和培训方面的投入，而武汉市和南京市提供被征地农民的最低生活保障，防止出现失地农民在失去土地后的基本生活困难的现象，但是武汉市低保标准较低，应该在考虑经济水平和城市居民生活成本的基础上提高低保标准。另外，加强在就业培训方面的投入力度，强化失地农民的自我就业能力。

2.4　本　章　小　结

土地征收是将农村集体土地转为城市国有土地的行为，需要对被征地农民和集体进行补偿安置。我国土地征收补偿安置政策在计划经济向市场经济的转变过程中做出了巨大的调整，在计划经济时期，土地征收是采用解决失地农民城市户口，并安置工作、享受市民化待遇的补偿安置措施；在市场经济时期，征地补偿转为年产值倍数法、区片综合地价法，并且补偿标准逐步提高，安置方式也由传统的一次性货币安置转为农业生产安置、重新择业安置、入股分红安置、异地移民安置等多途径安置，失地农民的社会保障问题被日益重视，农民权益得到保护。土地的增值收益分配也要向农民倾斜，提高农民分享土地增值收益分配的比例。

从我国现行的征地补偿及收益分配政策来看，2020 年新《中华人民共和国土地管理法》规定各地区要按照区片综合价进行补偿，提高征地补偿标准，并且对征地程序和失地农民的后续生活保障也有明确的规定。本章选择了杭州市、南京市、武汉市和重庆市四个代表城市，分别从征地补偿费、征地程序、补偿费的分配、失地农民的安置以及失地农民社会保障等方面进行了比较分析，中西部地区与东部地区相比，还存在征地补偿标准偏低、安置模式单一，社会保障体系不够完善等问题。在安置方式上，东部地区失地农民安置模式多样化，综合采用货币安置、招工安置和留地安置等多种方式相结合的模式，但中西部欠发达地区，仍然以货币安置为主，失地农民养老保险的标准也相对较低。

第3章 土地征收过程中的收益分配理论分析

3.1 相关概念界定

3.1.1 土地收益

土地收益就是利用土地所获得的报酬。从广义上讲，土地收益既包括经济收益，又包括社会收益和生态收益。狭义的土地收益仅仅是指经济收益。土地利用类型不同，土地收益的内涵也不同。农地收益是指在不改变农用地用途的情况下，不断对农用地追加投入所获得的收益。由于农地利用具有很强的正外部性，其生态价值和社会保障价值无法通过农地价格得以体现。农地收益主要是农地生产出来的农产品价值，农地的价格就是农产品价值的资本化收益。由于农业利益比较低下以及"搭便车"的存在，抑制了农民耕地保护的积极性。城市土地收益是指城市土地作为一种特殊商品或生产要素在市场交易或生产经营过程中带来的收入。

土地征收中的收益是指农村集体土地经国家批准转为城市国有土地后，在土地征收过程中获得的报酬。从广义上讲，这个报酬既包括以租、税、费形式获得的经济收益，也包括解决就业、改变城市基础设施等社会收益，同时也包括美化环境等生态收益。狭义的土地征收收益，仅仅是指经济意义上的收益，这种收益在农民、农民集体、地方政府和国家之间进行分配。农民和村集体获得征地补偿款，政府则获得各种土地租税费收入，由地方政府和中央政府共同分享。

3.1.2 土地收益分配

土地收益分配属于经济范畴，是指土地收益在不同主体间的分配过程。土地征收过程中的收益分配是指农用地转为城市建设用地的过程中，不同交易环节的土地收益在不同主体之间的分配过程，即"征地—出让"阶段土地收益在村集体、农民和各级政府之间的分配。

3.2 土地收益分配的内容

在征地过程中，土地作为特殊的生产要素在市场价值规律的作用下由低收益的农业生产部门转移到高收益的工业和商业生产部门，产生了巨额的土地价值增加，在土地出让环节，土地价值得到实现。在"征地—出让"过程中，各主体土地收益分配的内容具体见表 3-1。

表 3-1　各主体土地收益分配内容

分配主体	收益构成
农民	安置补助费、地上附着物和青苗补偿费
村集体	土地补偿费
中央政府	土地出让金分成、新增建设用地有偿使用费
地方政府	新增建设用地有偿使用费、契税、新菜地开发建设基金、耕地开垦费、耕地占用税、征地管理费、城市基础设施配套费、水土保持设施补偿费和水土流失防治费、水利建设基金、土地出让金等

3.3　土地收益分配的原则

土地征收中的收益分配一直以来都是学术界研究的一个热点问题，其分配原则主要有以下三种理论观点。

"涨价归公"理论认为土地具有自然属性，是属于全人类的财产，不应由任何私人所占有，因此产生的收益需要以课税的方式全部收归公有，通过强制和法定手段全部返还社会。此外，土地征收具有强制性，被征收的土地资源用于公益性用途，如基础设施和公共设施的建设，这些提升了整个社会生态效率，带来了土地效益的增加，具有社会性特征，因此土地收益应当"涨价归公"。但由于以税收形式征收的土地收益返还对象是全体社会成员，且需要通过社会财富二次分配渠道，难以直接惠及失地农民，过多攫取了农民收益，造成了失地农民权益损失和补偿的不合理，诸多事例也证明了此法的缺陷。

"涨价归私"旨在最大限度维护农民土地权益，与"涨价归公"相对应。基于产权理论，产权变换是利益分配的主要依据，转出产权的应当得到全部等值的补偿，获得产权的则应当支付这部分代价。村集体拥有土地的所有权，农民拥有土地的承包经营权，在农地转为非农用地的过程中，农民和村集体失去了土地产权，也就失去了获得相应土地产出的权利，因此征地过程中产生的土地收益应当由原土地所有者和使用者获得。政府进行的基础设施投资是社会性的、普惠性的，其受益群体是全体公民，在进行这些投资时土地价值发生的辐射性增加是机会均等的，因此产生的土地收益应当归原土地所有者所有。具体到我国目前的土地制度，农村土地集体所有，农民拥有承包经营权，土地收益要全部划归村集体和农民，但是这种分配方式会造成事实上的社会不公平现象出现，而且会削弱地方政府投资基础设施的积极性，不利于地区经济社会的长久发展。

"公私兼顾"理论是目前较为认可的做法，其核心是公平分配土地收益，权利受损者获得相应补偿，付出投资者获得相应报酬。根据土地征收的法定程序，在依法对原土地产权人进行合理补偿后，将土地收益的剩余部分由政府分配支援其他地区，用于基础建设和社会公共福利事业。由于土地区位因素的不同，土地征收的可能性也不同，城市近郊土地被征收概率一般高于远郊土地，而近郊土地收益也应当有一部分由政府用于远郊土地的开发和保护，所以土地收益分配应当全面兼顾失地农民、在耕农民和政府三个方面。"公私兼顾"理论的核心在于平衡社会公共利益和失地农民利益之间的关系，从社会公平的角度出发既保护权利受损者，又考虑到社会公众的福利，这一观点兼顾各方面利益，因而受到更广范围内的认同。目前我国的征地收益分配政策体系就是遵循"公私兼顾"的理论。

3.4　参与分配的主体及依据

农用地征收转用过程涉及的产权主体主要包括中央政府、地方政府、村集体、农民和用地单位，农用地被征收后所产生的收益理当在这些主体间进行分配，而分配体现着各主体之间的利益关系。在我国，法律明确规定农村土地属于农民集体所有，而农民又属于集体内的成员，他们共同享有土地的所有权，并能通过承包等方式取得农用地的承包经营权获得土地收益，是实际意义上的土地使用者。政府作为国家权力的执行机关，是城市建设用地的管理者和经营者，同时农村土地的征收、规制等也受到政府的管制与约束。

3.4.1　农民

农民是农地的直接权利人，拥有土地的承包经营权，他们关注的主要是自身效益的最大化。农地的功能主要体现在：农地一方面是农民的主要收入来源，为农民提供生活保障、养老保障和就业保障等社会保障功能；另一方面，农地为外出打工的农民提供保障，如果打工效益不好或者失业可以随时回来种地，解决基本生活问题。征地后，农民失去了土地就意味着失去了赖以生存的经济收入来源，失去了工作机会，失去了基本的社会保障。《中华人民共和国土地管理法》规定，征收土地应当依法及时足额支付土地补偿费、安置补助费以及农村村民住宅、其他地上附着物和青苗等的补偿费，并安排被征地农民的社会保障费用。农民是征地收益分配关系中最微小的个体，但同时也是数量最多的利益相关者。由于农民的弱势地位导致农民缺乏话语权，削弱了自身利益保护能力。目前我国欠发达地区的征地补偿仍然处于较低水平,需要进一步提高农民的补偿和安置标准。同时需要注意的是,征地补偿的不均衡现象,防止出现因征地而导致的"暴富"或"暴损"问题。

3.4.2　村集体

我国法律规定,村集体是农村集体土地的所有权人。根据产权理论,土地被征收意味着村集体让渡了土地所有权,获得土地所有权的城市政府理应对村集体给予补偿。同时,村集体作为集体土地所有权的代表和农地的实际经营管理者,既是法律保护的所有权人,又是政府行政行为的协助者和参与者。村集体两委在征地过程中扮演了政府政策的传达、宣传和组织者的角色,在前期征地公示公告、安置补助方案意见征集中起到了重要作用。作为村民自治组织,村集体还是征地补偿和就业安置费用的发放中介,政府将征地补偿款交由村集体,再由村集体发放给被征地农户。土地征收后,村集体还是农户就业及住房安置措施的执行者。村集体半行政、半自治组织的特性决定了它不可避免地参与征地收益分配,成为一方利益关系者。

3.4.3　中央政府

与农村集体所有土地相对应的则是国家所有的城市土地。中央政府是城市建设用地的所有者,由国务院代表国家行使国有土地的所有权,国务院授权各地方城市政府行使城市土地的管理权和职责。政府是征地制度的制定者和征地项目的审批者,也是补偿标准和补偿规则的具体决策者。中国实行五级政权体系,中央政府是城市国有土地的权利人,中央政府将土地管理权限分级委托给各地方政府,主要包括省、市、县级政府或计划单列市政府,报经上级机关允许后代理行使征地权。中央政府在土地征收中的目标主要是既满足国家经济发展和城镇化的用地需求,又要维护社会的稳定,保护村集体和农民的利益,确保农业发展稳定,同时兼顾生态环境的需要。中央政府主要是通过制定相关的法律法规和土地政策来调整其他主体的行为,对土地征收具有最高决策权。

3.4.4　地方政府

地方政府在土地征收过程中扮演了两种角色,他们是城市建设用地的权利人,具有政策主体与利益主体的双重身份。第一,作为政策主体,地方政府的权利由中央政府下放，拥有所在行政区域内的土地管理权。他们要发挥调控管理和提供公共服务的职能，确保中央委托的任务顺利完成。第二，作为利益主体，地方政府是追求利益的经济人，为了促进当地经济的发展，补充财政来源，会通过卖地来获取更多的资金。

3.4.5　用地单位

用地单位作为理性"经济人"追求的目标是在农地开发利润最大化的同时，使其开发经营成本最小化。在土地征收过程中，用地单位分为行政部门和各类开发商，对于行政部门用地主要是采用行政划拨的方式得到土地使用权，它是一种无偿、无限期、强制性的用地方式，获取土地的费用主要是农地补偿费用，在农地补偿价格比较低的情况下，用地单位就有扩大农地需求量的愿望。各类开发商用地在计划经济时期主要是采用行政划拨的方式，在市场经济时期主要是采用招标、拍卖、挂牌的方式获得有限期的土地使用权。在目前市场经济条件下，用地单位都希望压低获取土地的成本，以求获得更高的利润。

3.5　本 章 小 结

征地过程中的土地收益分配是指农用地转为城市建设用地过程中，土地收益在中央政府、地方政府、村集体、农民和用地单位之间的分配，体现着各主体之间的利益关系。从土地收益分配内容来看，农民和村集体获得征地补偿款，各级政府是以各种税费的形式获得土地收益，其中，地方政府获得大部分的土地出让金及有关税费收益，中央政府获得土地出让金分成和新增建设用地有偿使用费。分配原则主要有涨价归公、涨价归私、公私兼顾三种，其中公私兼顾原则兼顾了各方面利益，受到更广范围认同，我国征地收益分配政策体系也遵循了"公私兼顾"原则。各方利益主体都可以看作独立经济的实体，他们都有追求自身利益最大化的要求。

第4章 征地过程中的土地增值收益分配现状

4.1 土地增值收益分配的概念及分配机理

4.1.1 土地增值收益分配的概念

我国很多学者都对土地增值的概念进行了界定，周诚（2006）认为土地增值是指现实经济活动中土地价格的增加。张小华和黎雨（1997）认为土地增值实际上是指土地价格的增长。杜新波和孙习稳（2003）以马克思的土地价值理论为指导，认为土地增值的本质是地租增值与土地资本的增加。马贤磊和曲福田（2006）认为由于我国土地市场本身不健全，加之政府对土地征收和土地出让阶段进行垄断和干预，导致土地的真实价格发生了严重扭曲，因此土地增值收益是指农用地与建设用地价格之差再扣除必要的土地开发成本后的剩余。本书所讨论的土地增值是农地被政府征收，政府将土地使用权出让给房地产开发商这一过程中所形成的土地增值。

土地增值由多种原因造成，主要可分为人工增值和自然增值。人工增值是指土地所有者或者使用者对土地投入劳动和资本的结果，包括土地开发整理等一系列工作。自然增值是指通过改善基础设施、改变土地政策以及转换土地用途等形成的增值（朱一中和曹裕，2012；陈莹等，2009）。土地征收阶段是土地用途的转变阶段，这一阶段的增值属于自然增值；在土地出让阶段中政府对土地进行了开发整理，土地用途发生了转变，属于自然增值和人工增值；在房地产开发阶段房地产对土地投入了资本、改善了基础设施环境，属于自然增值和人工增值。

土地增值收益分配是指土地增值在形成过程中各参与主体间的分配（张宁宁，2016），征地过程中的土地增值收益分配主要是指在土地征收、土地出让和房地产开发阶段所形成的土地增值，在农民集体、政府和房地产开发商三大利益主体之间，按照一定的比例和原则进行的分配。

4.1.2 土地增值收益分配机理

征地过程中的土地增值主要产生在土地征收、土地出让和房地产开发三个阶段，农民（集体）、政府和开发商分别在这三个阶段获得土地增值收益（图4-1）。

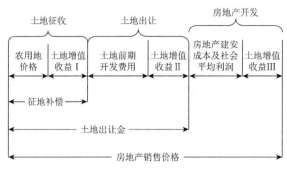

图 4-1　土地增值收益及分配机理

1. 土地征收环节的土地增值收益

政府通过土地征收将农村集体土地变成城市国有土地，村集体获得土地补偿费，农民获得安置补助费、青苗及地上附着物补偿。征收环节农民（集体）获得的土地增值收益可表示为

土地增值收益Ⅰ = 农民（集体）所获得的征地补偿款−农用地价格。

2. 土地出让环节的土地增值收益

地方政府对征收的土地进行"三通一平"或"五通一平"①的前期开发，采用招拍挂的方式将土地使用权让与土地使用者，收取土地出让金，并给予农民（集体）土地征收补偿。出让环节政府获得的土地增值收益可表示为

土地增值收益Ⅱ = 土地出让金−土地征收补偿款−土地前期开发费用。

3. 房地产开发环节的土地增值收益

开发商购买一定年期的土地使用权后建造房屋并对外销售以获得利润。该阶段开发商获得的土地增值收益为

土地增值收益Ⅲ = 房地产销售价格−土地出让金−建安成本−相关税费−社会平均利润

土地增值收益Ⅲ = 房地产销售单价×（1−社会平均利润率×房地产开发周期−相关税费比率）×容积率−建安成本单价×容积率−土地出让金。

房地产销售单价、建安成本单价和相关税费比率是以建筑面积为基础计算的，而土地出让金是以土地面积为基础计算的，因此引入容积率统一相应指标。

4.2　研究区域及数据来源

以全国 31 个直辖市和省会城市为研究对象，将全国 31 个城市分为东中西

---

① "三通一平"指通水、通电、通路、平整土地；"五通一平"指通水、通电、通信、通路、通气、平整土地。

三大区域，其中东部地区包括北京、天津、上海、石家庄、沈阳、南京、杭州、福州、济南、广州和海口；中部地区包括太原、长春、哈尔滨、合肥、南昌、郑州、武汉和长沙；西部地区包括重庆、成都、贵阳、昆明、西安、兰州、西宁、呼和浩特、南宁、拉萨、银川和乌鲁木齐。

　　数据主要来源于 2011～2017 年各直辖市及省会城市的《统计年鉴》、2011～2017 年《中国国土资源统计年鉴》、各城市《基准地价标准》，以及部分房地产数据网站。

4.3　土地增值收益分配比例测算

　　土地增值收益Ⅰ中，农民（集体）所获得的征地补偿款可采用征地区片综合地价或同一年产值倍数。我国《中华人民共和国土地管理法》中明确规定，土地补偿费和安置补助费之和不得超过被征收土地前三年平均年产值的 30 倍。考虑到大多数地区还是按照统一年产值倍数进行补偿，因此本章按照被征收土地前三年平均年产值的 30 倍作为征地补偿款价格。由于农用地价格远低于征地补偿价格，同时考虑到数据收集的困难性，农用地价格忽略不计。因此农民（集体）获得的土地增值收益Ⅰ≈农民（集体）获得的征地补偿款。

　　土地增值收益Ⅱ中，土地前期开发费用查询资料近似可得：北京、天津、上海、重庆、沈阳、南京、杭州、郑州、武汉、长沙、广州、成都为 300 元/米^2，其他城市为 100 元/米^2。

　　土地增值收益Ⅲ中，根据林瑞瑞（2015）的研究成果，社会平均利润率取 11%，房地产开发周期为 2 年，相关税费比率为 6%。容积率根据基准地价内涵确定。

4.3.1　土地收益分配的空间维度分析

　　根据土地增值收益及分配机理，可测算出 2016 年我国东中西部共 31 个城市的土地增值收益及分配比例。结果显示，土地增值收益在不同利益主体间的差距较大，土地增值收益Ⅰ、Ⅱ、Ⅲ的平均水平分别为 132 元/米^2、3533 元/米^2、12 318 元/米^2，所占的比例分别为 0.83%、22.10% 和 77.07%。由此可知，土地增值收益分配在农民（集体）、政府和开发商之间的差距过大，开发商所得土地增值收益最多，政府次之，农民（集体）所得最少。从全国 31 个城市具体情况来看，土地增值收益Ⅰ所占比例的范围是 0.59% 到 4.46%，土地增值收益Ⅱ为 5.59% 到 53.44%，土地增值收益Ⅲ介于 45.47% 到 93.56% 之间。东中西部地区土地增值收益有明显差距，其中东部地区土地增值收益最大，中部次之，西部最低，东中西土地增值收益之比约为 4.78∶1.75∶1。

1. 土地增值收益 I 的空间维度分析

由表 4-1 可知，土地增值收益 I 较高的城市是处于东部地区的北京（218 元/米^2）、杭州（226 元/米^2）、福州（221 元/米^2）、南京（207 元/米^2）和广州（239 元/米^2），土地增值收益 I 均超过了 200 元/米^2。其次是处于东部地区的石家庄（188 元/米^2）、济南（171 元/米^2），中部地区的武汉（185 元/米^2）和西部地区的西安（153 元/米^2），土地增值收益 I 超过了 150 元/米^2。土地增值收益 I 较低的城市为呼和浩特（52 元/米^2）、南昌（66 元/米^2）、拉萨（71 元/米^2）及贵阳（74 元/米^2），主要集中在西部地区，均在 80 元/米^2 以下。

表 4-1　2016 年全国土地增值收益分配数值及比例（单位：元/米^2）

区域	城市	土地增值收益 I	土地增值收益 II	土地增值收益III
东部地区	北京	218（0.24%）	19 754（21.52%）	71 828（78.24%）
	天津	145（0.59%）	4 945（20.08%）	19 538（79.33%）
	上海	140（0.15%）	19 183（20.26%）	75 342（79.59%）
	石家庄	188（1.20%）	1 961（12.63%）	13 381（86.17%）
	沈阳	117（1.95%）	853（14.21%）	5 033（83.84%）
	南京	207（1.07%）	6 424（33.14%）	12 753（65.79%）
	杭州	226（0.98%）	6 091（26.32%）	16 824（72.70%）
	福州	221（1.07%）	4 972（23.86%）	15 641（75.07%）
	济南	171（2.86%）	2 512（42.00%）	3 298（55.14%）
	广州	239（1.09%）	11 778（53.44%）	10 021（45.47%）
	海口	146（1.89%）	2 252（29.19%）	5 318（68.92%）
	平均值	183（0.31%）	7 339（24.34%）	22 634（75.05%）
中部地区	太原	125（1.22%）	2 767（26.99%）	7 359（71.79%）
	长春	84（1.49%）	1 241（21.96%）	4 326（76.55%）
	哈尔滨	81（0.81%）	1 308（13.10%）	8 592（86.09%）
	合肥	87（0.46%）	3 423（18.14%）	15 358（81.40%）
	南昌	66（0.48%）	1 348（9.83%）	12 296（89.69%）
	郑州	87（0.97%）	1 729（19.35%）	7 119（79.68%）
	武汉	185（1.27%）	2 234（15.43%）	12 066（83.30%）
	长沙	126（2.02%）	1 118（17.91%）	4 998（80.07%）
	平均值	105（0.96%）	1 896（17.21%）	9 014（81.83%）
西部地区	重庆	82（1.18%）	1 610（23.08%）	5 282（75.74%）
	成都	143（1.01%）	1 618（11.48%）	12 335（87.51%）

续表

区域	城市	土地增值收益 Ⅰ	土地增值收益 Ⅱ	土地增值收益Ⅲ
西部地区	贵阳	74 （1.87%）	1 516 （38.03%）	2 396 （60.12%）
	昆明	115 （1.52%）	1 311 （17.27%）	6 163 （81.21%）
	西安	153 （3.83%）	1 605 （40.21%）	2 233 （55.96%）
	兰州	111 （0.85%）	733 （5.59%）	12 252 （93.56%）
	西宁	84 （1.28%）	436 （6.64%）	6 047 （92.08%）
	呼和浩特	52 （1.34%）	1 879 （48.26%）	1 963 （50.41%）
	南宁	104 （1.92%）	1 815 （33.42%）	3 512 （64.66%）
	拉萨	71 （2.54%）	171 （6.08%）	2 566 （91.38%）
	银川	110 （4.46%）	284 （11.45%）	2 081 （84.09%）
	乌鲁木齐	140 （3.08%）	454 （9.99%）	3 950 （86.92%）
	平均值	103 （1.63%）	1 136 （18.02%）	5 065 （80.35%）
全国平均值		132 （0.83%）	3 533 （22.10%）	12 318 （77.07%）

注：括号中数据为土地增值收益占总增值收益的比例

2. 土地增值收益分配Ⅱ的空间维度分析

土地增值收益Ⅱ较高的城市主要集中在东部地区，其中北京（19 754 元/米²）、上海（19 183 元/米²）和广州（11 778 元/米²）的土地增值Ⅱ均超过了 10 000 元/米²。收益较低的城市主要集中在西部地区，其中拉萨（171 元/米²）最低。

3. 土地增值收益Ⅲ的空间维度分析

土地增值收益Ⅲ超过 10 000 元/米² 的城市主要分布在东中部地区，西部地区仅有成都和兰州超过 10 000 元/米²，其中上海和北京最高，超过了 70 000 元/米²。除了东部地区的济南，收益水平低于 4000 元/米² 的城市主要分布在西部地区，其中呼和浩特（1963 元/米²）最低。

4.3.2　土地收益分配的时间维度分析

本章根据公式计算我国 31 个直辖市及省会城市的土地增值收益Ⅰ、Ⅱ、Ⅲ在农民集体、政府和房地产开发商三者间的分配数据及分配比例，得到 2010～2016 年全国 31 个直辖市及省会城市的土地增值收益分配数值及平均数据。

（1）由表 4-2 可知，全国 31 个城市中仅哈尔滨的土地增值收益Ⅰ年变化率为负数，表示哈尔滨农民（集体）所得的土地增值收益逐年递减，其余城市的年变化率为正，表示土地增值收益 I 在逐年增加，其中年变化率较大的城市有东部地区的南京（40%）、中部地区的合肥（38%），年变化率最小的城市是西部地区的贵阳（5%）。从东中西部的平均值年变化率来看，西部地区的年变化率最大，东部地区次之，中部地区最小，说明虽然西部地区的土地增值收益 I 最低，但是增长速度最快。

表 4-2　2010～2016 年全国土地增值收益 I

区域	城市	2010 年/(元/米²)	2011 年/(元/米²)	2012 年/(元/米²)	2013 年/(元/米²)	2014 年/(元/米²)	2015 年/(元/米²)	2016 年/(元/米²)	年变化率
东部地区	北京	123	135	146	178	203	223	218	13%
	天津	86	96	106	116	125	135	145	11%
	上海	105	111	117	124	131	137	140	6%
	石家庄	82	121	159	187	183	179	188	22%
	沈阳	64	71	80	93	104	113	117	14%
	南京	61	75	94	146	168	187	207	40%
	杭州	106	117	133	151	165	193	226	19%
	福州	117	132	147	167	184	204	221	15%
	济南	67	81	93	128	142	157	171	26%
	广州	166	178	190	203	215	227	239	7%
	海口	87	93	106	118	130	137	146	11%
	平均值	97	110	125	146	159	172	183	15%
中部地区	太原	86	82	91	104	114	122	125	8%
	长春	43	48	54	60	64	68	84	16%
	哈尔滨	215	219	142	63	68	75	81	−10%
	合肥	27	36	50	64	73	81	87	38%
	南昌	35	39	45	50	56	60	66	15%
	郑州	47	58	66	73	76	82	87	14%
	武汉	71	77	86	108	136	163	185	27%
	长沙	65	75	83	95	105	115	126	15%
	平均值	74	79	77	77	87	96	105	7%
西部地区	重庆	44	49	56	65	72	77	82	15%
	成都	76	83	92	103	113	126	143	15%
	贵阳	56	51	45	42	48	59	74	5%
	昆明	67	72	78	86	97	108	115	12%
	西安	56	69	87	102	121	136	153	29%

续表

区域	城市	2010 年/(元/米²)	2011 年/(元/米²)	2012 年/(元/米²)	2013 年/(元/米²)	2014 年/(元/米²)	2015 年/(元/米²)	2016 年/(元/米²)	年变化率
西部地区	兰州	52	61	73	86	96	104	111	19%
	西宁	36	46	54	65	72	79	84	22%
	呼和浩特	27	28	31	35	45	50	52	16%
	南宁	58	64	71	81	91	98	104	13%
	拉萨	45	46	50	55	59	65	71	10%
	银川	61	75	87	102	104	106	110	14%
	乌鲁木齐	55	66	80	101	112	127	140	26%
	平均值	53	59	67	77	86	95	103	16%

（2）由表 4-3 可知，西宁、昆明和兰州的土地增值收益Ⅱ年变化率为负数，表示土地增值收益Ⅱ在逐年递减，其中西宁的降低速率最大，为 -9%。变化率最高的是广州（107%），其次是上海（60%）和天津（50%）。土地增值收益Ⅱ增长率较高的城市集中在东部地区，西部地区增长较慢，甚至出现增长率为负值。从东中西部平均值的年变化率来看，东部地区的年变化率最大，中部次之，西部地区最小。

表 4-3　2010～2016 年全国土地增值收益Ⅱ

区域	城市	2010 年/(元/米²)	2011 年/(元/米²)	2012 年/(元/米²)	2013 年/(元/米²)	2014 年/(元/米²)	2015 年/(元/米²)	2016 年/(元/米²)	年变化率
东部地区	北京	5 704	5 687	4 931	8 773	12 803	24 817	19 754	41%
	天津	1 228	837	633	1 452	1 861	2 506	4 945	50%
	上海	4 146	3 266	3 628	7 730	9 653	15 977	19 183	60%
	石家庄	884	667	1 065	1 574	1 141	3 120	1 961	20%
	沈阳	566	996	1 067	1 561	1 531	1 403	853	8%
	南京	3 363	2 723	1 761	4 805	4 231	9 571	6 424	15%
	杭州	2 999	2 742	3 110	6 199	4 203	5 503	6 091	17%
	福州	2 491	1 412	1 270	1 726	1 816	4 615	4 972	17%
	济南	1 583	1 542	2 072	2 222	2 601	4 632	2 512	10%
	广州	1 588	2 551	2 529	4 894	7 928	13 357	11 778	107%
	海口	1 145	1 243	1 213	3 267	2 221	3 153	2 252	16%
	平均值	2 336	2 151	2 116	4 018	4 545	8 059	7 339	36%

续表

区域	城市	2010年/(元/米²)	2011年/(元/米²)	2012年/(元/米²)	2013年/(元/米²)	2014年/(元/米²)	2015年/(元/米²)	2016年/(元/米²)	年变化率
中部地区	太原	958	888	713	2 200	1 713	4 414	2 767	31%
	长春	1 004	910	1 003	930	1 404	1 724	1 241	4%
	哈尔滨	710	875	641	1 131	1 005	1 353	1 308	14%
	合肥	1 332	1 714	1 428	2 593	2 445	2 483	3 423	26%
	南昌	789	1 148	955	1 274	1 809	1 161	1 348	12%
	郑州	760	594	762	1 202	1 773	3 428	1 729	21%
	武汉	834	1 201	1 035	2 123	1 525	2 969	2 234	28%
	长沙	516	980	1 120	1 924	1 238	1 251	1 118	19%
	平均值	863	1 039	957	1 672	1 614	2 348	1 896	20%
西部地区	重庆	990	1 126	1 499	1 717	1 376	1 434	1 610	10%
	成都	1 190	1 203	1 505	1 852	2 151	2 648	1 618	6%
	贵阳	611	690	855	1 071	1 216	672	1 516	25%
	昆明	1 860	1 919	1 993	2 251	1 026	1 816	1 311	−5%
	西安	1 508	1 713	1 614	125	1 843	2 009	1 805	3%
	兰州	1 170	873	261	1 146	338	1 597	733	−6%
	西宁	1 007	321	183	424	472	363	436	−9%
	呼和浩特	639	592	794	1 332	935	608	1 879	32%
	南宁	1 738	1 373	1 092	958	1 794	2 264	1 815	1%
	拉萨	78	87	70	173	330	169	171	20%
	银川	135	91	79	291	110	269	284	18%
	乌鲁木齐	244	412	398	377	180	530	454	14%
	平均值	931	867	862	976	981	1 198	1 136	4%

（3）由表4-4可知，杭州土地增值收益Ⅲ总体呈递减趋势，其余城市的土地增值收益Ⅲ总体呈增长趋势，其中年变化率较高的是西部地区的拉萨（397%）、西宁（196%）、银川（155%）和呼和浩特（105%），年变化率较低的是海口（4%）。西部地区部分城市的年变化率很高，以拉萨为例，拉萨2010年的土地增值收益Ⅲ为103元/米²，平均房价是3400元/米²，2016年的土地增值收益Ⅲ是2566元/米²，平均房价为7262元/米²，可以看出，房价大幅度上涨导致2010～2016年土地增值收益Ⅲ的快速增长。从东中西部平均值的年变化率来看，西部地区增长最快，中部地区次之，东部地区最慢。

表 4-4　2010～2016 年全国土地增值收益 Ⅲ

地区	城市	2010 年/(元/米²)	2011 年/(元/米²)	2012 年/(元/米²)	2013 年/(元/米²)	2014 年/(元/米²)	2015 年/(元/米²)	2016 年/(元/米²)	年变化率
东部地区	北京	19 526	25 764	20 253	47 521	42 034	36 801	71 828	45%
	天津	6 674	9 211	6 524	11 290	12 220	13 156	19 538	32%
	上海	21 168	29 009	18 691	38 163	40 192	46 109	75 342	43%
	石家庄	3 948	6 277	4 046	7 828	10 035	9 155	13 381	40%
	沈阳	1 687	4 132	2 645	4 486	5 036	4 698	5 033	33%
	南京	4 404	6 143	5 421	7 287	10 532	6 613	12 753	32%
	杭州	17 920	21 637	12 127	17 368	18 115	15 979	16 824	−1%
	福州	3 947	9 920	6 389	12 152	14 141	12 639	15 641	49%
	济南	1 414	2 605	747	2 619	3 016	1 320	3 298	22%
	广州	5 832	8 327	6 269	11 020	9 250	6 871	10 021	12%
	海口	4 347	3 157	2 465	2 706	4 839	4 475	5 318	4%
	平均值	8 261	11 471	7 780	14 767	15 401	14 347	22 634	29%
中部地区	太原	4 843	5 621	4 017	6 397	8 059	5 551	7 359	9%
	长春	1 275	3 713	1 725	4 019	4 324	3 944	4 326	40%
	哈尔滨	2 838	3 285	2 360	6 529	7 909	9 008	8 592	34%
	合肥	3 394	4 358	2 920	5 558	7 625	8 818	15 358	59%
	南昌	2 368	7 835	5 277	8 615	10 977	12 308	12 296	70%
	郑州	1 438	2 979	1 717	4 273	4 997	4 102	7 119	66%
	武汉	3 294	5 339	3 713	7 710	7 646	8 619	12 066	44%
	长沙	2 854	3 516	2 036	3 170	4 122	4 418	4 998	13%
	平均值	2 788	4 581	2 971	5 784	6 957	7 096	9 014	37%
西部地区	重庆	2 245	4 374	2 135	4 907	5 520	5 326	5 282	23%
	成都	7 345	10 213	6 535	10 983	11 277	11 300	12 335	11%
	贵阳	827	1 758	982	1 854	2 063	3 064	2 396	32%
	昆明	3 452	4 325	2 116	4 554	6 080	5 341	6 163	13%
	西安	1 187	1 677	349	3 698	2 450	2 387	2 233	15%
	兰州	269	8 288	5 614	9 578	11 847	11 028	12 252	76%
	西宁	473	759	1 091	1 508	2 316	3 132	6 047	196%
	呼和浩特	268	798	598	2 517	3 076	3 287	1 963	105%
	南宁	442	1 276	1 987	4 087	3 721	3 368	3 512	116%
	拉萨	103	140	193	1 323	1 554	2 257	2 566	397%
	银川	202	851	357	2 028	2 022	2 169	2 081	155%
	乌鲁木齐	1 020	1 741	1 138	2 407	3 161	3 352	3 950	48%
	平均值	1 486	3 017	1 925	4 120	4 591	4 668	5 065	40%

（4）从全国 31 个城市 2010～2016 年土地增值收益及分配比例可知（表 4-5），全国土地增值收益在逐渐增大，而土地增值收益在利益主体间的分配比例变化不大。从年变化率来看，农民集体获得的土地增值收益平均年增长率最低，仅为 13.06%，政府次之，为 25.17%，而开发商获得的土地增值收益年增长率最高，为 31.91%。

表 4-5　2010～2016 年全国土地增值收益及分配比例

年份	土地增值收益 I	土地增值收益 II	土地增值收益III
2010 年/(元/米²)	74（1.30%）	1 405（24.63%）	4 226（74.07%）
2011 年/(元/米²)	82（1.04%）	1 360（17.30%）	6 420（81.66%）
2012 年/(元/米²)	90（1.58%）	1 325（23.30%）	4 272（75.12%）
2013 年/(元/米²)	102（0.95%）	2 229（20.92%）	8 328（78.13%）
2014 年/(元/米²)	112（0.97%）	2 402（20.80%）	9 037（78.23%）
2015 年/(元/米²)	122（0.96%）	3 923（30.71%）	8 729（68.33%）
2016 年/(元/米²)	132（0.83%）	3 527（22.07%）	12 318（76.20%）
年变化率	13.06%	25.17%	31.91%

注：括号内数据为土地增值收益占总土地增值收益的比例

4.4　土地增值收益分配的总体评价

4.4.1　土地增值收益分配现状

实证研究结果表明在"土地征收→土地出让→房地产开发"过程中，开发商获得最多的土地增值收益，政府次之，而农民（集体）所得最少。对此，将从不同利益主体角度分析我国土地增值收益分配格局现状。

1. 农民（集体）

从土地增值收益分配机理上看，农民（集体）获得的土地增值收益只是对原始土地用途的补偿，并没有真正参与到因土地用途变更享有的土地增值收益分配过程中，因此导致了农民（集体）获得的土地增值收益最小，远远小于政府和房地产开发商所获得的增值收益。同时农民失去了他们赖以生存的土地，生活来源受到威胁。在这一过程中，农民会因为生活需求不能得到保障和与其他利益主体比较之后感到不公平，引发社会矛盾，不利于社会和谐。

2. 政府

政府主要是指地方政府，获得的土地增值收益是扣除征地补偿款和"五通一平"费用之后的土地出让金，享有的土地增值收益低于房地产开发商所得，但远高于农民（集体）所得。在整个过程中，地方政府扮演了两种角色：一是发挥资源配置和提供公共服务职能，地方政府所获得的土地增值收益用于农村建设，给予失地农民征地补偿，以保障失地农民权利，促进资源分配的公平性；二是在土地出让和征收过程中，地方政府为提高土地财政，最大限度地获取利益，影响土地增值收益进行科学合理的分配，不利于社会公平。

3. 房地产开发商

房地产开发商在房地产开发过程中是以追求利益最大化为目标，开发商获得的增值收益是房地产销售价格减去土地出让金和一系列开发费用所得。由于土地和房屋的建造成本变化不大，而地价和房价快速上涨导致增值收益不断上升，实证研究测算出房地产开发商所得土地增值收益最大，但是土地增值收益的产生除了一部分是由于对土地的投资带来的人工增值外，还有是由于区位条件、供求关系等导致的自然增值，这一部分增值应由社会共享，而现实中房地产开发商所获得的土地增值收益远大于理应享有的投资性增值，影响了土地增值收益的公平分配。长此以往，土地市场和房地产市场过热，不利于经济正常运行，有损其他主体的利益，影响社会和谐稳定。

4.4.2　土地增值收益分配存在的问题

2010～2016 年，虽然土地增值收益数额逐年增大，但是土地增值收益在利益主体间的分配差距也在扩大，我国目前的土地增值收益分配体系存在以下方面的问题。

1. 损害农民（集体）利益

由于我国土地产权的界定不够明晰，各利益主体间地位不平等，农民在土地征收过程中处于被动，缺乏话语权和参与权。从实证分析结果来看，农民赖以生存的土地被征收后只获得极小部分的土地增值收益，虽然土地增值收益在增加，但是所占的比例仍然是三大利益主体中最低。农民失去土地，获得的是对原始土地的补偿，一次性的征地补偿很难满足农民长远的生活需求。此外，由于农民长期耕作于土地，如若转行从事其他工作，只能从事文化和技能需求较低的工作，对其生活可能会造成一定影响。

2. 地方政府依赖土地财政

我国目前对地区政绩的考核主要是 GDP 指标,政府凭其行政权力从农民手中低价征收土地,再通过招拍挂等方式进行出让,在出让过程中,城市用地规模扩大,并逐渐形成了产业和人口的聚集,所得土地出让金及其税收收入为城市建设所需资金提供补充,促进经济增长。然而,土地财政会在一定程度上抬高地价,助推房价和城市生活成本上升,甚至引发政府的债务危机。

3. 土地市场和房地产市场过热

目前我国房价高涨,严重超过了居民的可支付能力。这一方面是因为地方政府高价出让土地给开发商,开发商通过提高房价来转嫁土地成本,进一步推动了房价的上涨;另一方面,刚性需求、改善性需求和投资性需求的叠加使得住房市场持续火热(林瑞瑞,2015)。过高的房价会给城市居民带来较大的生活压力,引发经济混乱和社会矛盾等一系列问题(Wen and Goodman,2013;柴芳墨和孙永军,2013)。

4.5 本 章 小 结

通过梳理土地增值收益分配机理,明确"土地征收—土地出让—房地产开发"过程中所涉及的利益主体,农民(集体)获得的土地增值收益为征地补偿款与农用地价格的差值;地方政府所得土地增值收益为土地出让金扣除征地补偿款和"五通一平"开发费用之后的费用;开发商所得土地增值收益为房地产销售价格与土地出让金和对土地进行开发投资形成的成本费用的差值。通过测算 2010～2016 年全国 31 个城市土地增值收益分配情况,结果表明:土地增值收益的分配在各个利益主体之间差距较大,开发商获得最大部分,其次是政府,农民(集体)获得最少部分。以 2016 年为例,农民、政府和开发商三者获得增值收益之比为1：22：77,东中西部土地增值收益有明显差距,东中西部土地增值收益之比约为4.78：1.75：1。

第5章　土地增值收益分配的公平性度量

5.1　文献回顾及理论基础

5.1.1　文献回顾

学术界在土地增值收益分配公平性方面做了较多的定性研究，罗丹等（2004）提出农地非农化必须遵守利益分配标准，在社会稳定标准的基础上坚持社会公正标准，其中社会公正标准主要是从农民的机会收益和意愿方面进行考察。李胜利和郑和园（2015）认为农村土地增值收益分配公平，应该体现在每个参与主体都有平等机会和法律地位的权利平等、土地增值收益分配规则具有正当性的规则公平、土地增值收益分配结果实现利益平衡的结果公平三个方面。李集合和彭立峰（2008）对比国外的土地征收制度，得出我国现有土地征收补偿具有相当的不完全性和非科学性，不符合公平补偿原则。俞静琰（2013）认为，土地增值收益除了给予集体土地所有者之外，还要兼顾政府和土地使用者，以提高土地投资者的积极性。杨丽霞等（2018）通过研究农村宅基地入市，提出利益失衡表现在土地用途管制和不同区位条件下导致的土地权利人利益分配失衡，以及地方政府和农民集体之间的分配失衡。在土地增值收益公平性的定量研究方面，相关研究较少，彭开丽和张安录（2012）基于传统的收入分配不公平的度量方法，构建了农地城市流转中各权利主体收益分配不公平的度量方法，得出2004~2007年武汉市征收收益分配不平等程度及其变化情况。张安录和胡越（2016）以湖北省襄阳市尹集乡为例，基于贡献分配理论，测算出城乡建设用地增减挂钩中，土地增值收益在拆旧区农民、建新区农民和政府间满足均衡分配的比例为47.82%、8.54%和43.64%。林瑞瑞等（2013）从省级层面考察当前的土地增值收益分配格局，集体（农民）、政府和开发商所得增值平均比例分别为3.70∶22.32∶73.98。2005~2012年，东部区域集体（农民）和地方政府之间土地增值收益的差距愈加明显，即土地增值收益分配越发不平衡，而中西部区域增值收益分配不平衡程度趋向平缓。

现学术界对农地非农化过程中土地增值收益的分配主要有三种观点，"涨价归公""涨价归私"以及"公私兼顾"。我国以"公私兼顾"理论为主导，该理论认为土地增值收益要优先对失地农民进行公平补偿，剩余部分收归中央政府所有，用于支援全国农村建设（周诚，2006）。该理论既保障了农民的基本权利，又考虑到社会福利，兼顾了各主体的利益，受到广泛认同。从目前的土地增值收益分配制度来看，我国就是遵循了"公私兼顾"的理论，土地增值收益在社会和农民之间分配，但是分配的比例和平等程度有待研究。

5.1.2　福利经济学的理论

福利经济学最早出现于 20 世纪初，其思想可追溯至亚当·斯密时期。福利经济学归纳了几个基本研究范畴：社会福利与经济福利；收入分配与经济平等；公平与效率；公共物品及其外部性；社会福利函数及经济全球化等。梳理福利经济学的发展历程，福利经济学的主要流派如表 5-1 所示。

表 5-1　福利经济学的主要流派

派别	时间	代表人物	主要思想
旧福利经济学	20 世纪 20 年代	庇古	社会应该使整体福利总和达到最大；有利于穷人的收入分配，可以提高整个社会的福利
新福利经济学	20 世纪 30 年代	罗宾斯和希克斯	经济理论应当将价值判断排除在外，采用序数效用论和无差异曲线分析问题，否定效用可衡量性和个人间的效用可比较性，提出了帕累托标准

福利经济学分为新旧两派，庇古的理论可以代表旧福利经济学，他认为：第一，个人的福利可以用效用来表示，整个社会的福利应该是所有个人效用的简单加总（姚明霞，2001），个人收入越高，代表社会福利就越好，反之亦然；第二，福利是一种对于享受、开心或者幸福的主观反应；第三，如果富人给穷人转移一部人收入，社会福利就会增大；第四，要想增加国民收入量，就必须使社会资源达到最优配置状态。新福利经济学回避了旧福利经济学所提出的效用计量和比较问题，而是采用了序数效用论和一般均衡论，采用了帕累托标准获得社会排序，并提出了社会福利函数理论和社会选择理论（胡勇军和胡声军，2005；王晓燕，2004）。新派的福利经济学提出了帕累托标准及补偿原则。

新旧福利经济学的不同在于，旧福利经济学强调的是对弱势群体的关怀、分配均等以及国家干预；新福利经济学强调的是"福利是一切社会成员的福利"、通过提高效率来增进社会福利、强调效率而回避分配和强调个人自由（上官厚兵，2006）。综上所述，福利经济学主要是从公平和效率两方面来考察实现最大全社会福利所需的条件，以及为了增进社会福利而采取的政策措施。

5.1.3　效率与公平理论

1. 效率理论

效率是指资源配置的效率，是指经济资源配置的投入和产出比率（李闽榕，2005）。效率是用时间来衡量经济活动，用单位时间内完成工作的数量或质量表示。单位时间内完成的数量多或者质量好，则说明效率高。福利经济学中所指的"帕累托最优"就是资源最大效率的配置，可以用来检验经济运行水平和社会福利大小。

由于农地资源的稀缺性，农地流转能激发非农化过程中资源配置的效率问题。农地非农化可以促进农村劳动力转移，转变农民的生产方式，在一定程度上提高农民收入，在加大对农村建设的基础上可以改变农村落后的经济面貌。

2. 公平理论

公平就是社会成员之间利益和权利分配的合理化，并不是指收入平均化，单纯追求一种公平是不正确的（李闽榕，2005）。关于公平的主要理论如表 5-2 所示。

表 5-2　几种重要的公平理论

代表人物	理论名称	主要思想
Rawls（1971）	"作为公平的正义"理论	国家应该对社会成员的社会经济差别予以调节，改善弱势群体的社会地位
Dworkin（1981）	"资源平等"理论	政府应该对人民保持平等关切和平等的尊重
James（1986）	"公平机会"理论	每个公民都应该受到平等的法律、政治和待遇

公平原则要求给予社会成员相等的机会和条件，以同样的标准对待人和事物，以使每个社会成员都能平等地参与到社会活动中。公平主要分为机会公平和结果公平。机会公平即要求所有人都遵循同样的规则。当市场配置资源的作用得到充分发挥时，才能提高资源的有效配置，不断促进经济水平的提高。结果公平则侧重考虑人的个体差异，以不同的态度和方式对待不同的人。当人人平等竞争时，结果也会因人的能力不同而不同。根据罗尔斯的正义论，此时应通过一定的再分配方式，给予弱势群体补偿，实现结果公平。在农地非农化过程中，失地农民失去了土地，在与政府的博弈中处于弱势，根据结果公平就需要对失地农民进行一定的补偿，以保障农民的基本权利，体现结果公平。保证结果公平不仅仅是提高农民的补偿，也能在一定程度上提高个人能力，从而推动整个社会福利提高。

3. 效率与公平的关系

效率与公平的关系是对立统一的。实行公平分配，可以促进人们增加投入和提高效率。效率原则是以市场机制为前提，公平原则则需要政府宏观调节。因此，在社会经济发展过程中，必须坚持效率与公平的统一，平衡市场与政府调控的关系。

一是效率与公平的对立性。公平属于主体之间的关系，以生产关系的变化来衡量；效率是人与自然之间的关系，以生产力的变化来衡量。市场能自发调节价值规律以促进资源的有效配置，但是仅靠市场调节容易造成收入分配公平性低。如果政府对市场进行干预调节以求公平，又可能导致资源配置效率的降低（陈承明，2006）。

二是效率与公平的统一性。首先，效率决定公平，为公平提供了物质基础。在生产力水平低下的情况下，维持生存就是最基本的要求。而当生产力水平达到一定程度，出现了剩余品之后，才会出现平等分配。以我国为例，由于我国的生产力水平还不及发达的资本主义国家，所以必须实行按劳分配，允许一部分人先富起来再带动其他人以实现共同富裕。所以，效率是公平的基础，公平是效率的体现（陈承明，2006）。其次，分配公平为效率的提高提供了保证，分配不公会阻碍效率的提高。无论是从微观经济还是从宏观经济来看，公平的分配可以促进生产者或经营者对生产要素的投入，从而使得生产和经营得到发展壮大，但是如果推行平均主义分配的原则，消除了生产要素投入和劳动上的差距，会消耗人们对生产经营的积极性，进而减少生产要素的投入，降低了全社会的生产效率。相反地，当分配不公平时，生产者或经营者会主动地减少投入，造成生产经营的困难。而一个国家出现严重的收入分配两极分化，不仅在社会的供给和需求方面导致经济矛盾，更会引发不和谐的社会矛盾（诸培新，2005）。

综上所述，谈及社会福利总不能撇开效率与公平。建立收入分配体系，应以全社会的福利最大化为目标，统一协调效率与公平之间的关系，在微观和宏观层面把握好资源的利用和配置，提高公平的层次，创造一个稳定的社会环境，从而实现全社会的最优效率和福利最大化（安翔，2004）。

5.1.4　公平的内涵及度量准则

1. 公平的内涵

公平是指社会成员之间利益和权利分配的合理化，并不是指均等化。公平可分为机会公平和结果公平，机会公平即要求所有人都遵循同样的规则，结果公平则侧重考虑人的个体差异，以不同的态度和方式对待不同的人。当人人平等竞争时，结果也会因人的能力不同而不同。从福利经济学来看，旧福利经济学强调的是对弱势群体的关怀，通过分配均等以及国家干预来实现社会福利的提升；而新福利经济学强调的是通过提高效率来增进社会福利，强调效率和个人自由而回避分配。因此，公平和效率往往是相伴而生的，根据福利经济学和公平效率理论可知，农地非农化过程中的土地增值收益分配，如果只追求利益主体之间的均等化必然会导致"效率危机"，政府土地财政收入减少，进而降低对农村建设的投入力度；投资者（开发商）无利可图，降低对土地市场的投资热情，导致市场经济的发展滞后。同样，如果只考虑效率而不兼顾公平，会导致利益群体贫富差距扩大，引发一系列社会问题。综上，农地非农化过程中土地增值收益分配的公平性，应以社会福利最大化为目标，同时坚持效率与公平协调统一的原则，给予处于弱势的农民集体更多的补偿，以满足基本的生活需要，并且让农民参与到土地增值收益分配的过程中来，在保证机会公平的同时追求结果公平，促进资源最优配置，提高全社会成员的福利水平（张宁宁，2016）。

2. 度量准则

公平性度量应遵循一定的准则，以选取最恰当的测算方法，得到科学客观的度量结果。

一是标度不变性原则，即土地增值收益的不公平程度不应受到度量单位的影响，如土地出让金以元和万元计量时，公平程度保持不变，这一原则是公平性指标的必要条件。

二是转移原则，即庇古-道尔顿原则，与罗尔斯正义论相一致。该原则是指获得较多土地增值收益的一方向获得较少的一方转移资源时，只要大小关系不变，不公平程度就会降低。

三是适合原则，适合原则并不是单纯地指数学方法上的合适，而是要求该方法能反映所需测算的领域，最终的测算结果必须易于解释和理解。

四是公正原则，即要求公平结果不受政治地位和种族等影响，即使利益主体换位后，公平结果不发生改变。

五是标准化原则，是指不平等指数测算结果的范围在0～1，当结果为0时表示绝对的公平，当结果为1时表示绝对的不公平。

5.2　公平性测算方法

结合公平的内涵和度量准则，目前对于分配公平性的测算主要有两种：一种是基于分配的均等化原则，衡量各利益主体间分配的平等程度指数，如基尼系数和阿特金森指数；另一种是从社会福利的角度，不仅考虑了分配的均等性，还考虑了效率，如社会福利指数。

（1）基尼系数是衡量社会稳定程度和判断收入分配平等程度的指数，取值范围是[0, 1]，当基尼系数为 0 时，是分配的绝对平等；当基尼系数为 1 时，是分配的绝对不平等，数值越低，表明收益在主体之间的分配越平均。基尼系数计算公式为

$$G(x) = (n^2 \overline{x})^{-1} \sum_{j=1}^{n} \sum_{i \geqslant j} (x_i - x_j) \tag{5-1}$$

式中，n 为分配的主体数；$\overline{x}$ 为收益分配的均值；x_i、x_j 分别为第 i、j 主体获得土地增值收益。

（2）阿特金森指数是测度收入分配不公平指数中明显带有社会福利规范的一个指数，它的取值范围是[0, 1]，当阿特金森指数为 0 时，表示达到了收入的完全公平分配；当为 1 时，表示分配得完全不公平，阿特金森指数越大表示越不平等，计算公式为

$$I(x) = \begin{cases} 1 - \left[\dfrac{1}{n} \sum_{i=1}^{n} \left(\dfrac{x_i}{\overline{x}} \right)^{1-c} \right]^{\frac{1}{1-c}}, & 0 < c \neq 1 \\ 1 - \left[\prod_{i=1}^{n} \dfrac{x_i}{\overline{x}} \right]^{\frac{1}{n}}, & c = 1 \end{cases} \tag{5-2}$$

式中，c 为决策者的边际效用 U 的弹性，c 越大，表示社会对弱势群体越关注，对不平等的厌恶程度越高。

（3）社会福利函数是由阿特金森指数推导而得，综合考虑了分配的公平与效率。计算公式为

$$W(X) = \overline{x}(1 - G(x)) \tag{5-3}$$

式中，$W(X)$ 为基尼系数；$1 - G(x)$ 为收入分配的平等程度；$\overline{x}$ 为社会的平均效率，即收益分配的均值。

5.3　土地增值收益分配公平性的空间维度分析

由第 4 章测算结果可知，土地增值收益分配在利益主体间有较大差距，运用式（5-1）、式（5-2）和式（5-3）进一步测度土地增值收益分配的公平性和社会福

利情况。以 2016 年为例，我国东中西部地区土地增值收益分配公平性与社会福利状况存在明显的空间差异，从分配的不平等程度来看，东部地区的收益分配最为均等，西部次之，中部差异最大；从社会福利指数来看，东中西部依次递减。具体如表 5-3 所示。

表 5-3　2016 年土地增值收益分配空间差异

地区	城市	基尼系数	阿特金森指数		社会福利函数
			$c = 0.5$	$c = 2$	
东部地区	北京	0.525	0.343	0.979	14 526
	天津	0.530	0.325	0.948	3 856
	上海	0.535	0.358	0.987	14 675
	石家庄	0.572	0.346	0.901	2 215
	沈阳	0.551	0.309	0.847	898
	南京	0.436	0.252	0.907	3 645
	杭州	0.483	0.278	0.916	3 988
	福州	0.498	0.284	0.909	3 484
	济南	0.352	0.181	0.768	1 292
	广州	0.299	0.233	0.905	5 151
	海口	0.451	0.234	0.843	1 411
	平均值	0.476	0.286	0.901	5 013
中部地区	太原	0.475	0.265	0.895	1 793
	长春	0.505	0.277	0.875	932
	哈尔滨	0.574	0.359	0.931	1 416
	合肥	0.545	0.344	0.959	2 862
	南昌	0.601	0.405	0.959	1 825
	郑州	0.530	0.310	0.917	1 400
	武汉	0.552	0.323	0.894	2 161
	长沙	0.526	0.282	0.839	987
	平均值	0.539	0.321	0.909	1 672
西部地区	重庆	0.502	0.283	0.900	1 157
	成都	0.582	0.363	0.916	1 962
	贵阳	0.392	0.213	0.843	808

续表

地区	城市	基尼系数	阿特金森指数		社会福利函数
			$c = 0.5$	$c = 2$	
西部地区	昆明	0.537	0.302	0.875	1 172
	西安	0.334	0.162	0.712	930
	兰州	0.624	0.435	0.933	1 640
	西宁	0.611	0.404	0.904	851
	呼和浩特	0.331	0.222	0.885	869
	南宁	0.423	0.221	0.839	1 045
	拉萨	0.598	0.375	0.840	376
	银川	0.536	0.276	0.719	383
	乌鲁木齐	0.565	0.317	0.791	660
	平均值	0.503	0.298	0.847	988

（1）从基尼系数来看，兰州（0.624）、西宁（0.611）和南昌（0.601）的土地增值收益分配基尼系数较大，均超过了 0.6，基尼系数最小的是广州（0.299）。从区域平均值来看，中部地区基尼系数最大（0.539），西部地区次之（0.503），东部地区最小（0.476）。这表示中部地区的土地增值收益在利益主体间的分配差距最大，西部地区次之，东部地区的分配差距最小。

（2）从阿特金森指数测算来看，当 $c = 0.5$ 时，西宁（0.404）、南昌（0.405）和兰州（0.435）的阿特金森指数较大，均超过了 0.4，济南（0.181）和西安（0.162）最小。从区域平均值来看，中部地区的阿特金森指数最大（0.321），其次是西部地区（0.298），东部地区最小（0.286），表示中部地区土地增值收益的平等程度最差。

（3）从社会福利函数测算来看，2016 年土地增值收益分配社会福利函数最大的是上海（14 675）和北京（14 526），处于东部地区；社会福利函数较小的是处于西部地区的拉萨和银川，均不超过 400。从区域平均值来看，东中西部的差距较显著，东部地区的社会福利函数远远超过中西部地区，社会福利状况最好，而西部地区最差，中部地区处于中等水平。

5.4　土地增值收益分配公平性的时间维度分析

以 2010～2016 年我国东中西部 31 个城市的土地增值收益及分配比例为基础，

运用公式测算 2010～2016 年土地增值收益分配的不平等指数和社会福利指数。从时间序列来看，2010～2016 年我国农民（集体）、政府和开发商三大利益主体的土地增值收益分配差距愈加明显，分配比例愈加失衡，但全国的社会福利状况在改善。

1. 土地增值收益分配的基尼系数变化分析

2010～2016 年，全国土地增值收益分配基尼系数在逐渐增加（表 5-4），表示土地增值收益在利益主体间的分配差距逐渐扩大。从区域来看，东部地区土地增值收益分配基尼系数年变化率平均为−0.14%，利益主体间的分配差距逐渐缩小，平等程度逐渐改善；中西部地区土地增值收益分配的差距扩大，平等程度变差，且西部地区的基尼系数年变化率（9.29%）大于中部地区（2.13%），不平等趋势更加明显。从城市来看，东部地区的天津、上海、杭州、广州和海口，中部地区的太原和长沙基尼系数年变化率为负值，分配的均等程度变好，其他城市的分配平等程度都在恶化，西部的南宁和拉萨基尼系数年变化率高达 44.11% 和 41.28%。

表 5-4　土地增值收益分配基尼系数测算结果

地区	城市	2010 年	2011 年	2012 年	2013 年	2014 年	2015 年	2016 年	年变化率
东部地区	北京	0.515	0.546	0.535	0.565	0.512	0.398	0.525	0.32%
	天津	0.555	0.605	0.595	0.585	0.573	0.555	0.530	−0.75%
	上海	0.558	0.601	0.557	0.557	0.540	0.498	0.535	−0.69%
	石家庄	0.530	0.587	0.497	0.537	0.584	0.485	0.572	1.32%
	沈阳	0.471	0.526	0.456	0.482	0.498	0.497	0.551	2.83%
	南京	0.374	0.457	0.493	0.393	0.467	0.264	0.436	2.76%
	杭州	0.571	0.592	0.525	0.489	0.538	0.490	0.483	−2.57%
	福州	0.393	0.575	0.539	0.575	0.582	0.480	0.498	4.45%
	济南	0.296	0.402	0.151	0.338	0.336	0.128	0.352	3.15%
	广州	0.503	0.496	0.455	0.452	0.350	0.219	0.299	−6.76%
	海口	0.514	0.459	0.420	0.286	0.441	0.376	0.451	−2.04%
	平均值	0.480	0.531	0.475	0.478	0.493	0.399	0.476	−0.14%
中部地区	太原	0.544	0.566	0.548	0.487	0.541	0.362	0.475	−2.11%
	长春	0.357	0.528	0.405	0.532	0.495	0.455	0.505	6.91%
	哈尔滨	0.470	0.472	0.475	0.564	0.588	0.576	0.574	3.69%

续表

地区	城市	2010 年	2011 年	2012 年	2013 年	2014 年	2015 年	2016 年	年变化率
中部地区	合肥	0.477	0.476	0.440	0.450	0.501	0.517	0.545	2.38%
	南昌	0.492	0.582	0.561	0.580	0.573	0.610	0.601	3.69%
	郑州	0.417	0.542	0.437	0.510	0.484	0.356	0.530	4.52%
	武汉	0.517	0.536	0.505	0.515	0.543	0.485	0.552	1.13%
	长沙	0.547	0.507	0.406	0.399	0.495	0.501	0.526	−0.64%
	平均值	0.478	0.526	0.472	0.505	0.528	0.483	0.539	2.13%
西部地区	重庆	0.452	0.525	0.379	0.488	0.526	0.517	0.502	1.84%
	成都	0.568	0.593	0.533	0.566	0.555	0.535	0.582	0.41%
	贵阳	0.347	0.460	0.335	0.411	0.408	0.533	0.392	2.16%
	昆明	0.424	0.453	0.328	0.437	0.559	0.485	0.537	4.44%
	西安	0.277	0.313	0.086	0.617	0.355	0.335	0.334	3.43%
	兰州	0.422	0.601	0.627	0.591	0.644	0.578	0.624	7.98%
	西宁	0.194	0.427	0.525	0.487	0.528	0.575	0.611	35.82%
	呼和浩特	0.174	0.366	0.268	0.430	0.503	0.552	0.331	15.04%
	南宁	0.116	0.301	0.410	0.526	0.436	0.384	0.423	44.11%
	拉萨	0.172	0.232	0.307	0.551	0.518	0.592	0.598	41.28%
	银川	0.240	0.514	0.348	0.536	0.578	0.546	0.536	20.56%
	乌鲁木齐	0.493	0.495	0.441	0.538	0.595	0.542	0.565	2.43%
	平均值	0.323	0.440	0.382	0.515	0.517	0.515	0.503	9.29%
全国平均值		0.427	0.499	0.443	0.499	0.513	0.465	0.506	3.08%

2. 土地增值收益分配的阿特金森指数变化分析

从阿特金森指数来看，当 $c = 0.5$ 时，全国及东中西部年变化率都为正数，表示土地增值收益分配的公平性降低，西部地区阿特金森指数的年变化率最大（8.17%），中部地区次之（3.83%），东部地区最小（0.24%），东中西部的土地增值收益分配的差距依次扩大（表 5-5）。从城市来看，东部地区的天津、杭州、济南、广州和海口，中部地区的太原和长沙，西部地区的西安和南宁阿特金森指数逐渐降低，表示收益分配的公平性在逐渐改善，上海没有变化，其他城市的收益分配差距扩大。当 $c = 2$ 时，各个城市的年变化率与 $c = 0.5$ 时有一定的区别（表 5-6），但是从区域和全国平均值来看，c 值的不同并没有影响东中西部和全国土地增值收益分配公平性的变化趋势，它只是一个相对值。

表 5-5　土地增值收益分配阿特金森指数 $c = 0.5$ 测算结果

地区	城市	2010 年	2011 年	2012 年	2013 年	2014 年	2015 年	2016 年	年变化率
东部地区	北京	0.320	0.347	0.329	0.370	0.324	0.277	0.343	1.20%
	天津	0.330	0.398	0.374	0.370	0.356	0.337	0.325	−0.25%
	上海	0.358	0.411	0.352	0.366	0.352	0.326	0.358	0
	石家庄	0.293	0.358	0.243	0.294	0.355	0.265	0.346	3.01%
	沈阳	0.228	0.296	0.232	0.260	0.270	0.263	0.309	5.92%
	南京	0.249	0.270	0.274	0.235	0.264	0.235	0.252	0.20%
	杭州	0.366	0.392	0.310	0.295	0.325	0.285	0.278	−4.01%
	福州	0.216	0.351	0.297	0.350	0.360	0.269	0.284	5.25%
	济南	0.195	0.215	0.213	0.186	0.188	0.247	0.181	−1.20%
	广州	0.260	0.267	0.231	0.252	0.227	0.249	0.233	−1.73%
	海口	0.282	0.234	0.201	0.203	0.232	0.212	0.234	−2.84%
	平均值	0.282	0.322	0.278	0.289	0.296	0.270	0.286	0.24%
中部地区	太原	0.310	0.338	0.307	0.273	0.315	0.229	0.265	−2.42%
	长春	0.207	0.308	0.215	0.306	0.281	0.256	0.277	5.64%
	哈尔滨	0.200	0.205	0.211	0.347	0.377	0.365	0.359	13.25%
	合肥	0.293	0.290	0.251	0.270	0.299	0.310	0.344	2.90%
	南昌	0.279	0.383	0.348	0.377	0.372	0.419	0.405	7.53%
	郑州	0.215	0.305	0.213	0.284	0.274	0.233	0.310	7.36%
	武汉	0.281	0.309	0.270	0.295	0.310	0.266	0.323	2.49%
	长沙	0.305	0.274	0.200	0.216	0.260	0.263	0.282	−1.26%
	平均值	0.261	0.302	0.252	0.296	0.311	0.293	0.321	3.83%
西部地区	重庆	0.250	0.309	0.221	0.281	0.306	0.295	0.283	2.20%
	成都	0.350	0.386	0.308	0.351	0.338	0.317	0.363	0.62%
	贵阳	0.162	0.235	0.190	0.232	0.230	0.298	0.213	5.25%
	昆明	0.242	0.257	0.204	0.246	0.329	0.263	0.302	4.13%
	西安	0.202	0.200	0.237	0.422	0.184	0.176	0.162	−3.30%
	兰州	0.232	0.398	0.438	0.381	0.485	0.363	0.435	14.58%
	西宁	0.213	0.184	0.263	0.232	0.277	0.337	0.404	14.95%

续表

地区	城市	2010 年	2011 年	2012 年	2013 年	2014 年	2015 年	2016 年	年变化率
西部地区	呼和浩特	0.209	0.205	0.199	0.257	0.286	0.323	0.222	1.04%
	南宁	0.256	0.190	0.209	0.291	0.235	0.216	0.221	−2.28%
	拉萨	0.016	0.037	0.075	0.297	0.262	0.364	0.375	373.96%
	银川	0.043	0.257	0.114	0.275	0.351	0.289	0.276	90.31%
	乌鲁木齐	0.229	0.254	0.182	0.280	0.373	0.286	0.317	6.40%
	平均值	0.200	0.243	0.220	0.295	0.304	0.294	0.298	8.17%
全国平均值		0.254	0.297	0.249	0.283	0.308	0.273	0.282	1.84%

表 5-6　土地增值收益分配阿特金森指数 $c = 2$ 测算结果

地区	城市	2010 年	2011 年	2012 年	2013 年	2014 年	2015 年	2016 年	年变化率
东部地区	北京	0.957	0.962	0.949	0.972	0.967	0.968	0.979	0.38%
	天津	0.909	0.924	0.888	0.925	0.926	0.927	0.948	0.72%
	上海	0.964	0.970	0.954	0.976	0.977	0.980	0.987	0.40%
	石家庄	0.864	0.870	0.769	0.845	0.876	0.879	0.901	0.71%
	沈阳	0.781	0.886	0.827	0.872	0.869	0.850	0.847	1.41%
	南京	0.931	0.926	0.890	0.897	0.903	0.901	0.907	−0.43%
	杭州	0.956	0.959	0.925	0.944	0.936	0.923	0.916	−0.70%
	福州	0.849	0.906	0.850	0.903	0.907	0.900	0.909	1.18%
	济南	0.817	0.840	0.752	0.789	0.797	0.798	0.768	−1.00%
	广州	0.824	0.866	0.826	0.892	0.893	0.904	0.905	1.64%
	海口	0.871	0.829	0.774	0.837	0.848	0.850	0.843	−0.54%
	平均值	0.884	0.903	0.855	0.896	0.900	0.898	0.901	0.32%
中部地区	太原	0.880	0.898	0.851	0.898	0.903	0.896	0.895	0.28%
	长春	0.843	0.913	0.838	0.899	0.905	0.898	0.875	0.63%
	哈尔滨	0.624	0.655	0.680	0.931	0.936	0.939	0.931	8.20%
	合肥	0.950	0.947	0.902	0.931	0.937	0.938	0.959	0.16%
	南昌	0.907	0.963	0.939	0.956	0.962	0.962	0.959	0.96%
	郑州	0.826	0.871	0.791	0.889	0.905	0.906	0.917	1.84%
	武汉	0.861	0.902	0.854	0.907	0.880	0.883	0.894	0.64%
	长沙	0.849	0.865	0.790	0.846	0.843	0.839	0.839	−0.20%
	平均值	0.842	0.877	0.831	0.907	0.909	0.908	0.909	1.33%

续表

地区	城市	2010 年	2011 年	2012 年	2013 年	2014 年	2015 年	2016 年	年变化率
西部地区	重庆	0.886	0.924	0.869	0.916	0.912	0.904	0.900	0.26%
	成都	0.925	0.939	0.904	0.932	0.928	0.923	0.916	−0.16%
	贵阳	0.706	0.832	0.801	0.879	0.876	0.872	0.843	3.23%
	昆明	0.893	0.901	0.842	0.893	0.890	0.875	0.875	−0.34%
	西安	0.830	0.833	0.705	0.872	0.777	0.758	0.712	−2.37%
	兰州	0.869	0.944	0.914	0.933	0.945	0.931	0.933	1.23%
	西宁	0.804	0.692	0.723	0.753	0.806	0.838	0.904	2.07%
	呼和浩特	0.772	0.834	0.819	0.921	0.905	0.894	0.885	2.44%
	南宁	0.797	0.805	0.815	0.870	0.863	0.855	0.839	0.88%
	拉萨	0.099	0.176	0.264	0.764	0.772	0.832	0.840	124.75%
	银川	0.208	0.650	0.356	0.727	0.788	0.737	0.719	40.95%
	乌鲁木齐	0.705	0.824	0.645	0.756	0.822	0.774	0.791	2.03%
	平均值	0.708	0.780	0.721	0.851	0.857	0.849	0.846	3.26%
全国平均值		0.805	0.849	0.797	0.881	0.886	0.882	0.882	1.59%

3. 土地增值收益分配的社会福利函数变化分析

2010～2016 年全国 31 个城市的土地增值收益分配社会福利指数逐年提高（除 2012 年降低），年增长幅度最大的城市为拉萨（84.41%），其次为广州（51.63%）、上海（48.64%）、银川（46.53%）、北京（42.44%），增长幅度最小的为昆明（2.24%）。从区域看，东部地区的年增长幅度最大（31.57%），中部地区次之（27.42%），西部地区最小（15.06%），如表 5-7 所示。

表 5-7　土地增值收益分配社会福利函数测算结果

地区	城市	2010 年	2011 年	2012 年	2013 年	2014 年	2015 年	2016 年	年变化率
东部地区	北京	4 096	4 776	3 930	8 197	8 957	12 403	14 526	42.44%
	天津	1 184	1 335	980	1 778	2 021	2 343	3 856	37.61%
	上海	3 745	4 309	3 310	6 800	7 666	10 422	14 675	48.64%
	石家庄	770	973	884	1 481	1 575	2 136	2 215	31.28%
	沈阳	408	821	688	1 061	1 117	1 042	898	20.02%
	南京	1 635	1 618	1 230	2 477	2 651	4 015	3 645	20.49%

续表

地区	城市	2010 年	2011 年	2012 年	2013 年	2014 年	2015 年	2016 年	年变化率
东部地区	杭州	3 010	3 335	2 431	4 041	3 465	3 682	3 988	5.42%
	福州	1 325	1 624	1 201	1 991	2 247	3 028	3 484	27.16%
	济南	719	843	824	1 097	1 275	1 775	1 292	13.28%
	广州	1 257	1 856	1 631	2 944	3 770	5 327	5 151	51.63%
	海口	903	810	732	1 450	1 340	1 615	1 411	9.38%
	平均值	1 732	2 027	1 622	3 029	3 280	4 344	5 013	31.57%
中部地区	太原	895	954	726	1 488	1 512	2 143	1 793	16.72%
	长春	498	734	552	781	975	1 042	932	14.52%
	哈尔滨	665	772	550	1 123	1 234	1 473	1 416	18.82%
	合肥	828	1 066	822	1 505	1 686	1 833	2 862	40.94%
	南昌	540	1 257	918	1 391	1 829	1 760	1 825	39.66%
	郑州	436	555	477	907	1 177	1 635	1 400	36.85%
	武汉	676	1 025	797	1 607	1 416	2 019	2 161	36.61%
	长沙	519	751	641	1 039	920	962	987	15.03%
	平均值	632	889	685	1 230	1 344	1 608	1 672	27.42%
西部地区	重庆	599	879	764	1 143	1 100	1 101	1 157	15.53%
	成都	1 239	1 559	1 265	1 870	2 008	2 183	1 962	9.73%
	贵阳	325	450	417	582	657	591	808	24.77%
	昆明	1 033	1 151	939	1 294	1 058	1 247	1 172	2.24%
	西安	663	792	624	501	948	1 005	930	6.71%
	兰州	658	1 227	739	1 473	1 456	1 791	1 640	24.87%
	西宁	407	215	210	342	450	506	851	18.18%
	呼和浩特	257	300	347	738	672	589	869	39.69%
	南宁	660	632	620	809	1 054	1 176	1 045	9.72%
	拉萨	62	70	72	232	312	339	376	84.41%
	银川	101	165	114	375	315	385	383	46.53%
	乌鲁木齐	223	374	301	444	467	613	660	32.66%
	平均值	519	651	534	817	875	960	988	15.06%
全国平均值		671	828	675	1 149	1 162	1 402	1 313	15.95%

5.5　土地增值收益分配公平性的总体评价及原因分析

通过测算 2010～2016 年全国 31 个城市农地非农化过程中土地增值收益及分配情况,并运用基尼系数、阿特金森指数和社会福利函数对分配的公平性进行判断。

结果表明:第一,土地增值收益的分配在各个利益主体之间差距较大,开发商获得最大部分,其次是政府,农民获得最少部分,以 2016 年为例,三者获得增值收益之比为 1:22:77,东中西部土地增值收益有明显差距,东中西部土地增值收益之比约为 1:1.75:4.78。

第二,2010～2016 年,东中西部地区土地增值收益分配公平性存在差异。从土地增值收益绝对值来看,表现为东部>中部>西部;从土地增值收益分配的均等性来看:东部地区利益主体间的分配差距缩小,中西部地区利益主体间的差距扩大,西部地区差距扩大得更为明显,但截止到 2016 年西部地区土地增值收益分配的公平性仍优于中部。这主要是因为我国东中西部地区自然条件和经济发展水平不同,地理区位差异导致土地供需水平也不一致,因此地区间的土地增值收益分配差异巨大。

第三,2010～2016 年,农地非农化使得社会福利增加,福利的增加量和幅度均表现为东中西部依次递减的特征。但是我国土地增值收益分配的不平等指数增加,这说明我国目前的土地增值收益分配仍以效率优先为原则,当经济发展到一定阶段收益分配趋于均等,如我国东部发达地区主体间的收益差距缩小,中部地区收益分配的差距扩大速率显著小于西部地区。

5.5.1　土地增值收益分配利益主体间分配不均衡的原因

1. 相关法律制度的不完善

首先,根据我国现行的相关法律制度,土地征收主要还是政府行为,被征地农民处于被动状态,从前期的征地方案到后期的征地补偿方案农民的参与程度低,只能被动接受政府的实施方案。其次,土地征收的前提是用于公共利益,然而国家目前并没有对公共利益做出具体的界定,农民集体无法悉知征收土地的理由和依据。此外,我国目前还缺乏有效的监督和审查机制。尽管出台了很多管理办法,打击违法违纪的力度也在不断地加强,但是土地征收过程中的隐形违法行为仍有发生。

农村土地的产权界定不明晰是农地非农化过程中农民处在弱势地位且获得最少收益的主要原因。我国法律明确规定,城市土地属于国家所有,农村土地除属于国家所有外，还属于农民集体所有，农民拥有集体土地的承包经营权（张宁宁，2016），但是承包经营权在法律上的界定很模糊，农民集体虽然拥有农村土地的产权，但是不具有与地方政府协商或是形成对抗的能力。在这样的条件下，被强制征收土地的农民集体根本无法有效提高土地增值收益。

2. 城乡土地二元制的弊端

首先，我国城乡土地二元制表明了国有土地可以在土地市场上自由流转，而集体土地却受到用途管制。虽然村集体拥有农村土地的所有权，但是农村集体土地产权不清晰，实际上还是由国家来控制。农村集体土地要想进入土地交易市场，必须要先经过土地征收将土地所有权变更为国家所有。国家会对农民集体进行一定的补偿，但是国家出让土地使用权时获得的土地增值收益与农民集体所获得的征地补偿相差较大。此外，我国 2020 年实施的新《中华人民共和国土地管理法》虽然允许农村集体经营性建设用地入市，但是国家层面仍未出台统一的入市规则，各地区依据本地情况实施，对于非经营性建设用地、农地流转和土地用途有相当严苛的规定，因此农村集体建设用地的优势尚未得到充分发挥。除了土地流转外，我国的城乡二元制还体现在户籍制度上，户籍制度区分了城市人口和农村人口，导致农村人口无法真正融入城市，在这样的情况下，即使失地农民进入城市工作生活，也依然无法享受到城市人口的户籍、医疗、就业和教育等资源，除了物质方面，失地农民在城市的生活成本很高而社会地位低下。由此可以看出，失地农民一方面因为城市化发展失去土地，而另一方面又因为城乡二元制的限制无法享受到城市化带来的好处。

3. 土地增值收益分配利益主体地位不等

我国现行的土地征收制度规定，政府征收农村集体的土地之后，农村集体的土地所有权变更为国家所有，此时的土地才能进入土地市场交易。所以，政府垄断了土地一级市场，在土地增值收益分配环节占据了强势的地位。而农民集体由于受到自身条件的限制，对法律法规认识缺乏，与政府进行博弈和谈判的能力较低，这些使得农民集体无法真正参与到土地增值的收益分配中。开发商作为私人企业，他们的目的是获得最大化的经济收益。从上文可知，开发商在土地增值收益分配过程中获得了最多部分的土地增值收益，并且相对农民集体和政府来说，差距明显。目前，房地产市场快速发展，房屋对大多数人来说仍然属于刚性需求，开发商将获得土地的高成本转移到房地产价格中由购房者承担，从而获得较高水平的土地增值收益。开发商获得的全部增值收益中一部分应由全社会共同分享，而这一部分收益开发商并没有回馈社会，导致了土地增值收益的不合理分配。

5.5.2 土地增值收益分配公平性存在空间差异的原因

1. 经济发展水平的不同

社会经济的发展为土地增值收益的提高提供了基础，同时也会影响区域内农业经济、房地产市场的发展。从前文的研究可明显地看出，东部经济发达地区的土地增值收益最大，社会福利状况最好，主体间的分配差距缩小，经济欠发达的西部地区土地增值收益最小，社会福利状况最差，主体间的分配差距扩大。

2. 农业发展的自然条件存在差异

从土地增值收益 I 来看，因为本书采用了年产值倍数法进行计算，所以，不同地区的农业年产值影响土地增值收益不同，例如，东部地区的北京市 2015 年农业产值为 7.02 元/米^2，土地增值收益 I 为 222.86 元/米^2；西部地区的西宁市 2015 年的农业产值为 2.84 元/米^2，土地增值收益 I 为 79.11 元/米^2，两者相差近三倍。东部地区具有较好的农业发展的条件、交通条件和销售市场，而西部地区大多为山地，自然环境相对东中部地区较恶劣，所以东部地区的土地增值 I 相对中西部地区较高。

3. 土地供需矛盾的不同

不同地区对土地的需求有较大差异，东部地区具有较好的区位条件，拥有大批的外来人口就业，同时因为经济发展水平较高，也更容易吸引大量投资。东部地区在人口集中、产业发展水平较高的条件下，对土地的需求相对中西部地区也更明显。另外，从土地增值收益分配环节来看，高地价、高房价与土地增值 II、III 直接相关，不同地区的地价房价也存在明显的区别。例如，东部地区的杭州市 2016 年平均房价为 19 553 元/米^2，平均地价为 6616.19 元/米^2；西部地区的贵阳市 2016 年平均房价为 6175 元/米^2，平均地价为 1690.00 元/米^2，所以因区位差异导致的土地供需矛盾不同影响了土地增值收益III的分配差异。

5.5.3 土地增值收益分配公平与效率变化相反的原因

总体上，在征地过程中我国土地增值收益的绝对值增加，利益主体间的分配收益持续增加，但是主体间的贫富差距进一步扩大。这与经济学家威廉姆森提出的倒"U"型理论非常吻合，该理论表明发展阶段与区域差异之间存在着倒"U"型关系，经济发展初期会优先发展效率，提高个人财富，以非均衡扩大为代价，收入差距拉大，收入分配的公平性越来越差。经济发展一段时间后，会出现一个拐点，待经济发展稳定之后，会逐渐缩小收入分配的差距，即在经济发展过程中，收入分配的变动轨迹是"先恶化，后改进"。以东中部不同发展阶段的地区为例，土地增值收益的分配表现为东部地区利益主体间差距缩小，中西部地区利益主体间差距扩大。在效率优先的发展阶段尽管能促进农业生产力和土地市场经济的发展，但是不顾及公平的土地增值收益分配不能确保农村稳定和社会和谐。我国的土地征收制度初衷是一种帕累托改进，即在公平的前提下追求效率。通过农地的流转破解农村发展困境，盘活农村经济。在当前发展阶段，我们在注重农村经济发展，追求效率的同时，也应该关注公平，加强政府的宏观调控，只有市场力量和政府调控政策相结合，才能实现收益分配的公平与效率的统一。

5.6　本 章 小 结

通过测算 2010～2016 年全国 31 个城市农地非农化过程中土地增值收益及分配情况，并运用基尼系数、阿特金森指数和社会福利指数对分配的公平性进行判断，结果表明：①2010～2016 年，东中西部地区土地增值收益分配公平性存在差异。从土地增值收益绝对值来看，表现为东部＞中部＞西部。从土地增值收益分配的均等性来看，东部地区利益主体间的分配差距缩小；中西部地区利益主体间的差距扩大，西部地区差距扩大得更为明显。②2010～2016 年，农地非农化使得社会福利增加，福利的增加量和幅度均表现为东中西部依次递减的特征。但是我国土地增值收益分配的不平等指数增加，基尼系数和阿特金森指数的年变化率均在 3%～4%，这说明我国目前的土地增值收益分配仍以效率优先为原则，当经济发展到一定阶段收益分配趋于均等，如我国东部发达地区主体间的收益差距逐步缩小，中部地区收益分配的差距扩大速率显著小于西部地区。综上，一方面我国需要改革征地制度，打破城乡分割的二元土地制度，促进城乡土地要素平等交换，同时要保障弱势群体的基本权利，提高失地农民的征地补偿标准，让农民更多分享农地非农化过程中的土地增值收益；另一方面，要协调区域发展，提高中西部欠发达地区的经济发展水平，在社会效率增长的同时，要考虑各主体之间的利益分配关系，兼顾分配的公平性，促进城市化健康有序发展。

第6章　不同区域类型下被征地农民福利变化及受偿意愿

6.1　文　献　梳　理

随着城市化进程的加快，征地日益增加。由于城市内部区位条件的差异，征地对于不同区位下被征地农民的影响差异较大。城中村被征地农民由于地理位置优越，在现行以一次性经济补偿为主的征地补偿中获得了大量的财富，容易成为"暴发户"，而城郊被征地农民征地补偿低，农民征地前对城市生活的参与度低，征地后要进行职业转型和身份转换，生活可能陷入困境。同时，不同区位下被征地农民对于征地补偿方式的需求也存在差异，尤其是对非经济福利的需求。如何客观评价征地对城市不同区位失地农民的影响，同时考虑农民的受偿意愿是研究的重点。在征地对失地农民影响方面，学者多从福利的角度进行评估，高进云等（2007）首次通过森的可行能力理论构成农民福利的功能性活动和指标，并使用模糊数学评价的方法研究征地前后农民的福利变化。丁琳琳等（2017）从经济状况、居住条件、居住环境、社会保障及社会机会等方面构建失地农民福利评价指标体系，利用江苏省苏州市、南通市及宿迁市 540 户农户的调查数据来对征地前后农民福利水平进行测度。赵秀君和高进云（2019）以天津市郊区和远郊为例，运用结构方程模型验证功能性活动对福利的影响程度。徐济益等（2018）以安徽省六个地市城乡接合部被征地农民为研究对象，通过抽样调查采集数据，从政策传导、社会保障、生活环境、家庭收支、心理体验、职业发展等维度对福利变化进行测度。陈莹和王瑞芹（2015）从福利的视角，以武汉市江夏区和杭州市西湖区不同区域、不同时段的 438 个被征地农民为样本，评价征地补偿安置政策的绩效。汪险生等（2019）利用中国家庭收入调查（Chinese household income project，CHIP）数据，运用 SUR（seemingly unrelated regression，近似不相关回归）、Heckman 两步法、分位数回归等方法检验了征地对农民就业及福利的影响。在受偿意愿方面，许恒周和郭忠兴（2011）以南京市和鹰潭市为例，研究了不同发展水平地区农民被征地意愿及其影响因素。陈艳华等（2011）以福建省 16 个县 1436 户被征地农户意愿受偿价格的问卷调查数据为样本数据，从经济发达水平、征地区位、对农业的依赖程度和失地面积比例四个角度研究了被征地农户意愿影响因素之间的差异性。王湃和凌雪冰（2013）基于湖北省四市的农户受偿意愿问卷调查，采用 Logistic 模型对其影响因素进行分析。

通过文献梳理发现：①学者已经关注到了区位对于被征地农民福利以及受偿意愿的影响，研究多是基于市级层面，选取不同经济发展水平的城市进行研究，即使考虑到了城市内部区位也仅仅将被征地区位粗略划分为近郊和远郊，而缺乏对城市内部不同微观区位差异的研究。②对失地农民的研究，一方面集中在征地前后农民福利水平的变化状况；另一方面是失地农民对于征地补偿的需求，较少的研究将两者结合，既考虑征地对于农民的客观影响，又结合农民的主观意愿需求。③对于受偿意愿的研究，学者主要集中在经济补偿方面，即征地补偿标准的意愿研究，而对于非经济补偿的研究较少。武汉光谷（武汉市东湖新技术开发区别称）近些年因经济快速发展进行了大量的征地，征地范围从主城区到城郊覆盖了武汉市征地补偿标准的七个等级区域，能充分体现征地区位的差异。因此，本书将以武汉光谷为例，选取不同区位的被征地农民为问卷调查对象，从微观角度客观评价被征地农民的福利变化，并了解被征地农民的受偿意愿，尤其是非经济补偿意愿，为征地补偿安置政策的完善与实施提供理论及实证依据。

6.2　相关概念界定及区域类型划分

6.2.1　被征地农民福利变化

1. 福利变化的评价指标体系

阿马蒂亚·森认为创造福利的不是物质财富本身，而是建立在个人能力基础上的机会和活动，它包含了功能与能力两方面。功能即"功能性活动"，反映的是一个人在生活中所处的状态，能力是实现"功能性活动"的能力，代表一个人在生活中所拥有的机会和做出选择的自由，同时森还强调个人特征和外在环境等因素也会影响人们能力和功能的获得，相同的资源被不同的人在不同环境下可转换成不同的功能性活动（陈莹和王瑞芹，2015）。森的可行能力理论提供了一种分析福利问题的一般框架，但对于福利的衡量指标并没有统一的规定。对于不同的研究对象和研究背景，应在遵循针对性、可操作性、完整性、科学性的前提下，制定相应的福利衡量指标。总结相关学者关于福利研究的指标体系（表 6-1），咨询相关专家，结合被征地农民征地前后生活状况，从经济状况、社会保障、居住环境、住房状况、子女教育、就业情况、家人健康、社会活动这 8 个方面共 16 个指标对被征地农民的福利变化状况进行评价（表 6-2）。

表 6-1　福利变化评价指标文献总结表

序号	研究区域	评价指标
1	整体	家庭经济收入（农业收入、非农收入、纯收入）、社会保障（恩格尔系数）、居住条件（人均居住面积、房屋结构、自来水状况）、社区生活（社区治安）、环境（空气质量、噪声、自然景观破坏程度）、心理（对经济状况的满意程度）（高进云，2008）
2	湖北省	经济福利（农业、非农、支出）、非经济（个人的自由程度、社会公平状态、生活方式和生活状态、环境状况、心理状态）（高进云和乔荣锋，2010c）
3	苏南地区（宜兴市、太仓市）	经济状况（农业收入、非农收入、纯收入、恩格尔系数）、居住条件（居住位置、面积、周边配套、水电供应）、社会机会（教育资源、求职机会、医疗资源、人际关系）、社会保障（医疗、养老、社会保障水平）、心理因素（身份认同感、未来生活预期）（王伟和马超，2013）
4	武汉市江夏区	经济状况（农业收入、非农业收入）、社会保障（养老保险、土地面积、教育设施、医疗设施、娱乐设施）、生活条件（购物、储蓄、通信、交通、水电、卫生状况）、景观环境（感受程度、单一田块面积、田块破碎程度）、心理因素（情感失落程度）（袁方和蔡银莺，2012）
5	武汉市江夏区	组织生产（农业生产人口比值、土地面积）、经济收入（人均农业收入、非农业收入）、健康与休闲（年看病费、年休闲时间）、社会保障（恩格尔系数、农业收入比例、养老标准）、居住条件与环境（人均居住面积、房屋结构、景观、空气质量、噪声污染）、社会参与（征地知情权、社会参与权）、子女教育（教育设施）、社会公平（面积丈量公平、补偿标准公平、补偿分配公平）（王珊，2013）
6	武汉市江夏区五里界镇	经济状况（纯收入、农业收入、非农业收入、家庭月开支、农田投入资金）、社会保障（幼儿教育、小学教育、初中教育、娱乐设施、医疗设施）、生活条件（购物、储蓄、邮电、厕所、通信、用水、用电、住房增值、道路改善）、环境状况（卫生环境、自然景观）、心理因素（情感失落）（朱兰兰和蔡银莺，2013）
7	慈溪市	经济状况（农业收入、非农收入、纯收入、生活消费支出、文化消费支出、娱乐消费支出）、居住条件（楼层结构、水电供应、住房价值、卫生条件、人均居住面积）、社区环境（治安条件、绿化条件、污染程度、交通条件、基础设施服务）、社会保障（土地保障、医疗保障、教育保障、失业保障、养老保障）、满意程度（居住舒适度、经济满意度、娱乐满意度、生活满意度、情感稳定度）（苑韶峰等，2012）
8	广东省佛山市	经济状况（收入总额、收入结构）、社会保障状况、征地补偿、就业（再就业状况、培训）（邓大松和王曾，2012）
9	武汉市江夏区	经济收入（农业收入、非农业收入、总收入）、社会保障（恩格尔系数、人均耕地面积、社会保障构成）、居住条件（人均居住面积、房屋结构、道路通达度）、社区环境（对自然景观的破坏程度、噪声、空气）、心理（对征收过程的满意度）（莫玉龙，2012）
10	武汉市江夏区、杭州市西湖区	经济状况（人均农业收入、非农业收入、生活支出）、居住环境（人均居住面积、环境质量、生活设施水平）、社会保障（养老保险、医疗保险）、发展机会（就业难易）、心理状况（家庭关系、政策满意度、适应性）（陈莹和王瑞芹，2015）
11	武汉市黄陂三里镇	经济状况（人均收入、恩格尔系数）、社会保障（养老保障、医疗保障、失业风险）、居住状况（住房满意、配套设施）、社会性心理（社会交往、社会认同）（周义等，2014）

表 6-2　被征地农民福利变化指标体系

功能性活动	指标	指标说明	预期
经济状况	收入（X1）	包括工资收入、务农收入、房屋出租收入、资产性收入等收入方面的变化情况	+

续表

功能性活动	指标	指标说明	预期
经济状况	支出（X2）	包括个人及家庭日常开销、购买相关物品和服务的支出及享受性消费等支出方面的变化情况	－
	储蓄（X3）	被征地农民获得了补偿款后在银行等金融机构进行储蓄的变化状况，包括定期活期存款、购买金融理财产品、股票账户、第三方支付平台上所存储或投入的金额发生的变化	＋
社会保障	社保变化（X4）	征地后社保（包括养老保险、医疗保险等各类保险）的类型是否增加	＋
住房状况	房屋条件（X5）	征地前后住房条件变化，住房类型由差到好依次为：简易自建房、农村自建砖混房、还建小区住宅、普通单元式住宅、高端小区住宅、花园洋房式住宅	＋
	房屋装修（X6）	征地前后住房装修的变化情况，由差到好依次为：毛坯、简单装修、中等装修、精品装修、豪华装修	＋
	家用电器（X7）	征地前后家庭的家用电器数量和质量变化情况	＋
居住环境	配套设施（X8）	征地前后居住地周边配套服务设施的变化状况，如交通基础设施配套、商业网点、电信邮政等状况	＋
	小区环境（X9）	征地前后居住地在小区管理、小区设施和小区绿化方面的变化情况	＋
子女教育	便利性（X10）	征地前后子女上学所需的通勤时间变化	－
	教育环境（X11）	征地后对口中小学比征地前的中小学在师资、教学质量等方面的变化情况	＋
就业情况	工作状态（X12）	征地前后家庭主要劳动力的工作状况变化，包括工作环境、工资待遇变化状况	＋
	通勤时间（X13）	征地前后家庭主要劳动力去工作地所需的通勤时间变化	－
家人健康	家人健康（X14）	征地前后家庭成员身体健康状况的变化情况	＋
社会活动	亲友交往（X15）	征地前后被调查人与亲友交往的融洽度和频率的变化情况	＋
	公共活动（X16）	征地前后参加公共社会活动的变化情况，包括活动内容和活动次数的变化	＋

注：预期为"＋"表示变量存在正向影响，预期为"－"表示变量存在负向影响

2. 福利的测算方法

福利本身具有模糊性和难以量化的特点，模糊综合评价法是根据模糊数学的隶属度理论把定性评价转化为定量评价的一种方法，广泛运用于失地农民福利水平的计算中（陈莹和王瑞芹，2015），计算过程如下所示。

（1）福利模糊函数的设定：将被征地农户福利状况的模糊集设为 X，福利变化的子集设为 W，则第 n 个被调查农户的福利函数可表示为：$W_{(n)} = \{x, \mu(x_{ij})\}$，式中，$x \subset X$；$\mu(x_{ij})$ 为 x 对 W 的隶属度，其值为 $0 \sim 1$。

（2）隶属函数 $\mu(x_{ij})$ 的设定：本章主要采用虚拟定性变量和虚拟二分变量两种。表 6-2 中，社保变化（X4）是虚拟二分变量，即发生变化时隶属度设为 1，未

发生变化时隶属度设为 0.5。其他变量均是虚拟定性变量，即根据受访者的主观感受赋值，本章采用 1～5 级赋值法，1～5 分别代表"大幅下降""轻度下降""不变""轻度上升""大幅上升"。预期正向（+）指标表示评价等级越高，则其隶属度也越大，评价等级 1、2、3、4、5 对应的隶属度分别为 0、0.25、0.5、0.75、1；对于负向（−）指标，评价等级越高，隶属度越小，评价等级 1、2、3、4、5 对应的隶属度分别为 1、0.75、0.5、0.25、0。

（3）指标权重 w_{ij} 的求取。因为各项功能指标对于福利的影响程度具有差异，所以在对福利总体状况进行分析计算时，需要进行科学的权重分析。本章采用高进云（2010b）分析农户福利所设定的权重函数进行权重的求取，即

$$w_{ij} = \ln \left[\frac{1}{\mu(x_{ij})} \right]$$

式中，$\overline{\mu(x_{ij})}$ 为第 i 个功能子集中第 j 项指标的均值，该权重公式可保证给予隶属度较小的变量以较大的权重，在福利测算中更关注获得程度较低的指标和功能。

（4）农户总体福利隶属度 W 的计算，即对被征地农户各项功能向量进行评估值加权汇总求和。

$$W = \frac{\sum \overline{\mu(x_{ij})} \times w_{ij}}{\sum w_{ij}}$$

6.2.2　被征地农民的受偿意愿

被征地农民的受偿意愿既包括经济补偿意愿，也包括非经济补偿意愿。经济补偿意愿是指被征地农民因征地获得的征地补偿款、宅基地置换补偿（货币、产权）以及社会保险类的间接经济补偿意愿。国家的政策法规对于征地的经济补偿已经较为详尽，学术研究也非常多，而对于非经济补偿意愿研究较少。非经济补偿指的是农民在征地后享有更好的教育、医疗资源与更好的居住环境、就业环境，以及融洽的邻里关系等，了解被征地农民非经济补偿意愿，将经济补偿和非经济补偿相结合，既可以防止过度的经济补偿造成"一夜暴富"，又能满足被征地农民的意愿需求。非经济补偿的测算主要采用条件价值评估法（contingent valuation method，CVM）通过最高支付意愿（willing to pay，WTP）或最低受偿意愿（willing to accept，WTA）模拟假想市场进行评估。预调查表明如果采用受偿意愿，会出现农民漫天要价的情况，受偿意愿显著高于支付意愿和目前的征地补偿标准，因此，本书采用支付意愿，询问被征地农户希望获得的非经济补偿内容，以及为获得该非经济补偿所意愿减少的经济补偿，即如果你选择该非经济补偿，你将减少一部

分征地补偿款，您最多能接受减少多少经济补偿用以获得该项特定的非经济补偿。在市场模拟条件下，非经济福利的支付意愿 W 的计算公式为

$$W = K \times \sum_{i=1}^{n} W_i / n$$

式中，W_i 为第 i 位受访农户为获得该项非经济福利而愿意最多支付的金额（或减少的经济补偿）的区间中值；K 为该区间的支付频数；n 为调查总数。

6.2.3　征地补偿政策分析

1. 经济补偿

武汉市征地经济补偿是以湖北省和武汉市相关政策法规为依据进行的综合补偿标准。

首先，根据《湖北省人民政府关于公布湖北省征地统一年产值标准和区片综合地价的通知》（鄂政发〔2014〕12 号）规定，武汉市征地补偿标准由土地补偿费和安置补助费两部分构成，青苗补偿费（一般为同一年产值的 1 倍）、地上附着物补偿费（结合实际情况合理确定）除外。同时，发布《关于公布湖北省征地统一年产值标准和区片综合地价的通知》（鄂政发〔2009〕46 号）和《湖北省征地区片综合地价标准》作为具体征地项目的补偿依据。其中，武汉市主城区按照征地区片综合地价进行补偿，分为 1~6 等，每个等级对应的金额分别为 350 000 元/亩、309 000 元/亩、268 000 元/亩、212 000 元/亩、156 000 元/亩和 115 000 元/亩。武汉市的远城区按照统一年产值的补偿倍数进行征地补偿，其中蔡甸区、江夏区、黄陂区和新洲区各分为四个档，汉南区和东西湖区各分为三个档。与本章调查区域相关的江夏区 1~4 档对应的征地补偿标准分别为 48 300 元/亩、44 100 元/亩、39 900 元/亩和 35 700 元/亩。

其次，农村宅基地及房屋补偿方面，根据《武汉市征用集体所有土地房屋拆迁管理办法》，被拆迁征用人可以选择货币补偿安置或以房屋产权调换方式安置，对于较为偏远的地区也可以另批宅基地进行安置。货币补偿款按照被拆除房屋重置价和宅基地区位补偿价确定。宅基地区位补偿价按不同的区位确定。对于宅基地拆迁补偿款的计算，按照"拆迁补偿款＝合法宅基地面积×区位价格＋合法房屋建筑面积×房屋重置价格"进行计算。不同区块的宅基地拆迁标准不得低于《市物价局　市国土资源管理局关于征用集体所有土地房屋近迁基地区位补偿价标准的通知》（武价房字〔2004〕73 号）所定价格，具体情况通过拆迁办公室与村民、村集体协商解决。

最后，在社会保障类方面，根据《武汉市人民政府办公厅转发市人力资源和社会保障局关于做好被征地农民社会保障和就业培训工作意见的通知》（武政办

〔2009〕139 号），被征地农民可根据自身意愿自主选择参加城镇企业职工基本养老保险、养老保障或新型农村社会养老保险，依据年龄补缴相关费用即可参加相关保险。

2. 非经济补偿

现阶段非经济补偿相关的法律法规和相关的政策尚不健全，主要集中在就业帮扶方面。在就业与培训方面，根据《武汉市人民政府办公厅转发市人力资源和社会保障局关于做好被征地农民社会保障和就业培训工作意见的通知》（武政办〔2009〕139 号）可优先安排被征地人员就业，享受与城镇失业人员同等的优惠政策和免费就业指导、职业介绍等就业服务并进行相关补贴。但在其他方面，缺少相关具体的政策。

6.2.4 不同区域下征地对农民的差异性影响

征地区位可划分为城中村、近郊和远郊。城中村区位条件优越，农民并不以农为生，生活方式已经完全市民化，征地类似于城市拆迁，农民可以获得高额的"拆迁补偿款"。近郊处在城市边缘，是征地的主要区域，村民一般会有少量农地自给自足，青壮年大多外出务工，老人在家留守。征地后，虽然农民能够获得一定数额的征地补偿款和宅基地拆迁补偿款，但面对城市的高房价和高生活成本仍有较大的生活压力，和城中村农民相比，他们还要进行身份的转化并逐步适应城市的生活，他们希望在非经济补偿如医疗、子女教育等方面享有和城市居民同等的待遇。远郊征地大多数是因为公益性项目征地，如修路等，征地补偿低，农民多为纯农类型，征地后农民往往还能保留少部分农地。从理论上来看，越是远离城市中心，征地对农民福利的影响越大。

6.3 问卷设计及样本选取

6.3.1 问卷设计

调查问卷主要分成三个部分，第一部分是对被征地农户个人和家庭信息的调查，包括性别、年龄、职业、家庭组成及征地意愿等方面。第二部分是调查征地后农民的福利水平变化状况，包括经济状况、住房状况、社会保障、居住环境、子女教育、就业情况、家人健康及社会活动八个方面，主要通过被征地农户的主观感受进行回答，如"有较大幅度增长""有一定幅度增长""没有明显变化""有一定幅度下降""有较大幅度下降"。第三部分是对被征地农户受偿意愿进行调查，由于经济补偿的发放国家有相关明确的规定，而非经济补偿缺乏相关研究，所以本次调查主要深入了解被征地农户非经济补偿的受偿意愿。

6.3.2　样本选取

武汉光谷是武汉东湖新技术开发区的别称，位于武汉市洪山区、江夏区境内，规划面积 518 平方公里（1 公里等于 1 千米），下辖八大街道、八大产业园区。随着大量高新技术产业和人才的引进，武汉光谷是武汉市征地面积最多、涉及区位最广的区域。按照《湖北省人民政府关于公布湖北省征地统一年产值标准和区片综合地价的通知》（鄂政发〔2014〕12 号）中对于区片的划分，2017 年课题组对武汉光谷 7 个区位近 3 年被征地农民进行调研。武汉区片综合价总共划分 6 个等级区片，武汉光谷（洪山）有 5 个等级。同一年产值标准在武汉按照 6 个区分别划分，每个区划分为 3～4 个等级。武汉光谷（江夏区）有 4 个等级，其中Ⅲ和Ⅳ位置偏远，近 3 年未发生征地，因此未予考虑。课题组将区片等级和年产值等级统一起来，赋予区位值，在每个区位值下选择 2～3 个典型征地村进行调查（表 6-3）。区位值越小，区位条件越好，经济补偿标准越高。发放调查问卷 210 份，有效问卷 203 份，有效回收率为96.67%，其中，城中村问卷 74 份，郊区 129 份。城中村和郊区的划分主要是依据征地前农户是否有农地为依据，如果征地前农户已经没有农地，居住区域已经完全城市化，则认定为城中村；如果征地前农户还有少量农地，则认定为郊区。

表 6-3　调查样本分布

区域	等级	区位值	征地补偿标准/(元/亩)	调查村	样本/个
城中村	区片价Ⅱ	2	309 000	青菱乡烽火村	7
	区片价Ⅲ	3	268 000	洪山乡关山村、下钱村	30
	区片价Ⅳ	4	212 000	洪山乡曙光村	37
郊区	区片价Ⅴ	5	156 000	花山镇花山村、花山镇土桥村、左岭镇左岭村	36
	区片价Ⅵ	6	115 000	左岭镇卸甲村、青菱乡杨泗矶村	32
	年产值江夏Ⅰ	8	48 300	藏龙岛舒家湾、流芳街汪田村、流芳街长家咀村	39
	年产值江夏Ⅱ	9	44 100	豹澥街	22

6.3.3　问卷调查基本情况

从被调查者的基本情况来看，其平均年龄为 50.02 岁，处于中年。被调查人主要集中在 40～60 岁，这与问卷调查的对象都是彼此介绍的熟人有关，年龄比较相近。其中，城中村地区被调查对象的平均年龄为 43.66 岁，被调查者年龄主要集中在 40～60 岁；近郊地区被调查对象的平均年龄为 51.98 岁，主要集中在 40 岁以上。两者相比，城中村地区被调查对象总体比近郊地区年轻。具体状况如表 6-4 所示。

表 6-4　调查对象年龄分布情况

年龄段	频数		
	总体	城中村	郊区
30 岁及以下	17	7	10
31～40 岁	33	15	18
41～50 岁	52	19	33
51～60 岁	53	20	33
60 岁以上	48	13	35

在被调查者中有 48.26% 为女性，51.74% 为男性，整体来说，被调查对象的男女比例比较均衡。其中城中村地区的被调查对象男性比例为 56.76%，近郊地区被调查对象的男性比例为 48.83%。城中村地区被调查对象男性比例更高，高出约 8%。

在是否工作（务工）的问题上，有 76.35% 的被调查对象在工作（务工），这与调查主要是在被调查人关系网内进行，特别是在同事关系网内进行的有关，由于被调查对象与新的被调查对象是同事关系，所以造成被调查对象中在工作（务工）的比例特别高。在城中村地区，这个比例高达 91.89%，远远高出近郊地区 67.44% 的工作率。

在是否（曾）为村干部的问题上，被调查对象中一共有 9 个村干部，其中城中村地区有 4 个村干部，近郊地区有 5 个村干部。在是否为党员的问题上，被调查对象中一共有 9 个党员，其中 6 个在城中村地区。

在家庭内是否有学龄子女的问题上，有 93 位被调查人表示家庭有学龄子女，占全部被调查对象的 45.81%。在城中村地区，这一比例为 55.41%，而在近郊地区，这一比例仅为 40.31%。

6.4　不同区域下被征地农民福利变化

6.4.1　被征地农民总体福利变化

采用模糊综合评价的方法测算不同区位被征地农民的福利变化状况（表 6-5），

福利指标以 0.5 为参考值，大于 0.5 说明征地后该福利状况上升，小于 0.5 说明该福利状况下降。总体来看，武汉光谷地区被征地农民在征地后总体福利水平略有上升，上升幅度为 4.8%。从各项功能性活动的变化情况来看，被征地农民的经济状况、家人健康、社会活动这三项福利水平出现下降，其中经济状况的福利水平下降最为明显，高达 26.0%，其次为社会活动，下降 10.8%，家人健康变化不大，仅下降 2.8%。住房状况、居住环境、社会保障、子女教育和就业情况这五项福利大于 0.5，即征地后福利变好，其中住房状况、居住环境和社会保障改善最为明显，分别上升 55.0%、44.6% 和 40.4%。

表 6-5　不同区位被征地农民福利变化

功能性活动	2	3	4	城中村	5	6	8	9	郊区	总体
经济状况	0.572	0.535	0.474	0.509	0.203	0.259	0.264	0.376	0.270	0.370
收入 $X1$	0.643	0.600	0.601	0.605	0.674	0.625	0.628	0.614	0.632	0.626
支出 $X2$	0.464	0.425	0.345	0.389	0.076	0.125	0.135	0.227	0.132	0.225
储蓄 $X3$	0.750	0.725	0.797	0.764	0.785	0.828	0.859	0.761	0.814	0.796
社会保障 $X4$	0.500	0.533	0.662	0.595	0.708	0.719	0.808	0.841	0.764	0.702
住房状况	0.729	0.758	0.752	0.753	0.786	0.776	0.791	0.760	0.783	0.775
房屋条件 $X5$	0.643	0.700	0.689	0.689	0.75	0.789	0.788	0.784	0.777	0.745
房屋装修 $X6$	0.821	0.792	0.791	0.794	0.799	0.734	0.776	0.75	0.767	0.777
家用电器 $X7$	0.857	0.825	0.824	0.828	0.826	0.828	0.814	0.75	0.810	0.817
居住环境	0.714	0.720	0.703	0.711	0.720	0.730	0.731	0.736	0.730	0.723
配套设施 $X8$	0.714	0.708	0.703	0.706	0.701	0.719	0.731	0.761	0.725	0.718
小区环境 $X9$	0.714	0.733	0.703	0.716	0.743	0.742	0.731	0.716	0.734	0.728
子女教育	0.615	0.606	0.596	0.602	0.641	0.640	0.622	0.681	0.642	0.628
便利性 $X10$	0.571	0.583	0.574	0.578	0.625	0.625	0.615	0.670	0.630	0.611
教育环境 $X11$	0.679	0.733	0.622	0.632	0.660	0.656	0.628	0.693	0.655	0.647
就业情况	0.532	0.546	0.524	0.534	0.520	0.523	0.564	0.492	0.530	0.532
工作状态 $X12$	0.50	0.542	0.520	0.527	0.507	0.508	0.558	0.523	0.525	0.526
通勤时间 $X13$	0.571	0.550	0.527	0.541	0.535	0.539	0.571	0.466	0.535	0.537
家人健康 $X14$	0.536	0.492	0.486	0.493	0.514	0.477	0.440	0.455	0.483	0.486
社会活动	0.415	0.433	0.443	0.437	0.462	0.448	0.417	0.420	0.451	0.446
亲友交往 $X15$	0.357	0.417	0.439	0.422	0.451	0.469	0.417	0.420	0.440	0.433
公共活动 $X16$	0.500	0.450	0.446	0.453	0.472	0.430	0.468	0.489	0.463	0.459
总模糊指数	0.556	0.556	0.547	0.553	0.453	0.479	0.485	0.518	0.486	0.524

6.4.2　城中村和郊区被征地农民福利变化比较

征地后城中村农民福利上升，而郊区被征地农民福利下降，从各个功能性活动的变化状况来看，两个区域也存在一定差异。具体表现见表6-5。

一是郊区被征地农民在社会保障、住房状况、居住环境、子女教育福利方面的增幅大于城中村。

武汉市相关政策规定，被征地农民可以自愿参加城镇企业职工养老保险、城乡居民养老保险和失地农民养老保险，自主选择缴费档次。因此，征地使得被征地农民总体上社会保障福利提升，但城中村的居民征地前大部分已经在城里工作，工作单位已经解决了其社会保障，仅有少数居民在征地过程中新增了社保，但郊区仍有部分农民以务农为生，征地后他们享受到了社会保险的福利，导致其福利水平增幅较大。房屋条件改善主要体现在房屋条件、房屋装修及家用电器，城中村原有住房条件本身就较好，大多房屋已经是单元式住宅，而郊区农民原有房屋多为自建砖混房，房屋条件较差，征地后搬到还建小区，房屋条件改善较大，在房屋装修和家用电器上，城中村改善幅度略大于郊区。子女教育和居住环境城中村地区在征地前就明显优于郊区，因此征地后改善程度不如郊区明显。

二是郊区农民在经济状况、家人健康福利方面的下降幅度大于城中村，城中村农民征地后经济状况略有提升。

经济状况主要包括收入、支出和储蓄三个方面，郊区农民收入的增幅大于城中村，主要是因为征地后农民非农收入大幅度增加，同时还建房的改善让很多农民将房屋出租，带来的租赁收入大幅度增加，而城中村农民征地后工资性收入变化不大，原有房屋大部分就已经出租，因此增幅表现不太明显。在储蓄方面，郊区农民在获得征地补偿款后大部分会将钱存入银行，而城中村农民会将钱拿出一部分用于房屋装修或者投资等，因此，在储蓄增幅方面郊区农民表现更为明显。征地后郊区农民日常生活支出明显增加，福利下降明显。家人健康主要受到生活环境质量和生存压力影响，郊区的农民征地后面临更大的生存压力，生存环境质量如空气质量等相比征地前下降更为明显。

三是就业情况方面，城中村改善程度略优于郊区。

就业情况主要是通过工作状态、通勤时间表征。总体而言，区位值6及以下的农户几乎不以农为生，征地后工作状态变化不大，但区位值为8和9的地区，农户从农业转为非农业，工作环境和工资待遇得到一定改善。从通勤时间来看，在郊区征地后越偏远的地区改善越明显，但是区位值为9的地区尚未覆盖城市公交，农户到城里工作的通勤成本大大增加，征地后福利水平降低。

四是征地后农民社会活动减少，城中村的减少幅度略大于郊区。

武汉光谷地区城中村住房拆迁都是采取货币补偿方式，居民自主选择购买商品房，因此原有的居住群体大部分分散。郊区的农民征地大部分还是采用还建房的方式，尽管也是货币补偿，但是原有居住群体大部分还是居住在同一个还建小区，因此社会活动减少幅度小于城中村。

6.4.3　区位因素对福利变化的影响

为了研究区位因素对被征地农民福利的影响，本章借助 SPSS 19 软件进行相关性分析和回归分析。由于区位因素为定序变量，使用 Spearman 相关系数更为合适，结果显示（表 6-6），区位因素与社会保障、居住环境、家人健康福利变化存在一定相关性，与其他福利指标相关性不显著。进一步运用回归分析，选择拟合程度最好的模型，结果表明，区位因素与社会保障福利变化线性正相关，与家人健康福利变化线性负相关，即区位值每增加一个等级，农民社会保障相比征地前提升 0.049，家人健康下降 0.011。区位因素与居住环境呈二次函数关系，区位值在 2 以上时，居住环境福利变化呈加速提升趋势，这是因为越靠近城市，配套设施和小区环境越完善，征地后可提升程度有限，而越偏远的地区提升空间越大。尽管其他福利指标与区位因素不显著，但以区位值为 5 的地区为城乡分割线，区分城中村和郊区可以看出其与区位因素仍然存在一定关系，即随着区位值增大，经济状况城中村提升幅度逐渐变小，郊区下降幅度逐渐变小；就业情况城中村提升幅度逐渐变小，郊区提升幅度逐渐变大；子女教育城中村和郊区提升幅度均逐渐变小，因此区位值为 5 的地区经济状况下降最大，子女教育福利提升最大，就业情况改善程度最小。区位值为 9 的地区征地前属于远郊，征地后农民还能保留部分农地，生活方式以兼业型为主，相对于近郊各福利指标变化的区域特征会有差异。

表 6-6　区位因素对被征地农民各福利指标的影响分析

指标	显著性（sig）	相关系数	拟合模型
整体福利	0.129	−0.631	—
经济状况	0.119	−0.643	—
社会保障	0.001***	0.97	$y = 0.425 + 0.049X$ （$R^2 = 0.941$）
住房状况	0.071	0.714	—
居住环境	0.012**	0.865	$y = 0.748 - 0.026X + 0.006X^2$ （$R^2 = 0.712$）
子女教育	0.071	0.714	—
就业情况	0.383	−0.394	—
家人健康	0.014**	−0.857	$y = 0.544 - 0.011X$ （$R^2 = 0.732$）
社会活动	0.819	0.107	—

表示在 5%的水平上显著，*表示在 1%的水平上显著

6.5　不同区域下被征地农民受偿意愿

本章以调查被征地农民关于征地补偿的意愿和看法为基础，因为对被征地农民的经济补偿已经有非常健全的法律法规与研究成果，所以在此就不做赘述。本章将从征地受偿意愿、补偿方式、非经济补偿三个方面对比研究不同区域类型下被征地农民的意愿差异，了解其受偿需求，为进一步建立有针对性的差异化补偿方案提供数据支持。

6.5.1　不同区域类型下征地意愿的差异

1. 是否愿意被征地

对于是否愿意被征地这一问题，在城中村地区 74 份调查样本中，有 56 人愿意进行征地活动，18 人不愿意进行征地活动，征地意愿为 75.68%；在郊区，129 位被调查对象中有 110 位愿意征地，不愿意的仅仅有 19 人，征地意愿高达 85.27%。两者相比，郊区农民的征地意愿更高。访谈中发现，这种差异与城中村和郊区本身的区位有着直接的关系，城中村地区多位于区位条件优越的地区，虽然城中村本身的环境有限，但其周边配套设施健全、交通便利，本身生活的便利度高，也有利于租房等活动。

无论是城中村还是郊区，农民愿意进行征地主要是因为征地可以带来巨大的经济利益，同时可以改变现有的生活状态，但不愿意进行征地的原因，城中村和郊区表现出一定差异（图 6-1）。城中村被征地农民不愿意征地的主要原因是认为补偿太少，这占到不愿意征地的一半比例。调查了解，相对于同区域的土地出让

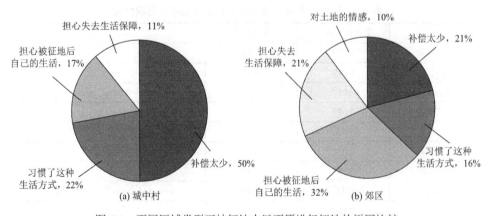

图 6-1　不同区域类型下被征地农民不愿进行征地的原因比较

价和房价，农户获得征地补偿难以在同区域购买到房子，只能选择在更偏远的地方买房，所以被征地农民认为补偿太少。郊区的被征地农民不愿意征地主要是担心被征地后自己的生活，这一原因占到 32%，其次是觉得补偿太少、担心失去生活保障，这些均占到 21%。区位差异带来征地意愿的差异，这主要是因为郊区的部分农民还是以务农为生，缺乏相关的生存就业技能，同时他们也表达出对土地的感情，而城中村地区，农民本身就没有农地，生活方式已经完全融入城市中，他们对农地的感情不深厚。

2. 征地补偿满意度

对于征地补偿城中村和郊区被征地农民的满意度存在较大差异，郊区有 45.74% 的被征地农民满意，但城中村仅有 35.15% 的被征地农民感到满意。调查发现，城中村的被征地农民对征地补偿存在过高期待，导致实际的征地补偿很难满足其要求。征地补偿不满意的原因调查显示，觉得补偿金额不合理是首要原因，在城中村有超过 85% 的被征地农民将其列为不满意的原因，在郊区也达到 74% 左右；其次是觉得补偿方式不合理，郊区有 17.14% 的被征地农民持有此看法，比城中村地区高出 7% 左右；最后是觉得补偿不公平。

6.5.2　不同区域类型下受偿方式意愿的差异

1. 受偿方式的意愿

对于征地补偿方式，主要存在"单一经济补偿"和"经济补偿 + 非经济补偿"的组合补偿两种，当前武汉光谷地区主要采用"单一经济补偿"方式。通过问卷调查了解被征地农民的受偿意愿，在城中村，有 55.41% 的被征地农民希望采用"经济补偿 + 非经济补偿"的组合补偿方式，44.59% 选择"单一经济补偿"方式；在郊区，有 65.12% 的被征地农民选择组合补偿方式，仅有 34.88% 的被征地农民选择"单一经济补偿"方式。虽然城中村和郊区的大多数被征地农民都选择组合补偿方式，但对于郊区，选择组合补偿方式明显高于城中村，这主要是因为城中村的被征地农民早已融入了城市生活，与普通的城市居民差异不大，不需要过多的非经济补偿来帮助其完成市民化。

2. 经济补偿发放方式的意愿

对于现行征地补偿款的发放方式，主要存在"一次性发放""分次发放"两种方式。武汉光谷地区主要采用一次性发放方式。在对被征地农民经济补偿发放方式意愿的调查中，城中村有 63 人选择"一次性发放"，占被调查总量的 85.14%，有 11 人选择"分次发放",占被调查总量的 14.86%。在郊区,有 100 人选择"一次性发放",占比 77.52%,剩下的 29 人选择"分次发放",占比 22.48%。虽然城中村和郊区大部分的被征地农民都支持"一次性发放"征地补偿款,部分郊区的被征地农民由于就业竞争力有限,担心自己征地后的生活水平,希望通过"分次发放"为自己的后续生活水平提供保障。被征地农民在选择"分次发放"方式时还强调首次发放金额要达到征地补偿款的一半以上,以解决征地后安家、购房、装修等大量资金需求,希望首次发放比重平均为 78.28%。

6.5.3　不同区域类型下非经济补偿意愿的差异

1. 模拟假想市场

非经济补偿主要由教育环境补偿、医疗环境补偿、基础设施补偿、小区环境补偿、再就业补偿和邻里关系这六个方面组成。在征地补偿总额一定的条件下,采用 CVM 方法询问被征地农户希望获得的非经济补偿内容,以及获得该非经济补偿的最高支付意愿。

市场假设在考虑普通城镇居民和被征地农民的公平性的基础上,对于过度的不切实际的补偿不会涉及,如在问卷访谈中被征地农民提到的省级示范学校入学入园资格、三甲医院在还建小区两公里之内、还建小区周边要有地铁口、推荐国有企业就业等,这些想法和意愿不符合相关的政策规定,更是有损公平性。

(1)教育环境。武汉城市居民小孩上学是采取就近划片入学原则,农民征地后尽管子女教育福利都有一定提升,但是与原城市居民仍有一定差距。征地后农民的还建小区一般较为偏僻,中小学大多为新建学校,学校的师资相对匮乏,教学质量相对薄弱,学校对口的小区范围广,学生上学的便利性不及中心城区。武汉光谷片区发展迅速,从 2004 年光谷一小的建成到 2018 年的光谷十七小,每年至少新增一所小学,光谷以数字命名的初中仅有三所,接受光谷一小到光谷九小的对口生源。被征地农民的还建小区对口学校大都为光谷十小至光谷十七小,且对口初中目前也尚未安排。因此,模拟假想市场,询问被征地农民"征地后政府可以为其子女提供光谷一小到光谷九小普通小学及初中的入学资格,如果选择这一项福利,您将减少一部分征地补偿款,您最多能接受减少多少经济补偿用以获得教育环境的改善"。

(2)医疗环境。当前武汉光谷片区被征地农民的还建小区周边缺失基层社区医院,农民看病都要坐 1 个小时以上的车到中心城区看病。因此,设计问题为"如果政府能在还建小区 5 公里范围内提供医疗设施完善、医务人员充足、能满足基本就诊需求的基层社区医院，但是政府给您的经济补偿会减少，您最多能接受减少多少经济补偿以获得医疗环境的改善"。

（3）基础设施。基础设施主要指交通设施和生活设施。交通设施是指地铁站、公交站、道路的建设、通达状况。生活设施是指电信、邮政、银行等便民服务设施。当前还建小区很多都位于城市边缘地带、交通不便、生活配套设施不健全等。因此，研究假设为还建小区拥有同城市普通小区平均水平的交通设施和生活设施，询问被征地农民意愿为获得基础设施改善而减少的征地经济补偿。

（4）小区环境。由于还建小区受区位条件的影响，与普通居民小区相比，往往在治安、绿化、安防等管理上存在差异。因此研究假设为还建小区拥有同城市普通小区平均水平的治安、绿化环境，您意愿为获得这样的居住环境而减少多少征地经济补偿。

（5）再就业。被征地农民有一部分中老年是以务农为生、没有外出务工的经验和技能，征地后，这部分农民失去了赖以生存的土地或者宅基地，再次谋生对于失地农民较为困难。因此，市场假设为失地农民提供就业技能培训并推荐就业，使其获得较为稳定的工作以保障其后续生活，你愿意为获得再次就业的机会而减少多少征地经济补偿。

（6）邻里关系。征地后，原有的居住群体被打散，尽管郊区大都安排有还建房，但是相比征地前，单元楼式的居住使得原有农户的交往方式受到影响，亲友交往的频次会减少，融洽度会降低。因此，研究假设为政府提供的还建房不改变原有的居民组成，原有邻居依然住在同一栋楼，你愿意为继续保持融洽的邻里关系而减少多少征地经济补偿。

2. 城中村和郊区被征地农民非经济补偿意愿比较

被征地农民非经济补偿的意愿是限制在总补偿额度一定，减少经济补偿来实现，即享有和城市居民一样的非经济福利愿意支付的最大金额，提问形式采用支付卡方式将区间划分为 5 档（表 6-7）。不同区位被征地农民非经济补偿的支付意愿显示（表 6-7），郊区被征地农民对于各项非经济补偿的支付意愿区间更广，且平均支付意愿均高于城中村，支付意愿总额比城中村高出 28 581.62 元/户（表 6-8）。根据《武汉统计年鉴（2012）》，2011 年武汉市农村居民家庭户均人口 3.63 人，农民人均耕地面积 0.075 公顷，计算出农村居民家庭户均耕地 0.27 公顷（4.05 亩）。武汉市光谷地区基于统一年产值的征地补偿标准平均为 4.62 万元/亩，测算出光谷地区郊区户均征地补偿额约为 18.71 万元/户，非经济补偿的受偿意愿占总补偿额的30.79%。对于 6 项非经济补偿，城中村的被征地农民对就业的平均支付意愿最高，为7770.27 元/户，其次是医疗环境和小区环境，分别为6351.35 元/户和6148.65 元/户。

郊区的被征地农民对于教育环境的平均支付意愿最高，为 12 926.36 元/户，其次是再就业和基础设施，分别为 11 608.53 元/户和 10 368.22 元/户。城中村和郊区农民对于融洽的邻里关系的平均支付意愿均最低，分别为 2972.97 元/户和 3507.75 元/户。

表 6-7　不同区域非经济补偿的支付意愿频数及比例

补偿内容	区位	5 000 元以下	5 000~10 000 元	10 000~15 000 元	15 000~20 000 元	20 000~25 000 元
教育环境	城中村	44（59.46%）	23（31.08%）	7（9.46%）	—	—
	郊区	10（7.74%）	32（24.81%）	40（31.01%）	32（24.81%）	15（11.63%）
医疗环境	城中村	29（39.19%）	34（45.95%）	10（13.51%）	1（1.35%）	—
	郊区	22（17.05%）	38（29.46%）	49（37.99%）	20（15.5%）	—
基础设施	城中村	34（45.95%）	31（41.89%）	9（12.16%）	—	—
	郊区	20（15.50%）	39（30.23%）	46（35.66%）	24（18.61%）	—
小区环境	城中村	27（36.49%）	40（54.05%）	7（9.46%）	—	—
	郊区	22（17.05%）	57（44.19%）	36（27.91%）	32（10.85%）	—
再就业	城中村	20（27.03%）	32（43.24%）	20（27.03%）	2（2.7%）	—
	郊区	12（9.3）	44（34.11%）	37（28.68%）	27（20.93%）	9（6.98%）
邻里关系	城中村	67（90.54%）	7（9.46%）	—	—	—
	郊区	103（79.84%）	23（17.83%）	3（2.33%）	—	—

表 6-8　不同区域非经济补偿的平均支付意愿金额（单位：元/户）

补偿内容	2	3	4	城中村	5	6	8	9	郊区
教育环境	6785.71	4333.33	5202.70	5000.00	11 388.89	13 750.00	13 910.26	12 272.73	12 926.36
医疗环境	6785.71	5500.00	6959.46	6351.35	9861.11	10 156.25	9294.87	11 818.18	10 096.90
基础设施	4642.86	7000.00	5067.57	5810.81	10 000.00	9531.25	10 705.13	11 590.91	10 368.22
小区环境	6785.71	5666.67	6418.92	6148.65	8611.11	9062.50	9166.67	10 000.00	9127.91
再就业	6785.71	6333.33	9121.62	7770.27	9861.11	12 656.25	11 474.36	13 181.82	11 608.53
邻里关系	3214.29	2833.33	3040.54	2972.97	3750.00	3281.25	3525.64	4772.73	3507.75
总额	34 999.99	31 666.66	35 810.81	34 054.05	53 472.22	58 437.50	58 076.93	63 636.37	57 635.67

6.5.4　区位因素对非经济补偿支付意愿的影响

运用 SPSS 19 软件，采用 Spearman 相关系数，测算区位因素和各项非经济补偿平均支付意愿之间的相关性（表 6-9），结果表明区位因素与六项非经济补偿之间均存在显著的相关关系。进一步运用回归分析，分析各项非经济补偿平均支付意愿与区位因素之间的量化关系，选择拟合程度最好的模型，结果显示，在教育环境方面，区位值从2到3支付意愿快速减少，区位值从3到8支付意愿快速上升，之后又快速减少。在邻里关系方面，区位值在5以下时，城中村地区的支付意愿缓慢增加；区位值5以上时，郊区的被征地农民愿意为和谐的邻里关系支付的金额显著增加。在医疗环境方面，支付意愿与区位因素之间呈线性关系，即区位值每增加一个单位，被征地农民意愿为医疗环境支付754.45元。在基础设施、小区环境、再就业方面，支付意愿与区位因素之间呈二次函数关系，增幅逐渐趋缓，即区位值越大，区位条件越差，农民对各非经济补偿的平均支付意愿额度越高，但是支付意愿增加的幅度越来越小。

表6-9 区位因素对被征地农民非经济补偿意愿的影响分析

指标	显著性（sig）	相关系数	拟合模型
总额	0.003***	0.929	$y = 14\,057.33 + 8657.69X - 351.64X^2$ （$R^2 = 0.848$）
教育环境	0.036**	0.786	$y = 23\,100.99 - 14\,501.57X + 3489.23X^2 - 224.55X^3$ （$R^2 = 0.918$）
医疗环境	0.014**	0.857	$y = 754.45X + 4637.29$ （$R^2 = 0.737$）
基础设施	0.003***	0.929	$y = 1363.8 + 1793.2X - 73.86X^2$ （$R^2 = 0.818$）
小区环境	0.007***	0.893	$y = 4598.77 + 720.91X - 13.42X^2$ （$R^2 = 0.793$）
再就业	0.003***	0.929	$y = 2101.86 + 2168.14X - 108.6X^2$ （$R^2 = 0.869$）
邻里关系	0.036**	0.786	$y = 1905.52 + 894.59X - 200.03X^2 + 14.86X^3$ （$R^2 = 0.748$）

表示在5%的水平上显著，*表示在1%的水平上显著

6.6 本章小结

以武汉市城中村到郊区过渡的七个等级区位中203户被征地农民为研究对象，比较分析不同区位下被征地农民的福利变化和受偿意愿的差异。研究显示，在福利变化上，征地后城中村被征地农民总体福利水平提升，郊区福利下降。在受偿意愿上，城中村和郊区分别有55.41%和65.12%的被征地农民赞同组合补偿模式。经济补偿大部分农民仍赞同一次性发放方式。为享有和城市居民一样的非经济福利，城中村平均支付意愿为3.41万元/户，郊区为5.76万元/户，非经济补偿占总补偿额30.79%。城中村被征地农民对再就业支付意愿最高，郊区对教育环境改善支付意愿最高，被征地农民对构建和谐邻里关系支付意愿最低，区位因素与福利指标中的社会保障、居住环境、家人健康，以及非经济补偿中的所有指标都显著相关。

第7章 基于各主体认知和意愿期望的土地收益分配

基于前文的收益分配测算可知，农民在征地过程中处于弱势地位，分得的土地增值收益比例很低，学者提出要提高征地补偿标准，采用多种方式解决失地农民的安置问题，那么现实生活中，土地收益分配状况如何？各参与主体（农民、村干部、政府部门）对目前征地补偿及收益分配是否满意？如果不满意，他们的意愿期望如何？本章将以湖北省一个县级市石首市为例，深入了解征地过程中多元利益主体政府、集体、农民参与收益分配的依据和比例，并从多元利益主体的视角出发，了解各利益主体对现行分配格局的态度和意愿期望，发现土地收益分配过程中存在的问题，调整现行的利益分配关系，为构建合理的收益分配关系提供理论和实证依据。

7.1 研究区域和土地征收补偿政策

7.1.1 研究区域概况

石首市地处江汉平原和洞庭湖平原的接合部，行政区划上隶属于荆州市，位于湘鄂交界处，长江穿境而过，江北属江汉平原，江南属洞庭湖平原，平原总面积 1107 平方公里，占全市地理总面积的 73%，全市耕地面积 61.38 万亩。石首市位于北纬 30 度附近，全年光热充足，农作物种植条件较好，作物生长量大，冲积平原土壤肥沃，是传统的农耕区。湘鄂边两湖平原地区是全国粮棉主要生产基地、全国农业区域发展中心，优良的气候条件和土壤资源使得石首市成为这一地区的农业大县。

石首市市域面积 1427 平方公里，全市总人口为 67 万人，其中农业人口为 49 万人，占总人口比重 73%。2016 年农业总产值为 62 亿元，第一产业占比达 24%，就其产业结构和经济发展状况而言仍然是一个农业大县。尽管农业在社会经济中占据重要地位，但是工业发展和基础设施建设仍然会侵占农业用地，尤其是近年来长江大桥、蒙华铁路、临港产业城、沿江产业园、老城升级改造等一系列重点项目开工，政府大力推进征地拆迁工作，仅 2015 年全市便新征农业用地 9600 多亩，征收房屋 390 多户。2016 年城市中心区的绣林街道、笔架山街道和南口镇、东升镇、高基庙镇等片区齐头并进，累计征地 18 956 亩，征迁房屋 1394 栋。随着土地征收工作的推进，石首市获得了大量土地出让收入，同时投入巨资用于征地和拆迁补偿与居民安置。大量集体土地被征收，农村房屋被拆迁，政府一方面通过征收土地出让获得了大量的城市建设资金，另一方面需要安置与补偿失地农民和村集体。

7.1.2　石首市土地征收补偿政策

依照《中华人民共和国土地管理法》和《中华人民共和国土地管理法实施条例》的有关规定，集体土地征收必须给予合理补偿，征地补偿标准包括土地补偿费、安置补助费、青苗及地上附着物补偿费，土地补偿费归村集体，安置补助费归被安置个人或安置单位，青苗及地上附着物补偿费归经营权人所有，各类补偿标准依据年产值倍数和征地区片综合价。根据《湖北省人民政府关于公布湖北省征地统一年产值标准和区片综合地价的通知》（鄂政发〔2014〕12 号），石首市划分为三类标准，征地补偿均按照年产值倍数的 20 倍计算，其中，村集体获得的土地补偿费按年产值 8 倍计算，农民个人获得的安置补助费按 12 倍计算，青苗补偿费依据年产值等值补偿，地上附着物补偿费依据实际勘测情况作价补偿。涉及安置的农业人口，采取货币补偿和培训就业安置相结合的方式，除给予安置补助费以外，可以对失地农民进行就业培训和就业安置。

7.2　现行政策体系下的土地收益分配

土地征收以后，土地权属性质和用途变化带来了土地价值增值，这主要通过征地和出让环节得以实现。在征地环节，村集体获得土地补偿费，农民获得安置补助费和青苗、地上附着物补偿费。在土地出让环节，政府获得土地出让金和各种税费，而这部分收益由中央政府和地方政府分成。其中，中央政府主要是获得土地出让金和新增建设用地使用费的比例分成收入，地方政府则获得土地出让金和新增建设用地使用费的剩余比例收入，以及新菜地开发建设基金、耕地开垦费、土地出让金、耕地占用税、征地管理费、城市基础设施配套费、水土保持设施补偿费和水土流失防治费、水利建设基金和契税等相关税费收入（表 3-1），这些收入是根据中央政府和地方政府所承担的职责来划分的。

7.2.1　农民及村集体的土地收益分配

征地过程中，村集体获得土地补偿费，农民获得安置补助费、青苗及地上附着物补偿费。按照《湖北省人民政府关于公布湖北省征地统一年产值标准和区片综合地价的通知》（鄂政发〔2014〕12 号）规定的标准，石首市的征地补偿如表 7-1 所示。

表 7-1　　石首市征地补偿标准

地类	统一年产值/(元/亩)	计算倍数	补偿标准/(元/亩)	区域
I	1897	20	37 940	绣林街道办事处、笔架山街道办事处
II	1743	20	34 860	高基庙镇、南口镇、东升镇
III	1582	20	31 640	调关镇、桃花山镇、小河口镇、新厂镇、横沟市镇、大院镇、高陵镇、团山寺镇、久合垸乡、天鹅洲经济开发区

由表 7-1 可知，石首市统一年产值的平均值为 1741 元/亩，征地年产值综合补偿标准的平均值为 34 813 元/亩。根据湖北省和荆州市、石首市国土部门制定的征地补偿安置倍数和修正系数，石首市土地补偿费采用平均年产值的 8 倍来计算，安置补助费采用平均年产值的 12 倍来计算。根据国家土地管理法律法规的规定，参照石首市实际情况，石首市青苗补偿费统一按 2.8455 万元/公顷进行综合补偿；地上附着物、构（建）筑物依据有关规定据实补偿。在此为计算方便，统一取 3 万元/公顷数值，即 2000 元/亩。计算三项数值得出，石首市征地补偿水平及构成情况如表 7-2 所示。

表 7-2　　石首市征地补偿水平及构成情况

地类		土地补偿费（8 倍）	安置补助费（12 倍）	青苗及地上附着物补偿费	补偿总额
I	补偿额/(元/亩)	15 176	22 764	2 000	39 940
	占比	38.0%	57.0%	5.0%	100.0%
II	补偿额/(元/亩)	13 944	20 916	2 000	36 860
	占比	37.8%	56.7%	5.5%	100.0%
III	补偿额/(元/亩)	12 656	18 984	2 000	33 640
	占比	37.6%	56.5%	5.9%	100.0%

由表 7-2 可知，石首市征地补偿的平均值为 36 813 元/亩，其中，村集体所获得的土地补偿费平均值为 13 925 元/亩，占比为 37.8%；失地农民所获得的安置补助费平均值为 20 888 元/亩，占比为 56.7%，青苗及地上附着物补偿费占比 5.5%，具体见表 7-3。

表 7-3　石首市农民与集体的土地收益分配

地类		农民	村集体	征地补偿
I	补偿额/(元/亩)	24 764	15 176	39 940
	占比	62.0%	38.0%	100.0%
II	补偿额/(元/亩)	22 916	13 944	36 860
	占比	62.2%	37.8%	100.0%
III	补偿额/(元/亩)	20 984	12 656	33 640
	占比	62.4%	37.6%	100.0%

7.2.2　中央政府和地方政府的土地收益分配

土地征收以后，政府将土地整理开发储备后，以城市建设用地的性质出让，获得土地出让收入和相应税费收入，其中，中央政府主要是获得土地出让金和新增建设用地使用费的30%分成收入。在新增建设用地有偿使用费征收标准中，石首市被划为十一等，征收标准为24元/米^2，约为16 000元/亩，中央政府分得4800元/亩。土地出让收入方面，根据石首市政府工作报告和国土资源局数据，2016年全市共出让土地32宗，面积1402.4亩，国有土地使用权出让收入35 110万元，亩均土地出让金为250 357元，其中中央政府分得75 107元/亩（表7-4）。

表 7-4　中央政府土地收益分配构成

项目	土地出让金	新增建设用地有偿使用费	总和
金额/(元/亩)	75 107	4 800	79 907

地方政府在征地和土地出让过程中获得土地出让金和新增建设用地使用费的70%的收入，此外还包括诸多税费收入，本节选取一系列规定较为清晰、收取数额较大的税费纳入计算体系，主要有耕地开垦费、耕地占用税、城市基础设施配套费、水土保持设施补偿费和水土流失防治费、水利建设基金和契税等，这些收费项都属于政府核准的行政性收费事项清单中的内容。计算依据为国家相关法律法规或省市政府的规章制度，选取相关文件对于计征基数、计征标准的直接描述。

本书选取非基本农田标准，即等值比照石首市土地补偿费，上文计算得出石首市土地补偿费平均值为13 925元/亩，也就是石首市用地项目需要缴纳的耕地开垦费为每亩13 925元。根据《湖北省耕地占用税适用税额标准》，石首市属于100万人口以下的县级城镇，适用税额标准为25元/米^2，计算结果约为16 665元/亩。根据荆州市2012年实施的城市基础设施配套费征收标准，石首市为30元/米^2，约为 20 000 元/亩。水土保持设施补偿费和水土流失防治费按照征用土地面积一次性计收，湖北省具体标准为每平方米 1.5 元，即 1000 元/亩。石首市地处江汉平原，长江通汇，水利建设任务重，水利建设基金标准为 2000 元/亩。契税是土地使用权转移时征收的税种，湖北省政府实行标准为 4%。本书为计算方便，统一使用土地出让价格，即石首市亩均土地出让金为 250 357 元，契税计征额度约为 10 014 元/亩。这部分税费收入是一般征地项目中较为常见的收费项，计算结果只是通过列举统计和估计取值方法，可能具体到每一个征地项目操作中会有误差。2016 年湖北省废除了征地管理费收费项，新菜地开发建设基金仅针对城郊征收蔬菜种植用地，不具普遍性，故此两项不予考虑。统计可得地方政府土地收益构成情况，见表 7-5。

表 7-5　地方政府土地收益分配构成

项目	计征标准或基数	分成额度或税率	收益/(元/亩)
土地出让金	土地出让金均值	地方占比 70%	175 250
新增建设用地有偿使用费	十一等，24 元/米²	地方占比 70%	11 200
耕地开垦费	土地补偿费	1 倍	13 925
耕地占用税	25 元/米²		16 665
城市基础设施配套费	30 元/米²		20 000
水土保持设施补偿费和水土流失防治费	1.5 元/米²		1 000
水利建设基金	2 000 元/亩		2 000
契税	土地出让价格	4%税率	10 014
总计			250 054

7.2.3　各利益主体征地收益分配

经过 7.2.2 节计算可得征地过程中各利益主体所获得的土地收益金额，并汇总做比较（表 7-6）。因为石首市在年产值标准中存在三类地，为计算方便，取平均值，即农民获得的收益为 22 888 元/亩，村集体所获得的收益为 13 925 元/亩，农民和村集体收益分配占比仅占 10%，地方政府和中央政府收益分配比例高达 90%，这说明在土地征收过程中，农民和村集体让渡土地所有权和使用权在整个土地转用环节仅获得少量收益，而政府依靠国有土地使用权出让获得了远超于农民和集体的收益。这种巨大的差异来源于土地二元市场结构和政府对于建设用地市场的垄断供应。政府作为土地政策的制定者，同时是土地市场的参与者，主导了征地中的利益分配，应当对农民和村集体予以倾斜和照顾。

表 7-6　征地过程中各利益主体收益及分配占比

利益主体	农民	村集体	中央政府	地方政府	总和
收益/(元/亩)	22 888	13 925	79 907	250 054	366 774
占比	6.2%	3.8%	21.8%	68.2%	100.0%

7.3　土地收益分配现状

7.3.1　问卷设计及样本描述

为了解石首市土地征收过程中的土地收益分配实际情况和农民对于土地收益分配的态度及意愿，选取石首市 2012～2016 年内集体土地被征收的农民进行调研，调研方式为发放调查问卷和入户访谈，调研区域涉及 2 个街道办、3 个乡镇。课题组于 2017 年 2 月至 3 月间进行了入村调研，共发放问卷 193 份，收回有效问卷 180 份，有效回收率为 93.3%。

1. 问卷设计

本章研究是针对石首市失地农民进行的征地补偿情况和征地收益分配意愿进行的一次问卷调查，旨在了解农户土地征收和补偿的实际情况，从农户视角了解其对各主体利益分配格局的态度。经过预调查后，又对问卷进行了讨论，反复修改最终定稿。问卷主要内容如下所示。

（1）农户及其征地的基本情况。主要内容分为两部分：一是农户及家庭基本情况，包括性别、年龄、受教育程度、是否为村干部、是否为党员、家庭人口、家庭年收入、家庭年农业收入和职业类型（纯农业、非农业、兼业以农业为主、兼业以非农业为主、学生与其他）；二是征地及其补偿情况，包括征地时间、被征地类型（耕地、园地、林地、菜地、宅基地）、被征地面积、征地用途（住宅用地、商业用地、工业用地、公共事业建设用地和其他），以及征地补偿发放情况（土地补偿费、安置补助费、青苗与地上附着物补偿）。

（2）农户对征地及其收益分配的认知情况。通过询问农民土地对农户家庭的作用、承包土地属于谁所有、农户获得征地补偿的需求、村集体获得征地补偿的需求、国家和政府获得征地收益的需求、对当前的土地征收政策是否满意、若不满意原因是什么等问题来了解失地农民对于征地情况的认知及对各利益主体获得收益的用途。

（3）农户对征地收益分配的态度。通过询问农民对现行分配格局是否满意，农户获得的征地补偿在哪些方面能够满足需求、哪些方面不能满足需求，应该在征地收益中占据多大比例等问题了解农户对于自己应该获得收益的意愿。通过询问村集体是否合理使用了征地补偿款、在使用征地补偿款的哪些方面还需要改进、村集体是否有权参与分配土地补偿费、村组合适的留用比例、村集体目前所占的土地收益比例是否合适及应占份额等问题了解农民对村集体获得征地补偿的态度和意愿。通过询问政府是否合理使用了征地收益、在使用征地收益时哪些方面需改进、应占据比例等问题来了解农户对于政府获得征地收益的态度和意愿。

2. 样本特征描述

笔者实地调研走访了石首市 2 个街道办事处、3 个乡镇，共计 14 个建制村和社区。选取样本的征地时间是从 2013 年到 2017 年，街道办事处一般为城市近郊，属于 I 类用地补偿标准，南口镇和高基庙镇属于 II 类用地补偿标准，新厂镇属于 III 类用地补偿标准。征地用途包括交通运输用地、工业用地、住宅用地和商业用地。具体样本分布数量情况见表 7-7。

表 7-7　样本分布

乡镇、街道办	建制村、社区	样本量/份	征地时间
南口镇	黄山庙村	6	2013.4～2013.5
南口镇	永福村	10	2015.6
笔架山街道办	张城垸社区	15	2014.8～2014.11
笔架山街道办	易家铺村	11	2015.3～2015.4
笔架山街道办	南港子村	7	2015.5～2015.6
笔架山街道办	界山口社区	13	2016.10
绣林街道办	太平坊社区	18	2015.7～2015.9
新厂镇	新厂村	11	2015.7
新厂镇	三元沟村	16	2015.7
新厂镇	高家槽村	17	2016.1
新厂镇	蛟子村	16	2016.5
高基庙镇	杨家院村	9	2015.4～2015.6
高基庙镇	温家咀村	15	2016.7
高基庙镇	探花山村	16	2017.1

从调查对象来看，受访者中男性居多，平均年龄为 46 岁，以青壮年劳动力人口为主。受教育程度普遍不高，以中学及以下为主，职业类型中，纯农业仅占 23.33%，家庭人口以父母和子女两代构成的 3～4 人核心结构为主，占 65%，调查的村干部占总样本的 10.56%，党员占 17.78%（表 7-8）。

表 7-8　样本特征分布

项目	变量	频数	频率	累计频率
性别	男	133	73.89%	73.89%
	女	47	26.11%	100.00%
年龄	≤30 岁	16	8.89%	8.89%
	31～40 岁	37	20.56%	29.45%
	41～50 岁	58	32.22%	61.67%
	51～60 岁	42	23.33%	85.00%
	>60 岁	27	15.00%	100.00%
受教育程度	小学及以下	39	21.67%	21.67%
	初中	96	53.33%	75.00%
	高中	39	21.67%	96.67%
	高中以上	6	3.33%	100.00%
职业类型	纯农业	42	23.33%	23.33%
	兼业以农业为主	57	31.67%	55.00%
	兼业以非农业为主	33	18.33%	73.33%
	非农业	48	26.67%	100.00%
是否为村干部	是	19	10.56%	10.56%
	不是	161	89.44%	100.00%
是否为党员	是	32	17.78%	17.78%
	不是	148	82.22%	100.00%
家庭人口	≤2 人	18	10.00%	10.00%
	3～4 人	117	65.00%	75.00%
	≥5 人	45	25.00%	100.00%

石首市 2016 年城镇居民人均可支配收入 25 940 元，农村居民人均可支配收入 14 570 元，被征地者家庭年收入集中于 3 万～9 万元区间，其中以 5 万～7 万元居多，可见石首市失地农民收入水平并没有显著下降，被征地农户年收入分布见图 7-1。

被征地农户家庭农业年收入集中于 4 万元以下，其中，少于 2 万元的家庭占比接近三分之一（图 7-2），可见石首市失地农民收入已经逐渐向非农行业转移，或者自主创业，或者外出务工，还有部分就近在工厂上班。

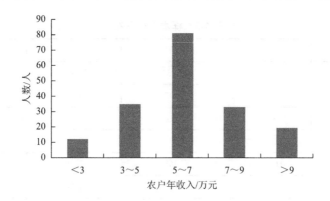

图 7-1　被征地农户年收入分布图

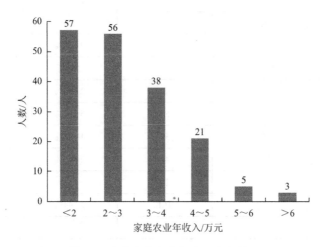

图 7-2　农户家庭农业年收入分布情况

7.3.2　农民获得的土地收益分配情况

征地补偿款除土地补偿费由村集体协商决定如何在村集体与农民之间分配,其他部分均归属农民个人。问卷结果直接反映农户在征地补偿款中分得多少。土地补偿费根据各村情况有所差异。首先,了解调研对象被征土地的类型。其中,征收耕地比例最大,共计 176 户,有的调查对象存在多种类型土地被征收情况。其次,是征收土地的面积。180 户调研对象共计被征收土地 1152.6 亩,户均被征收土地 6.4 亩,村均被征土地 82 亩。被征收土地类型见图 7-3,各村被征土地面积分布见表 7-9。

农民获得的征地补偿款中安置补助费以 12 倍年产值标准来计算,青苗补偿费等同于年产值标准,附着物则根据实测结果补偿。年产值标准查询《关于公布湖北省征地统一年产值标准和区片综合地价的通知》。绣林街道办事处和笔架山街道

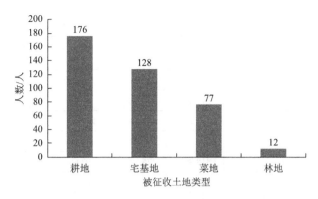

图 7-3　被征收土地类型图

表 7-9　各村被征土地面积分布表

建制村、社区	户数/户	征收面积/亩	户均征收面积/亩
南口镇黄山庙村	6	43.2	7.2
南口镇永福村	10	51.0	5.1
笔架山街张城垸社区	15	125.0	8.3
笔架山街易家铺村	11	60.5	5.5
笔架山街南港子村	7	48.3	6.9
笔架山街界山口社区	13	136.5	10.5
绣林街太平坊社区	18	145.8	8.1
新厂镇新厂村	11	46.2	4.2
新厂镇三元沟村	16	60.8	3.8
新厂镇高家槽村	17	110.5	6.5
新厂镇蛟子村	16	123.2	7.7
高基庙镇杨家院村	9	50.4	5.6
高基庙镇温家咀村	15	73.5	4.9
高基庙镇探花山村	16	77.7	4.8

办事处为 1897 元/亩，南口镇和高基庙镇为 1743 元/亩，新厂镇为 1582 元/亩，农户分得的土地补偿费由每村集体协商确定，因此每村农民直接参与分配获得的比例和数额也不同，具体见表 7-10。

表 7-10　农民获得的征地补偿款收益

建制村、社区	户数/户	面积/亩	安置补助费/元	青苗补偿费/元	附着物补偿/元	农户分得的土地补偿费/元	总收益/元
南口镇黄山庙村	6	43.2	903 571.2	75 297.6	21 622	481 904.64	1 482 395.44
南口镇永福村	10	51.0	1 066 716.0	88 893.0	68 700	568 915.20	1 793 224.20

续表

建制村、社区	户数/户	面积/亩	安置补助费/元	青苗补偿费/元	附着物补偿/元	农户分得的土地补偿费/元	总收益/元
笔架山街张城垸社区	15	125.0	2 845 500.0	237 125.0	122 800	1 707 300.00	4 912 725.00
笔架山街易家铺村	11	60.5	1 377 222.0	114 768.5	27 480	826 333.00	2 345 803.50
笔架山街界山口社区	13	136.5	3 107 286.0	258 940.5	245 700	1 864 371.60	5 476 298.10
笔架山街南港子村	7	48.3	1 099 501.2	91 625.1	28 000	733 000.80	1 952 127.10
绣林街太平坊社区	18	145.8	3 318 991.2	276 582.6	103 600	1 991 394.72	5 690 568.52
新厂镇新厂村	11	46.2	877 060.8	73 088.4	8 300	467 765.76	1 426 214.96
新厂镇三元沟村	16	60.8	1 154 227.2	96 185.6	31 400	692 536.32	1 974 349.12
新厂镇高家槽村	17	110.5	2 097 732.0	174 811.0	85 425	1 258 639.20	3 616 607.20
新厂镇蛟子村	16	123.2	2 338 828.8	194 902.4	143 500	1 247 375.36	3 924 606.56
高基庙镇杨家院村	9	50.4	1 054 166.4	87 847.2	160 480	632 499.84	1 934 993.44
高基庙镇温家咀村	15	73.5	1 537 326.0	128 110.5	22 155	922 395.60	2 609 987.10
高基庙镇探花山村	16	77.7	1 625 173.2	135 431.1	26 418	975 103.90	2 762 126.20

7.3.3 村集体获得的土地收益分配情况

通过入村调研,课题组同村集体两委领导座谈,查询了解这 14 个村在征地过程中所获得的征地补偿费。政府先将土地补偿费发放到村集体账户,经由每村集体协商来确定村集体和农民之间的分成比例,在 14 个建制村及社区主要有集体占比 10% 与 20% 两种情况,村集体获得征地补偿款收益情况见表 7-11。

表 7-11　村集体获得征地补偿款收益

乡镇、街道办	建制村、社区	户数	面积/亩	村集体占比	收益/元
南口镇	黄山庙村	6	43.2	20%	120 476.16
南口镇	永福村	10	51.0	20%	142 228.80
笔架山街道办	张城垸社区	15	125.0	10%	189 700.00
笔架山街道办	易家铺村	11	60.5	10%	91 814.80
笔架山街道办	界山口社区	13	136.5	10%	207 152.40
笔架山街道办	南港子村	7	48.3	10%	73 300.00
绣林街道办	太平坊社区	18	145.8	10%	221 266.00
新厂镇	新厂村	11	46.2	20%	116 941.40
新厂镇	三元沟村	16	60.8	10%	76 948.50

续表

乡镇、街道办	建制村、社区	户数	面积/亩	村集体占比	收益/元
新厂镇	高家槽村	17	110.5	10%	139 848.80
新厂镇	蛟子村	16	123.2	20%	311 843.84
高基庙镇	杨家院村	9	50.4	10%	70 277.76
高基庙镇	温家咀村	15	73.5	10%	102 488.40
高基庙镇	探花山村	16	77.7	10%	108 344.88

在调查走访的 14 个社区和建制村中，黄山庙村、永福村、新厂村和蛟子村 4 个村的土地补偿费村集体留用比例是 20%，其余 10 个村和社区居委会的留用比例是 10%。留用比例是经过各征地拆迁村或社区召开村民大会或居民大会所共同决定的，协商考虑失地农民的利益和村集体的利益。近三分之一的村留用比例为 20%，由此可见在村集体与失地农民协商的过程中，更倾向于将土地补偿费发放给农户个人。村集体获得征地补偿款最多的是新厂镇蛟子村，123.2 亩集体土地征收共获得 311 843.84 元，主要是蛟子村征地面积较大，村组留存比例高达 20%。而征地面积最大的太平坊社区，征收 18 户 145.8 亩农地，由于留存比例仅为 10%，仅获得土地补偿收益 221 266 元。留存比例的差异导致了村集体之间获得土地补偿费存在差异。

为具体了解村集体对于土地补偿费的使用情况和态度，课题组与新厂镇四个建制村的村两委领导班子座谈，查询村组对于征地补偿款的使用情况，发现村集体留用款一般用于购买失地农民保险、发展村集体经济、村组水利设施建设、村组公共道路建设、贫困村民补助、村组行政办公经费和留用经费六大方面，其中，用于购买失地农民保险、发展村集体经济、村组公共道路建设这三类支出共占 50% 以上（各类均占 15% 以上），村组行政办公和留用经费、贫困村民补助与村组水利设施建设支出约占总支出的 20%～50%，各村组在征地补偿款的用途上有所差异，如表 7-12 所示。

表 7-12　新厂镇村集体分得征地补偿款的用途

村组		购买失地农民保险	发展村集体经济	村组水利设施建设	村组公共道路建设	贫困村民补助	村组行政办公和留用经费	总计
新厂村	金额/元	36 800.0	30 000.0	5 000.0	20 000.0	8 000.0	17 141.4	116 941.4
	占比	31.5%	25.6%	4.3%	17.1%	6.8%	14.7%	100.0%
三元沟村	金额/元	41 930.0	—	10 500.0	—	10 000.0	14 518.5	76 948.5
	占比	54.5%	13.6%		13.0%		18.9%	100.0%

续表

村组		购买失地农民保险	发展村集体经济	村组水利设施建设	村组公共道路建设	贫困村民补助	村组行政办公和留用经费	总计
高家槽村	金额/元	33 810.0	50 000.0	8 900.0	—	12 500.0	34 638.8	139 848.8
	占比	24.1%	35.8%	6.4%	—	8.9%	24.8%	100.0%
蛟子村	金额/元	52 480.00	100 000.00	20 920.00	83 500.00	29 500.00	25 443.84	311 843.84
	占比	16.8%	32.1%	6.7%	26.7%	9.5%	8.2%	100.0%

新厂镇新厂村征地补偿款主要用于购买失地农民保险，占到 31.5%；25.6% 用于村集体经济的增资扩股，其余用于村内公用设施建设、贫困村民补助和村组行政办公和留用经费。三元沟村共花费 41 930 元为失地农民购买保险，占村集体征地补偿收益的 54.5%，保险费用由村集体、农户和政府共同出资，村集体出资比例高达 40%，剩下的 45.5% 主要用于村内水利设施建设、贫困村民补助以及村组办公和留用经费。高家槽村将整体收益的 35.8%（共计 50 000 元）用于发展村集体经济，其次分别将 24.8% 和 24.1% 的征地补偿收益用于村组行政办公和留用经费及为失地村民缴纳保险。蛟子村集体收益总额相对较大，100 000 元用于兴办村集体经济，成立了村办的农产品加工合作社，其次将 26.7% 和 16.8% 的资金用于村组公共道路建设和购买失地农民保险，剩余部分用于村组水利设施建设、贫困村民补助及村组行政办公和留用经费。

以上四个村的村组留用土地补偿费资金流向集中于为农民购买社会保险和发展村集体经济。失地农民的社会保障体系需要政府、村集体、社会和个人共同建设，以上四村都在其中发挥了应有的作用。新厂镇有三个村拥有村集体经济企业，能够为村集体公共事业提供长久的资金支持，是村组使用征地补偿款应该鼓励和支持的方向，政府对于村办企业也要给予扶持和政策倾斜。村组基础设施改善和贫困村民补助的资金使用应该优先照顾土地被征收的村民小组和农户。在资金使用上村集体应该做好账户收支管理和公示公告工作，做到资金透明、便于监管，避免贪污和克扣公款。

7.3.4　地方政府获得的土地收益分配情况

政府获得的土地收益主要来源于土地出让金和税费收入，中央政府和地方政府通过分成比例来共享收益。在前文计算结果中，换算结果为亩均收益，除土地出让金外，其余税费收入采用列举法。土地出让金在地方政府收益中占比高达 70%，是地方政府可支配的最主要的资金，其余税费收入均为专项资金，由省市县级政府分享，专款专用。对于石首市政府而言，其征地收益中获得的主要是县级政府的土地出让金分成。经查询石首市政府财政预算和决算报告，2012 年至 2016 年石首市政府获得的土地出让收入情况见表 7-13。表格中采用的数据全部为财政公开数据，均为政府相关预算执行和决算指标，由于数据获取渠道原因，部分数据缺失，此处仍以列举法统计该财政年度内石首市政府土地出让收益情况，其准确性可能会受影响，但是占比最高的土地出让金数据是确定的，其误差可以控制在一定范围内。

表 7-13　2012～2016 年石首市政府获得的土地收益（单位：万元）

收益类型	2012 年	2013 年	2014 年	2015 年	2016 年
土地出让金	34 086	48 079	38 410	35 120	35 110
契税	—	—	2 960	3 200	2 374
耕地占用税	—	—	2 200	3 300	1 370
城市基础设施配套费	1 035	1 328	1 476	1 441	1 390
新增建设用地有偿使用费	—	—	—	6 481	9 864
农田水利建设基金	—	—	3 656	—	—
总计	35 121	49 407	55 183	52 925	40 244

2012 年至 2016 年从政府获得的土地收益来看，石首市土地出让金收入较为稳定，其中 2013 年土地出让收入增长幅度较大，主要原因是市政府土地供应大幅增长，包括大力招商引资而增加的工业用地，如金平工业园区扩园计划，还有以江南新城建设为代表的旧城改造计划。契税和耕地占用税是地方税收收入，决定因素是土地出让面积，由石首市地方政府划归财政预算性收入统筹使用。城市基础设施配套费是对使用国有建设用地使用权的用地方征收的基金性收入，由于石首市近年建设用地出让面积变动不大，此项收入也保持平稳。新增建设用地有偿使用费由中央政府和地方政府分成，农田水利建设基金由省市县级政府参与共同分配，均为财政专项账户管理，收支状况的使用方向受到严格监管。

从土地收益支出来看，石首市政府土地出让金可以划为政府预算外收入，由城市政府单独制订预算和收支计划，一般用于征地补偿和失地农民安置、农村建设和农田开发、城市基础设施和住房建设、"七通一平"（通给水、通排水、通电、通信、通路、通燃气、通热力、平整土地）等土地开发与公共事业支出，其余税费收入按照各自收费名目配比使用。查询 2012～2016 年石首市财政决算情况和土地出让金支出安排，列举统计该名目下政府支出状况（表 7-14）。

表 7-14　石首市 2012～2016 年土地收益支出（单位：万元）

支出类型	2012 年	2013 年	2014 年	2015 年	2016 年
征地拆迁补偿、安置补助	29 806	17 276	20 504	19 471	20 200
农田水利建设	1 802	1 989	561	495	600
农业土地开发	232	322	289	395	310
城市基础设施建设	7 405	8 474	5 772	5 679	9 370
教育提取资金	1 802	856	933	656	914
农村基础设施建设	3 463	6 226	4 358	2 058	3 800
土地开发成本和业务费	7 380	7 912	8 130	8 919	9 630
公租房和廉租房	3 656	4 948	2 233	1 440	1 420
棚户区改造				1 030	1 216
总计	55 546	48 003	42 780	40 143	47 460

石首市土地收益的主要支出是征地补偿款和安置补助费，也就是用于支付被征地村集体和农民的土地权利损失补偿，主要取决于征地面积和土地年产值，2012 年补偿款支付数额最高，达到 29 806 万元。农田水利建设资金安排是农田水利建设基金以外，政府从土地出让金中提取用于农村水利设施更新和维护的部分，2012 年和 2013 年石首市开展了大规模的农村主干水网疏通和渠化工程及农田沟渠建设工程，故此项支出显著高于其他年份。农业土地开发资金是专项安排用于被征收土地的村集体其他农业用地的开发与整理，一般包括土地复垦、土地平整、土壤修复和生态整治，采取村组申报、政府审核、立项拨款的流程及工作方法。城市和农村基础设施建设也是政府的重要支出项，地方政府从农地转化中获得巨额收益，用于城乡公共配套设施改善，也是土地利润返还给社会的一种方式，同时追加对土地的投资，提高土地价值。为支援教育事业发展，石首市政府会依据教育行业的需要从土地收益中提取部分资金专项作为教育发展基金，2012 年教育资金计提 1802 万元，为其他年份的 2 倍左右。农用地被征收以后，政府要进行土地开发储备后，土地才会进入市场交易，石首市政府进行的"七通一平"工程年均支付约 8394 万元。石首市政府每年将土地出让收益的一部分用于公租房和廉租房等保障房建设，以及老旧危破的棚户区改造，主要是针对城乡拆迁居民、下岗职工、贫困家庭等进行的安居工程，2012～2016 年累计支出 15 943 万元，其中，2013 年资金安排最为充足，将安居工程列为政府年度为民十大实事之一。

对比土地的收支情况，2013～2015 年石首市政府土地收益均高于支出，可见地方政府获得的收入是能够满足征地和土地出让成本以及公共事业各项支出的。土地出让收益的盈余部分划归财政结转资金，由地方政府自己支配和使用，也是地方政府扩大财政收入的利益驱动主要因素，客观上导致地方政府卖地欲望高涨。

7.4　各主体对土地收益分配的认知与意愿

7.4.1　农民对土地收益分配的认知与意愿

1. 农民认知情况

基于 180 份问卷调查，在农民获得的征地补偿费的用途（图 7-4）中，156 人（86.7%）选择保障家庭生产和生活所需；58 人（32.2%）选择未来养老；21 人（11.7%）选择家庭医疗；144 人（80.0%）选择子女接受教育；15 人（8.3%）选择投资。

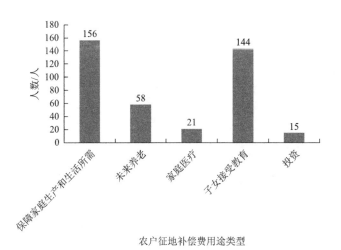

图 7-4　农民获得的征地补偿费的用途

农民认为村集体应提留一部分征地补偿款，其用途有（图 7-5）：167 人（92.8%）选择村内公共基础设施建设；125 人（69.4%）选择村集体经济产业发展；168 人（93.3%）选择贫困村民补助；143 人（79.4%）选择被征地农民保险缴纳和就业培训；96 人（53.3%）选择村集体行政开支。

农民看待政府获得的土地收益的用途（图 7-6），158 人（87.8%）选择城市基础设施建设；179 人（99.4%）选择征地和拆迁补偿支出；55 人（30.6%）选择城市土地开发；165 人（91.7%）选择被征地农民社会保障支出；96 人（53.3%）选择农村和农业土地开发；137 人（76.1%）选择耕地保护开发整理；59 人（32.8%）选择政府行政办公开支。

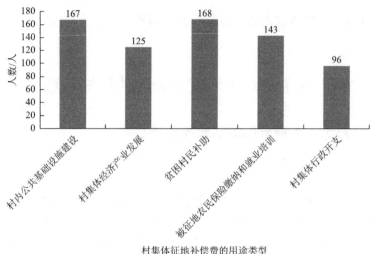

图 7-5　农民认为村集体获得征地补偿费的用途

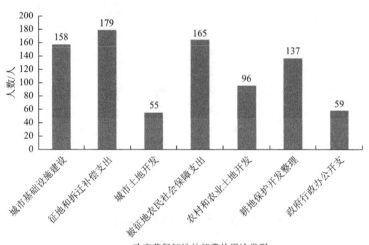

图 7-6　农民看待政府获得征地补偿费的用途

对当前的土地征收政策，只有 32 人（17.8%）表示满意，126 人（70.0%）表示不满意，22 人（12.2%）表示一般。关于不满意的原因（图 7-7），在 126 个不满意的人中有 78 人（61.9%）选择补偿标准太低；30 人（23.8%）选择补偿方式太单一；17 人（13.5%）选择各主体间收益分配不公平；1 人（0.8%）选择征地过程中忽视了农民的意见。

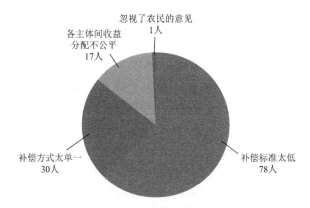

图 7-7　农民对土地征收政策不满意的原因

2. 农民对土地收益分配的期望与意愿

对当前的土地利益分配格局，只有 13 人（7.2%）表示满意，152 人（84.4%）表示不满意，15 人（8.3%）表示一般（因四舍五入，导致相加不为 100%）。在农民获得的征地补偿是否能够满足农户需求的调查中，关于保障家庭生产和生活所需，有 89 人（49.4%）选择能够满足，67 人（37.2%）选择不能够满足；在未来养老方面，32 人（17.8%）觉得现有补偿能够满足需要，66 人（36.7%）选择不能满足；在家庭医疗方面，54 人（30.0%）选择现有补偿能够满足，85 人（47.2%）选择不能够满足；在子女教育方面，77 人（42.8%）觉得现有补偿能够满足，56 人（31.1%）选择不能够满足需要。

关于农民认为自己应该在土地收益分配中的占比问题（图 7-8），26 人选择 20%~30%，55 人选择 30%~40%，61 人选择 40%~50%，23 人选择 50%~60%，

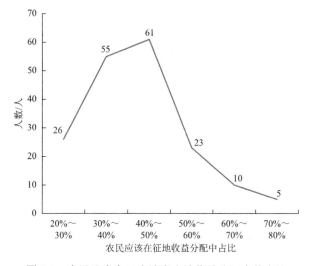

图 7-8　农民认为自己应该在土地收益分配中的占比

10 人选择 60%～70%，5 人选择 70%～80%。求平均值，得出农户应该分得的土地收益占比为 37.3%～47.2%。

关于村集体是否合理使用了征地补偿款，58 人（32.2%）认为合理，43 人（23.9%）认为不合理，79 人（43.9%）表示不清楚。关于村集体使用征地补偿还需改进之处，161 人（89.4%）选择村内公共基础设施建设，35 人（19.4%）选择村集体经济产业发展，142 人（78.9%）选择贫困村民补助，167 人（92.8%）选择被征地农民保险缴纳和就业培训，56 人（31.1%）选择村集体行政开支。

关于村集体是否有权参与土地补偿费分配，134 人表示有权，25 人表示无权，15 人表示不清楚，6 人表示无所谓。关于村组应该留用的征地补偿费的比例，167 人选择 10%以下，7 人选择 10%～20%，6 人选择 20%～30%。关于村集体目前所占土地收益比例，46 人表示过高，33 人表示过低，82 人表示合适，19 人表示不应该占有。关于村组应该在征地收益分配格局中占据的比例，79 人选择 10%以下，82 人选择 10%～20%，17 人选择 20%～30%，2 人选择 30%～40%。对数据求平均值，得出村集体应该留用比例为 6.8%～16.7%。

关于政府是否合理使用了土地收益，38 人表示合理，107 人表示不合理，35 人表示不清楚。关于政府在使用土地收益还需改进之处，92 人选择城市基础设施建设；174 人选择征地和拆迁补偿支出；32 人选择城市土地开发；171 人选择被征地农民社会保障支出；153 人选择农村和农业土地开发；146 人选择耕地保护开发整理；22 人选择政府行政办公开支。

关于政府目前所占的土地收益比例，147 人（81.7%）表示过高，2 人（1.1%）表示过低，30 人（16.7%）表示合适，1 人（0.5%）表示不应该占有。关于政府应该在土地收益分配格局中的占比（图 7-9），1 人选择 10%以下，4 人选择 10%～20%，15 人选择 20%～30%，13 人选择 30%～40%，40 人选择 40%～50%，69 人选择 50%～60%，31 人选择 60%～70%，7 人选择 70%～80%。对数据求平均值，得出政府应该分得的土地收益范围为 45.2%～55.6%。

从问卷分析结果可知，84%的受访农户认为应该提高自己的收益，64%的农户认为农民所占收益比重应该在 30%～50%，21%的农户认为农民所占收益比重应该超过 50%。对于政府目前所占的收益，82%的受访农民认为过高，78%的农户认为政府所占收益比重应该在 40%～70%。农民心理期望的土地收益分配格局为：农民占 40%左右，集体占 10%左右，政府分配剩余的 50%。

7.4.2　村集体对土地收益分配的认知与意愿

1. 村集体认知情况

为了解村集体对现行土地收益分配的态度与期望，课题组对新厂镇四个建制

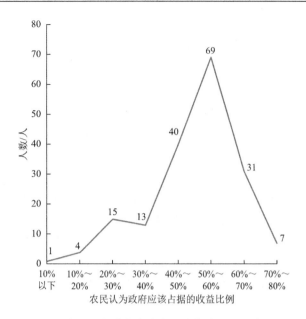

图 7-9 农民认为政府应该在土地收益分配中的占比

村村支书或村主任进行访谈，村干部表示土地征收对农民生活提升、农业发展和新农村建设起到一定促进作用。新厂村利用征地补偿款改善了村内交通、通信、水利等基础设施状况；征地使得三元沟村大量失地农民外出务工，部分失地农民开办农家乐，发展农副产业，提升了经济收入；高家槽村征地后农地转为工业用地兴建酒厂，增加了农民的就业机会，提高了家庭收入；蛟子村以征地补偿费发展村集体经济事业，成立了特色农业生产合作社。可见，村干部认为征地有利于非农劳动力转移、改善农村基础设施、增加农民就业机会和发展村集体经济事业。

2. 村集体面临的主要问题及改进建议

村集体行政组织在土地征收过程中既代表农民参与征地补偿谈判，同时还协助各级政府参与征地拆迁工作，因此双重身份使得村干部面临各种问题。新厂村干部建议适当提高征地补偿标准，或者允许集体土地入股投资参与经营分红，确保失地农民生活水平征地后不下降。三元沟村干部建议在征地之前充分征集村民意见，地方政府直接与每户村民进行征地补偿谈判，而不需要村集体过多参与和介入征地工作。高家槽村干部建议完善失地农民社会保障体系，为被征地农户提供医疗、养老、教育等多方面的保障。蛟子村干部建议推行多元安置，确保被征地农民的生活有保障。可见，村干部对征地政策改进的建议主要集中在补偿标准、失地农民安置和社会保障等方面。

3. 村集体对土地收益分配的期望与意愿

在与村干部访谈中得知，村干部普遍认为村集体分得的征地补偿偏低，无法满足发展村级经济、改善公共配套设施和提供村民保障的资金所需。例如，新厂村农田水利设施老化亟须维护修缮，村级公路建设较为落后，村集体能够投入的资金有限；三元沟村村集体行政办公和留用经费不足；高家槽村五保户、困难户较多，村集体的资金无法满足资助贫困村民的需求；蛟子村集体的征地补偿款无法满足发展村办企业的需求。

对于农民、集体和政府三方利益主体在土地收益分配中的分配比例，新厂村村支书认为农民应该获得30%的收益，集体获得20%的收益，余下50%由政府获得。三元沟村书记建议政府获得50%的收益，余下部分应当由村集体和农户均分，各占25%。高家槽村书记认为农户和政府应当各自获得40%的收益，余下20%的收益交由村集体支配。蛟子村村主任则认为农民应当获得土地收益的30%，集体分得10%，而政府获得60%。综合以上四个村的两委干部意见，取其平均值，比较合理的收益分配格局是政府分得50%，农民分得30%左右，村集体分得20%左右。

7.4.3　地方政府对土地收益分配的认知与意愿

目前政府掌握了土地市场交易渠道和土地用途管制权限，分享了绝大部分土地收益，用以地方经济建设和社会事业发展。地方政府获得的土地收益在财政收入中占比较高。石首市作为一个农业大市，工业基础薄弱，企业入库税收相对较少，对市内重点企业财政依赖度较高。城市的财政收入主要来源于税收收入、转移支付收入和土地出让收入，随着近些年石首市城市建设加速发展，2012～2016年土地出让收益在一般公共预算收入中的占比为37.7%～57.2%，其中，2014年占比高达57.2%，占比一半以上（表7-15）。可见石首市地方政府收入来源比较单一，对土地出让金依赖过高。

表 7-15　石首市土地出让收入占全市一般公共预算收入比例

年份	2012 年	2013 年	2014 年	2015 年	2016 年
全市一般公共预算收入/亿元	93 100	97 987	96 506	120 052	102 818
土地出让收益占比	37.7%	50.4%	57.2%	44.1%	39.1%

为了解石首市地方政府官员对于现有土地收益格局的态度和意愿，笔者对石首市国土资源局有关人员进行访谈，政府作为公共利益的代表者、国家职能的履行者，获得土地出让金和税费收入，除部分收入上划中央和省级政府外，其余收

入均入库地方财政，是石首市主要的财政收入来源。石首市土地收益分配中，政府占绝大部分，各级政府收入合计超过 90%，而农民和集体的征地补偿款不到 10%。石首市根据湖北省 2014 年征地补偿政策提高了补偿标准，但随着土地价格的高涨，政府获得的土地收入收益也大幅增长，使得政府收入占比不减反增。

在实际征地过程中，政府除给予被征地农民土地补偿和安置补偿外，为调动拆迁户积极性，对在重点项目或者紧急项目中配合拆迁工作的农户给予一定程度的现金奖励，由市级财政统一发放，金额为数千元至数万元。国土部门负责人认为目前农民获得的征地补偿款能够基本满足土地权利的灭失与损失和家庭日常生活所需，但政府应在失地农民安置和就业扶助方面采取多种措施，对于工业项目用地实行就业岗位优先安置，同时政府应该为失地农民建立完善的社会保障体系，人力资源和社会保障部门应当在后期发挥更加显著的作用，引导失地农民购买社会保险，政府和村集体也应该给予资金配比和相关政策。

石首市涉及农村大规模拆迁和征地的一般由市政府与乡镇街道办和村集体签订责任书，村组织需要在征地拆迁工作中发挥重要作用，村集体和社区居委会责任重、压力大。国土部门认为在当前收益分配格局中，村集体仅能获得部分土地补偿费，但需要负担村内公共事业支出、村民福利保障和村组行政经费支出，存在权利与责任不对等现象，政府应当在征地收益中划拨资金建立村组发展基金，用于支持村集体开展农村基础设施建设、集体内成员安置与救助、村办经济发展等，以利于农村基层自治组织发挥社会建设功能。

对于政府，尽管目前获得的土地收益比例已经较高，但是在城市建设、乡村基础设施改善、保障房建设方面的工程量巨大，资金收不抵支，这需要划拨其他财政收入。同时，国土部门建议政府应该在农业土地开发、农田水利建设方面加大投入，这既是对农业和农村权益损失的补偿，也是农业发展的需要。关于各级地方政府内部的分成比例，市国土部门认为现有的分配方式是合适的。中央政府和省级政府主要参与一些土地税费和基金性收入的分成分配，主要收入仍然是流向市级政府。而且石首市本地财政入库税收较少，主要依赖上级政府的转移支付。石首市对征地补偿款的计算和发放过程采取严格的监管与公示公开程序，严格按照省市补偿标准发放补偿款，资金打到村集体和农户的专门账户，防止出现侵害农民和村集体经济利益的情况，同时定期抽查村集体提留款的使用。

7.5　各主体利益分配关系的调整

7.5.1　各主体政策体系下分配、实际分配与意愿分配关系的比较

依据石首市土地补偿政策和相关土地出让税费政策，在征地环节，每亩土地

农民获得的补偿款约为 22 888 元，占比 6.2%；集体获得的土地补偿费 13 925 元，占比 3.8%。在出让环节，地方政府依靠土地出让金和其他税费收入，获得收入共计 250 054 元，占比 68.2%，中央政府获得税费收益 79 907 元，占比 21.8%。尽管在计算过程中使用举例法以及多次在取值范围内平均取值，可能会导致数据有些许误差，但是大致范围不会相差甚远。地方政府获得的收益是农民的 11 倍，是集体经济组织的 18 倍。农民和集体经济组织所获得的收益在整个收益分配格局中仅占比 10%

通过实地调研了解，实际收益分配中各主体的收益分配比例差异较大，政府和村集体的分配格局取决于征地补偿和土地出让金及税费收益，征地补偿标准和相关税费是固定的，而土地出让一般是采用市场化的招拍挂方式，出让金差异较大，石首市村集体（农民）与政府（中央政府和地方政府）的收益分配比例约为 1∶4。征地补偿一般由村集体全体成员商议分配方案及分配比例，在石首市土地补偿费中村集体留存比例有 20% 与 10% 两种情况，取均值 15%。地方政府和中央政府的分配格局主要体现在税费的分成，中央政府分得土地出让金和新增建设用地使用费的 30% 的分成，70% 归地方政府所有，此外地方政府还获得其他专项税费收入，因此地方政府和中央政府的分成比例约为 1∶3。综上，在实际分配中，农民、村集体、地方政府和中央政府各分得土地收益的 17%、3%、60% 和 20%

从意愿调查来看，以农民的视角审视收益分配关系，84% 的受访农户认为应该提高自己的收益分配比例，40% 左右较为合适，村集体占 10% 左右，政府占 50% 左右。调查村干部，从村集体的角度来看，合理的收益分配格局应该是农民分得 30% 左右，村集体分得 20% 左右，政府分得 50%。与国土部门主要负责人交流，从政府的角度审视收益分配关系，其认为目前农民和村集体所占的收益比例较为合适，农民获得征地补偿款能够满足土地权利的灭失与损失和家庭日常生活所需，但需要完善失地农民社会保障体系，保障农民的长远生计。村集体存在权责不对等问题，建议政府在征地收益中划拨资金建立村组发展基金。各级政府内部分配比例是合适的。

7.5.2　各主体间利益关系的调整

各级政府之间主要通过租税费获得土地收益，即土地出让金和征地过程中的税费。中央政府获得土地出让金和新增建设用地使用费的 30%，剩余的全部被地方政府获得。从出让金的使用来看，目前大部分用于城市开发和土地开发，用于农业和农村建设的比例很低，因此未来出让金应更多向农村和农业倾斜，确保农民的生活水平和农村基础设施建设支出。征地过程中的税费种类繁多，主要用于农田建设、耕地开发和土地整理等，未来应进行合理的整合，化零为整，集中使用，提高资金使用效率。使用经费需要建立专户管理，以收定支，专款专用。使用账户要定期接受监督检查并进行公示，防止经费乱用。

7.6　本章小结

本章以湖北省的县市级石首市为例，通过对农民进行问卷调查，访谈村集体干部和地方政府国土部门官员，来了解石首市的土地收益分配格局和各主体对现行分配关系的态度与意愿。同时还梳理计算现行政策体系下石首市的土地收益分配关系，并将在政策条件下分配、现实分配和意愿分配这三者中进行比较，根据三者之间的差异进行利益关系调整。

第8章 基于各主体土地增值贡献及风险分担的收益分配

8.1 文献回顾

伴随着城镇化的快速推进，我国非农建设用地的需求呈现出显著增长的趋势，越来越多的农用地被政府征收，转变为城市建设用地。在这个过程中，土地的权属得到转移，土地价值得到大幅度提升，土地增值收益在多个利益主体间实现再次分配。从市场经济的视角看，当前被征收的农用地资源并没有按照市场运行的价格机制、竞争机制及供求机制进行配置，而各利益主体之间的社会经济地位有着显著差异，尤其是农民作为交易群体一方，在农用地征收过程中处于弱势地位，利益受到极大损失，这迫切要求改革土地征收制度，构建科学的土地增值收益分配机制，保持各利益主体分配关系的公平合理。

目前，学术界对土地增值收益的形成、测算及分配等问题进行了一定研究。在土地的增值收益形成方面，邓晓兰和陈拓（2014）认为，土地征收增值收益由自然增值、人工增值和制度增值三方面产生。朱一中和曹裕（2012）认为，农用地与非农用地相比，其功能相对单一，在进行转化以后，土地利用方式向多样化趋势转变，投入成本和产业价值增加，资本有机构成抬高，土地价值也随之提升。邓宏乾（2008）认为，主体对某个地段或地块进行的一系列开发和投资会直接带来该地段或地块的价值增值，还将导致周围其他地段或地块的价值增值。魏子博等（2017）指出，现实中土地增值收益分配存在忽略了部分主体贡献和应该"返还社会"的土地增值实际上被少数人垄断的问题，分配的主要争议是初次分配"涨价归公"的土地增值如何"返还社会"，以及再次分配产生的土地增值如何"返还社会"。梁流涛等（2018）选择河南省典型项目区作为样本进行实证分析，从土地发展权和要素贡献理论的视角出发，综合考虑由于土地用途、产权关系、供求状况、投资水平的变化所形成的土地增值收益的过程，构建农地非农化过程中的土地增值收益测算模型，确定了商业、住宅和工业用地的土地增值收益测算方法。刘永健等（2017）以长江三角洲地区的26个城市为例，对其在农用地征收、出让和开发环节中所产生的增值收益在政府、农民与开发商之间的分配数额进行测算，通过基尼系数评价增值收益分配过程中的公平性，并探讨了推动增值收益公平分配的策略。在土地增值收益分配方面，学者从分配主体及依据、分配思路及方法、分配现状等方面进行研究。刘灵辉（2014）认为承包经营权补偿分配以"地权"为依据，土地所有权补偿分配以"成员权"为依据。王克忠（2014）认为，农民拥有农用地的完全产权，征收农用地时应当依据土地市场中的价格对农民进行全额补偿，保证农民获得绝大部分的土地增值收益。林瑞瑞等（2013）认为，征收、出让、开发三大环节产生了土地的增值，应依据土地增值的产生环节及相关利益主体来对农地非农化过程中产生的土地增值收益进行分配。徐进才等（2017）从失地农民的利益保护视角展开讨论，运用德尔菲法对农地转用过程中各利益主体的投资额和承担风险的比例进行综合计算，以确定土地增值收益在相关利益主体之间的分配关系。陈莹和王瑞芹（2015）以武汉江夏区和杭州西湖区为研究区域，调查不同地区、不同时期失地农民的福利水平，评估土地征收补偿和安置政策的实施情况。

综上所述，在研究土地增值及收益分配方面，仍以定性研究为主，学者主要从土地增值来源及相关制度改革等视角探求农用地增值收益分配的合理路径，实证研究主要停留在现有的增值收益分配比例的测算上，理论上如何合理分配土地增值收益，理论和实际的差异有多少，如何改进现有的土地增值收益分配制度等这样一些核心问题并没有得到有效解决。因此，本章将以湖北省为例，以分配主体（农民集体和政府）在农用地征收过程中的贡献及承担风险的大小为收益分配依据，按照"收益分享，风险分担"的原则，构建合理的收益分配关系，并测算出在现有制度安排下的各主体收益分配比例，通过理论与现实的差距，提出收益分配制度的改革方向，为政府的制度改革提供参考。

8.2　土地增值收益分配的理论框架

8.2.1　土地增值收益分配的思路

土地征收过程涉及不同的利益主体——政府、村集体、农民。我国法律明确规定，农村土地属于农民集体所有，而农民又属于集体内的成员，通过承包等方式取得农用地使用权并从中获得收益。在征地时，政府往往会把土地补偿费、安置补助费、青苗补偿费等一次性支付给村集体，然后由其自行安排在村集体和农民之间的分配，农民和村集体的内部分配还没有确定的标准，每个地区都有着不同的规则和实施办法。因此，我们将村集体和农民当作一个利益主体——农民集体。政府分为中央政府和地方政府。中央政府是国家公共利益的最大提供者和守护者，在土地征收过程中承担着管理和监督职能，它主要是站在国家整体发展目标的战略视野上，制定土地征收的相关法律法规，确保耕地面积，引导土地合理利用，维护社会多方利益关系和福利水平。地方政府作为政策执行者，既要保证当地经济发展，又要保护耕地，它和中央政府主要是通过土地税费及土地出让金的分成来实现收益分配。我们也将其看作一个利益主体——政府。在土地征收过程中，增值收益的分配不仅要考虑各利益主体在此过程中做出的贡献，还要考虑各利益主体所需要承担的风险，遵循"收益分享、风险分担"的分配原则，从理论上探讨合理的收益分配比例（图8-1）。

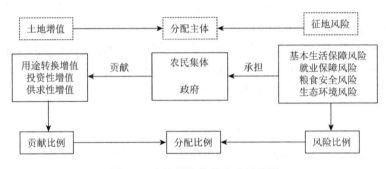

图 8-1　土地增值收益分配思路图

引入联盟利益分配模型，把土地征收过程中的各利益主体关系视为联盟合作关系，从而实现增值收益的分配公平，各联盟伙伴"合作"后根据各自的贡献和承担的风险确定分配比例，将参与分配的各利益主体用 i 表示，假定 V 为农用地征收过程中所产生的总增值收益，各利益主体在土地增值收益中的贡献比例为 I_i，在农用地被征收后需要承受的风险比例为 R_i，则利益主体 i （ $i=1,2$ ）应当获得的收益 v_i 为

$$v_i = V(R_i \times I_i) \Big/ \sum_{i=1}^{n} (R_i \times I_i) \tag{8-1}$$

根据式（8-1），利益主体 i （ $i=1,2$ ）应得的收益分配的比例 α_i 为

$$\alpha_i = (R_i \times I_i) \Big/ \sum_{i=1}^{n} (R_i \times I_i) \tag{8-2}$$

为此，应该先要明确被征农用地增值过程中各利益主体所对应的贡献和风险的构成，在此基础上通过式（8-2）计算得出各利益主体的收益分配比例。根据徐进才等（2017）的研究，认为贡献和风险具有同等重要性，即两者权重取同一值。

8.2.2　土地增值收益分配的原则

1. 利益分配一致性原则

各主体参与土地征收的目的是一致的，是共同促进城市发展的自发行为。因此，为了确保公平，保障各主体合理获得权益，应该防止出现一方主体侵占另一方主体利益的现象，而是由各利益主体共同分享土地增值收益。

2. 收益与贡献、风险成正比的原则

土地增值收益的分配要结合各主体在土地增值中的贡献和所应承担的风险综合确定。利益分配主体对土地增值的贡献越大，其理应获得的增值额就相应越多。同理，利益主体所面对的风险越大，其理应得到的风险赔偿在收益分配中的体现也应相应提高。

8.3　利益主体对土地增值的贡献及承担的风险

8.3.1　利益主体对土地增值的贡献

农用地增值是用途转变和土地权属转移的结果。在经过土地征收后，集体所有的农用地转变成国家所有的建设用地（用途转换增值），但此时的建设用地基础设施还不完善，平整程度也达不到要求，其形态相对于成熟的建设用地还有较大的差距，因而被称为生地。在土地一级开发市场中，政府会将生地开发成具有"五通一平"或"七通一平"等一般使用条件的土地，即熟地（直接投资增值）。同时，在土地储备中心等机构储备土地的过程中，区位条件、城市规划及土地政策的实施都可能对建设用地的价值产生增值（间接投资增值）。在土地开发储备环节完成以后，政府将依据土地供应计划，用招标、拍卖或挂牌等方式对不同用途结构的建设用地进行出让，土地需求者则通过竞争最终与政府达成交易（供求性增值）。

从土地征收到出让的全过程，不同形态的土地对应着不同的市场价格，其价格的差值就是本书讨论的各土地增值部分在货币上的体现，增值主要由用途转换增值、投资性增值、供求性增值构成，而农民集体对土地增值的贡献主要表现为用途转换增值，政府对土地增值的贡献表现为投资性增值与供求性增值之和（图8-2）。

1. 用途转换增值

土地的用途转换增值就是在供求稳定的条件下，土地从低效益的用途转换成高效益的用途，引起的价格上涨。土地的使用方式具有多样性特征，其用途的转变通常有以下三种典型的情况：第一种情况是开发建设还未利用的土地，将其转变成可以被使用的土地；第二种情况是对集体所有的农用地征收转用，使它变为国家所有的建设用地；第三种情况是建设用地具体用途之间的转变，如工业用地

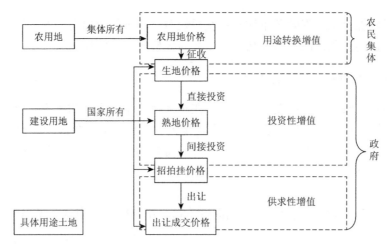

图 8-2　农用地征收转用过程中土地增值收益的形成

向住宅用地或商业用地的转变、住宅用地向商业用地的转变等。土地的集约利用程度、利用效率和投资水平的提高，必然引起土地收益的相应增加，从而引起土地价格的升高。本书讨论的是上述第二种情况，即农用地转化成城市建设用地时产生的土地用途转换增值。

　　用途转换增值实现的途径是唯一的，只有当土地所有权从村集体手中转换到国家手中时，土地的用途转换增值才可能产生。从这个意义上理解，用途转变的实质就是产权形态的转变。农用地转变为建设用地，是村集体贡献出农用地所有权及农民贡献出农用地使用权的结果。因此，用途转换增值应当归产权的贡献者（即农民集体）所得。

　　2. 投资性增值

　　土地使用者在利用土地的过程中将资金等投入到土地上，促使土地的生产效率提高，该类土地增值被称为投资性增值。投资性增值具体包括以下两种情况。

　　第一种是直接的投资性增值。随着社会经济的飞速发展和人们生活水平的变化，土地使用者会对其土地进行再开发和再投资，如对生地进行投资开发，达到"三通一平""五通一平"，甚至"七通一平"，从而使该土地的生产效率得到提升。由此，某一些还没有得到投资或资本投量较少的土地与投资量比较大的土地相比便表现出极大的不同，地块之间的投资差异导致级差地租的产生。城市基础建设水平在很大程度上影响了城市整体地价水平，城市基础设施条件的改善对于城市空间荷载力、人口吸纳力、对外辐射力及城市整体实力和地位的提高有着重要的意义，从宏观上讲，这些都会引起城市地租的增加。同时，土地又是一种稀缺的资源，在土地上增加投资，对国有建设用地的增值影响较大。

第二种是间接的投资性增值，其指的是城市的某个区域或地块周围的区域或地块上所投入的资金、劳动等对该区域或地块的外部辐射性作用使得土地价值抬升。城市化脚步的加快，会带来城市基础设施建设、交通条件、环境质量的改善，从而带动城市食品加工、物流、金融、教育、医疗等多个行业的发展，这不仅会优化时间和空间的利用效率，使城市的人口及商品、资金等的流动量变大、流通速度加速，还会吸引周边相邻或相近的地块的土地使用者对土地的资本投入，由此引发土地利用效益的辐射和扩散作用，进而抬高城市地价。

综上可知，对土地进行直接和间接投资的主体是政府，政府理当获得全部的投资性增值收益。

3. 供求性增值

土地供求性增值是指由于土地供给与需求不平衡所产生的土地增值。在城市发展过程中人口的涌入、社会的进步以及经济的增长，使得人们的生活和生产中的各类活动更加频繁，这就需要更多的土地承载这些活动。比如，城市人口的大量增加，不仅会带来住宅用地的需求，也会增加商业及休闲娱乐等活动用地的需求。同时，随着经济的持续发展，工业厂房等也会随之聚集，城市工业用地的需求也日益上涨。土地的不可再生性和空间位置的固定，使得有限的土地在利用方面受到很大的限制。同时，土地面积的有限性和用途变更的困难性又导致土地供应的弹性较小。在我国，土地一级市场是一个被政府完全垄断的市场，建设用地的供给只能通过政府出让或划拨来实现。为了实现土地利用效益的最大化，政府会结合区域实际发展状况，通过城市用地总体规划和用途管制理性地供给土地。在土地供给量有限的前提下，人们对土地的需求量越来越大，容易造成一种供需矛盾，这种供不应求的现象持续发生，必然会引起土地价格的节节攀升。

建设用地的使用权作为一种特殊的商品，在完成开发、达到可以出让的标准后需要通过招标、拍卖、挂牌的方式进入土地供应市场，并与普通商品一样，其供求关系和价格的变动遵循市场的一般运行规律。此时，在土地一级市场中，建设用地的需求者是买方，产权所有者——国家是卖方，建设用地的卖方是唯一的，买方却有多个。因此，在政府出让土地的招拍挂底价相同的情况下，需求量不同的土地可能产生差异化的成交价格，但普遍会高于招拍挂底价。

政府作为唯一的建设用地的供给者，掌握了城市建设用地供应的主导权，通过拟定相关政策支配土地供给数量，加强对土地一级市场的调控。因此，出让中的溢价是垄断地租的反映，政府在土地一级市场拥有绝对的垄断地位，应该获得这部分的全部增值额。

8.3.2　主体对土地增值贡献的测算方法

由图 8-2 可以看出，在农用地征收转用的过程中，农地转换成建设用地中的生地，经过直接投资后变为熟地，最后出让到土地使用者手中，变成有具体用途的土地。因此，农用地价格与建设用地生地价格之间、生地价格与熟地价格和招拍挂价格之间、招拍挂价格与出让成交价格之间会存在差值，分别构成了被征农用地的用途转换增值、投资性增值和供求性增值，分别用 V_1、V_2、V_3 表示。则总增值收益为

$$V = V_1 + V_2 + V_3 \tag{8-3}$$

根据各主体对土地增值的贡献分析，可以计算出农民集体和政府分别获得的土地增值收益大小。

1. 农民集体对土地增值的贡献

农民集体对土地增值收益的贡献主要表现为用途转换增值 V_1。

$$V_1 = V_b - V_a \tag{8-4}$$

式中，V_a 为农用地价格；V_b 为建设用地生地价格。

2. 政府对土地增值的贡献测算

政府对土地增值收益的贡献为投资性增值与供求性增值之和。
投资性增值 V_2 为

$$V_2 = V_c - V_b - c \tag{8-5}$$

供求性增值 V_3 为

$$V_3 = V_d - V_c \tag{8-6}$$

式中，V_c 为建设用地招拍挂底价；c 为土地一级开发成本；V_d 为建设用地出让成交价格。

3. 相关指标解释

1）农用地价格（V_a）

评估农用地价格的方法通常包括成本法、收益还原法、市场比较法等，由于在本书中，研究区域适用的比较案例相对不多，而土地的价格也不是土地的成本所决定的，在这里，本书选择用收益还原法来估算农用地的价格，即

$$V_a = A / r$$

式中，A 为农用地纯收益，即农用地总收益减去农用地总成本，农用地总收益用农业年产值来反映，农用地总成本用农业中间消耗值及人工费用来计算，农业中

间消耗值包括种植成本、农耕机械成本、农药化肥费用、引水排灌费用等，人工费用主要是农用地的人工劳动和管理投入成本；r 为土地还原利率，用安全利率加一定的风险调整值来测算。本书主要采用收益还原法，将中国银行当年一年期定期存款的年利率 2.75% 作为安全利率，将中国银行当年的净资产收益率 2.72% 作为风险调整值，则土地还原利率为 5.47%。

2）建设用地生地价格（V_b）

生地是已经完成土地征收等一系列相关批复程序，但还未开始或只进行了部分基础设施及配套设施的建设和开发，没有形成完善使用条件的土地。建设用地生地价格可采用最末等的城镇工业用地基准地价进行估算。

3）土地一级开发成本（c）

土地一级开发成本是指在完成土地征收的相关程序后，直至土地出让的时间段里，政府将征收以后的土地纳入储备和进行开发，使生地达到可供出让标准的过程中必须花费的基础设施费用、土地平整费用及其他间接费用如土地管理费和各项税费等。因此，土地一级开发成本主要包括基础设施建设费用、土地平整费用和其他间接费用。其中，基础设施建设费用主要是指土地开发红线内的上水、下水、道路通信、供气、供电、供暖等产生的费用，又被称为前期开发费用，可直接查询有关数据获得。

4）建设用地招拍挂底价（V_c）

建设用地招拍挂底价即政府出让土地时所制定的最低价格，如果开发商的应价低于底价，则招拍挂出让行为无效。

5）建设用地出让成交价格（V_d）

建设用地出让成交价格即在土地买卖市场上，国家按照市场交易规则向土地使用者出让土地所获得的实际成交价格。建设用地出让成交价格与建设用地招拍挂底价的不同之处在于，它是已经实现了的价格。

8.3.3　主体所需承担的风险

农用地资源在经济、社会、生态方面具有一定的价值功能。人们能够在农用地上种植农作物，并通过农产品获得经济收入，在农民养老、就业及生活等方面有着重要的保障价值。农用地还能保障粮食供给、调节气候、涵养水源等，对国家粮食安全、生态安全有着不可忽视的意义。农用地转为建设用地，意味着农用地资源价值损失。因而，可以将这种价值的损失看作农用地被征收后所产生的风险。

农用地征收转用过程中的风险主要包括经济产出风险、社会风险和生态环境风险，而社会风险又包含基本生活保障风险、就业保障风险和粮食安全风险。其中，政府损失的是农用地为全社会提供的生态环境和粮食安全价值，农民损失的是农用地产生的经济价值、基本生活保障价值和就业保障价值。考虑到农用地价格本身就体现了农用地的直接经济产出价值，即农民的经济价值损失被视为已经得到补偿，因此在征地风险构成和归属方面不予考虑（图8-3）。

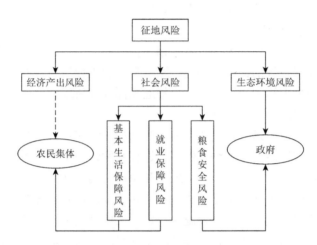

图8-3　农用地征收转用过程中的风险构成及归属

1. 基本生活保障风险

农地资源是农民长远的、持续的生活保障，具有承载、养育、蓄积等多重功能，它还能将这些功能转化成生存、养老、医疗等方面的基本生活保障。农用地的征收转用会直接带来农业经济收入水平的降低，而对于大多数农民而言，农业收入在家庭总收入中的占比很大。农民失去了土地，尽管政府会给予他们一次性较高额度的货币赔偿，大部分农民的生活水平在短时期内不会受到影响，但由于其文化水平较低且缺乏其他工作技能，再次找到稳定工作较难，因此，从长远来看，征地会对他们的生活带来较大影响。我国现有的征地补偿安置政策主要采用一次性货币补偿，没有提供可持续的帮扶及补助办法。随着共同富裕目标的推进和农村经济的发展，农村的社会保险、养老保险等制度不断完善。但总体而言，农用地被征收后，农民便失去了最稳定、持久的生计保障，将面临基本生活无法得到保障的风险。

2. 就业保障风险

农民不仅是指户籍所在地为农村的人，还是对从事农业生产职业身份的反映。古往今来，农民只要拥有土地，就不会失去工作，不论劳动技能的高低，农民都能依靠土地来养活自己。随着城市化的加快发展，城市建设对劳动力的需求越来越大，农村青壮年劳动力为了增加收入纷纷涌入城市，主要从事搬运、建筑等体力活动，但是，城市对初级劳动者的需求会随着城市建设的完善以及生产效率的提升逐渐下降，所提供的就业岗位越来越少，农民工不得不再次回到农村从事农作。由此可见，农用地不仅是长期生活在农村的农民重要的生产要素，也是进城务工农民返乡的退路。一旦土地被征收，农民只能外出寻找工作来维持生活，而对于农民来说，拥有一份稳定的非农职业并不容易，主要是因为当前的农业生产技术依然较为传统，农民的劳动技能相对单一，并且大多数农民的受教育程度低，文化素养及工作技能欠缺，农民在市场上的竞争力较低，就业情况不太乐观。此外，失地农民不能像失业后的城镇职工一样通过失业保险缓冲就业压力，因此，他们在失地后面临着就业保障风险。

3. 粮食安全风险

中国的人口众多，作为发展中国家，保障粮食安全关乎国家政治和经济的发展大局。从政治局势的稳定性上讲，实现粮食的自给自足，对于社会的稳定有着至关重要的意义，同时，还能够减轻对粮食进口的依赖，避免国外的强权国家及敌对势力以粮食对我国进行威胁，使得我国能够更好地坚持独立自主的国际交往原则。就经济局势的稳定性而言，粮食的丰收可以充实粮库、填平粮食供应缺口，对粮食及其他商品价格的上涨起到良好的抑制作用，从而确保我国的粮食市场健康和可持续发展。我国实行土地的社会主义公有制，为了稳定地发展和巩固生产力，促进经济的繁荣和社会的稳定，会通过相关制度维持对农用地尤其是耕地资源的合理利用，保护其粮食生产能力，维持粮食的稳定供给。在农用地价值中，粮食安全价值主要表现为农用地对区域粮食安全的保障程度，农用地被征收后，粮食安全价值遭受损失，从而产生了粮食安全风险。

在区域城市扩张的过程中，城市周边的农用地被征收后转为建设用地，虽然有部分农用地会通过占多少、补多少的原则对其数量进行补充，但就现有的开发整理、复垦技术来看还不能保证补充后的土地质量能达到被征收农用地的质量水平。随着农用地向建设用地转用数量的增加，可供开垦的农用地越来越少，且农用地开垦的成本和难度较大，质量也难以保证，农用地所能提供的粮食产量也会受到影响。因此，农用地被征收后会面临粮食安全风险。

4. 生态环境风险

农用地是由气候、水文、动植物、土壤、微生物等组成的特殊的生态系统，农用地资源既有生产、供应等利用价值，还具备生态服务价值，如调节气候、涵养水源、净化空气、减少污染物质和有害气体排放，促进太阳能的固定及有机物的转换，为土壤补给植物成长所需的养分，维护物种及遗传的多样性等。同时，农地还能给人们提供休憩娱乐、观光旅游的空间，让人们回归生态、亲近自然、感受田园生活以保持身心愉悦。

随着经济的繁荣、生活水平的提高和环保意识的觉醒，人们越来越重视对生态环境的保护，以营造舒适、健康、优美的生活环境。农用地转换为建设用地会给区域内的生态环境带来一定的负面影响，从而带来生态环境风险。

8.3.4 主体承担风险的测算方法

1. 农民集体承担的风险

农民集体在农用地征收转用过程中所需承担的风险为基本生活保障风险与就业保障风险之和，即

$$R_1 = R_{11} + R_{12} \tag{8-7}$$

1）基本生活保障风险

农用地征收转用过程中的基本生活保障风险可以通过农用地提供的基本生活保障价值得以体现，选用农村居民个人养老保险金额进行替代，由于我国主要对城镇居民发放养老保险，而没有对农村居民提供，通过农村居民人均可支配收入和城镇居民人均可支配收入之比对城镇居民个人养老保险进行修正，以此得到农村居民个人养老保险金额。计算公式如下：

$$R_{11} = \frac{Y}{A \times r} \times K_1 \tag{8-8}$$

式中，Y 为城镇居民人均养老保险金额；A 为农村人均农用地面积；r 为土地还原利率；K_1 为修正系数，取农村居民人均可支配收入与城镇居民人均可支配收入之比。

2）就业保障风险

农用地就业保障风险可以通过农民失去土地后再次选择非农就业所需花费的教育费用及培训费用求得，计算公式如下：

$$R_{12} = F \times m \tag{8-9}$$

$$F = L \times \left[1 - \frac{1}{(1+r)^n} \right] \Big/ r \tag{8-10}$$

式中，F 为单位劳动力所需的教育培训费用；m 为单位农用地可以承载的人口数量；L 为农村居民人均教育支出；n 为人均教育培训所需年限，根据任纲等（2004）的研究，一般按小学 6 年、中学 6 年加 1 年的培训时间计算，总计为 13 年；r 为土地还原利率。

2. 政府承担的风险

根据上文各风险因素在利益分配主体之间的归属分析可知，政府在农用地征收转用过程中所需承担的风险为粮食安全风险与生态环境风险之和，即

$$R_2 = R_{21} + R_{22} \tag{8-11}$$

1）粮食安全风险

依据替代原则，粮食安全风险值可以用农地开垦所需投入的贴现值 P 以及在开垦过程中农地收益损失 L 之和计算。农地从开垦到形成稳定的经济肥力需要一定年限，通过对农地开垦期间年均投入成本 p 和正常肥力下农地平均经济产出水平 l 进行折现求得农地开垦投入的贴现值 P 与农地收益的损失值 L，两者之和为农用地的粮食安全风险，公式如下：

$$R_{21} = P + L \tag{8-12}$$

$$P = \frac{p}{(1+r)^1} + \frac{p}{(1+r)^2} + \frac{p}{(1+r)^3} + \cdots + \frac{p}{(1+r)^n} \tag{8-13}$$

$$L = \frac{l}{(1+r)^1} + \frac{l}{(1+r)^2} + \frac{l}{(1+r)^3} + \cdots + \frac{l}{(1+r)^{n-1}} \tag{8-14}$$

式中，p 为农地开垦的年均投入成本；l 为正常肥力下农地年均经济收益；r 为土地还原利率；n 为农地从开垦到形成稳定肥力所需的年限，根据吴兆娟等（2015）的研究，耕地开垦后的肥力在第五年开始稳定（即 $n = 5$）。

2）生态环境风险

被征农用地的生态环境风险通过农用地的生态服务价值进行模拟，通过对全国农地资源生态服务价值的平均值进行区域因素修正，得出湖北省各地市（州）的生态环境风险值，公式为

$$R_{22} = (V_e \times k_2) / r \tag{8-15}$$

$$k_2 = Z / Z_e \tag{8-16}$$

式中，V_e 为全国农用地生态服务价值的年均值，根据谢高地等（2015）的研究成果可知，全国农用地生态服务价值为 5140.9 元/公顷；k_2 为生态服务价值的修正系数；r 为土地还原利率；Z 为研究区域农用地生物量；Z_e 为全国农用地生物量，根据蒋冬梅（2009）的研究，生物量大小可以用同区域农作物单产代替。

8.4　基于主体对土地增值贡献的分配测算

8.4.1　研究区域概况及数据来源

1. 自然地理条件

湖北位于我国中部偏南地区，其辖区内包括武汉、黄石、十堰、荆州、宜

昌等 17 个地市（州）。湖北东连安徽、西接陕西和重庆、南临湖南和江西、北靠河南，水网密布，航运和空运发达，且经济腹地广，陆运交通便利，是联东启西、承南接北的重要枢纽，在中部省区市中有着明显的区位优势和综合发展实力。

湖北位于长江中游，南面临洞庭湖，东面、西面、北面被山地环绕，中部地形平坦、地势低洼，有素有"鱼米之乡"之称的江汉平原和鄂东沿江平原。湖北处于亚热带季风气候区，水热条件、土壤肥力、光温状况适宜，这些为农用地资源的使用和经营管理提供了良好的环境，同时，对各类作物的生长及其副产品的开发极为有利。到 2016 年末，全省的耕地面积为 344.43 万公顷，人均耕地面积为 0.059 公顷，农作物播种面积为 495.06 万公顷。

2. 社会经济状况

2016 年，湖北人口总数为 5885 万人，农村人口占 41.90%，从业人数 3633 万人，其中，在岗职工人数为 1030.95 万人，第一产业从业人员占 36.83%。全年地区生产总值 32 297.91 万元，同比增长 8.1%，占全国生产总值的 4.34%。其中，第一、二、三产业相比 2015 年的增长值分别为 349.49 亿元、871.57 亿元、1526.66 亿元，对地区生产总值的贡献率分别为 11.33%、44.51%、44.16%。民营经济增加值为 17 801.65 亿元，同比增长 1572.69 亿元，占省内生产总值的比重达 55.1%。年末湖北省内生产总值为 55 038 元，增长 12.0%，相当于全国平均水平的 101.96%。

与我国东部及其他地区发达的省区市对比，湖北还处在快速发展的时期。随着湖北土地城镇化和人口城镇化速度的提高，农地非农化越来越快，科学地分配被征农用地增值收益是一项极为重要和迫切的任务。

3. 数据来源

本书所涉及的数据主要来源于《湖北统计年鉴（2017）》《湖北省城乡建设统计年鉴（2017）》《湖北农村统计年鉴（2017）》，以及湖北各地市（州）2017 年统计年鉴；湖北各地市（州）国土资源局土地征收的相关统计数据资料；湖北各地市（州）国土资源局土地供应的相关统计数据资料；湖北各地市（州）国土资源局土地储备的相关统计数据资料；中国农业信息网等。

8.4.2 土地增值因素的测算

根据 8.2.2 节的计算方法，计算出湖北省各地市（州）的农用地用途转换增值、投资性增值和供求性增值。

1. 用途转换增值

从表 8-1 可以得知，武汉、十堰、荆州、宜昌、襄阳、鄂州的用途转换增值
额度均在 300 万元/公顷以上，武汉是湖北省内用途转换增值最高的地市，由于其
生地价格的优势，增值额达到 805.61 万元/公顷。咸宁、黄冈、神农架林区的用途
转换增值额相对较少，但也超过了 200 万元/公顷。各地市（州）农用地用途转换
增值大小受区位因素的影响较大，但整体而言，农用地在向建设用地生地转变的
过程中获得了较大的增值，其增值额甚至能达到农用地价格的十倍以上。

表 8-1　农用地征收转用过程中的用途转换增值

区域	农用地总收益 /(万元/公顷)	农用地总成本 /(万元/公顷)	土地纯收益 /(万元/公顷)	土地还原 利率	农用地价格 /(万元/公顷)	生地价格/(万元/公顷)	用途转换增值 /(万元/公顷)
武汉	6.74	2.56	4.18	5.47%	76.39	882	805.61
黄石	2.61	0.74	1.87	5.47%	34.13	293	258.87
十堰	3.48	1.48	2.00	5.47%	36.56	374	337.44
荆州	2.41	0.90	1.50	5.47%	27.48	390	362.52
宜昌	5.18	2.03	3.15	5.47%	57.60	385	327.40
襄阳	3.47	1.39	2.07	5.47%	37.95	382	344.05
鄂州	3.22	1.68	1.55	5.47%	28.33	418	389.67
荆门	2.59	0.99	1.60	5.47%	29.33	311	281.67
孝感	3.25	1.35	1.90	5.47%	34.76	281	246.24
黄冈	3.44	1.15	2.29	5.47%	41.98	258	216.02
咸宁	3.60	1.48	2.12	5.47%	38.78	253	214.22
随州	3.91	1.84	2.07	5.47%	37.92	316	278.08
恩施	1.78	0.74	1.04	5.47%	19.03	265	245.97
仙桃	1.69	0.57	1.12	5.47%	20.58	281	260.42
天门	2.68	1.13	1.54	5.47%	28.26	263	234.74
潜江	3.28	1.15	2.13	5.47%	38.98	280	241.02
神农架林区	2.47	1.23	1.23	5.47%	22.59	251	228.41

2. 投资性增值

由表 8-2 可得，投资性增值为土地招拍挂的出让底价扣除生地价格和土地一级开
发成本，武汉的投资性增值远远超过湖北省其他地市（州），达到了 3589.03 万元/公顷；
襄阳、黄石和宜昌的投资性增值位居第二、三、四位，分别为 2296.95 万元/公顷、

1673.97 万元/公顷和 977.94 万元/公顷，神农架林区和咸宁的投资性增值额度最小，分别为 129.94 万元/公顷和 178.99 万元/公顷。总体而言，在土地的开发和储备环节，各地市（州）的土地投资性增值与地区经济发展水平、城市建设情况等有关，增值额大小与城市级别相吻合，即表现为省会城市—副中心城市—其他城市逐步衰减的规律。

表 8-2　农用地征收转用过程中的投资性增值（单位：万元/公顷）

区域	招拍挂底价	生地价格	土地一级开发成本				投资性增值
			基础设施费用	土地平整费用	其他间接费用	成本总计	
武汉	4590	882	77.35	35.67	5.95	118.97	3589.03
黄石	2059	293	59.80	27.63	4.60	92.03	1673.97
十堰	1011	374	52.12	24.02	4.13	80.27	556.73
荆州	1329	390	59.16	27.32	4.55	91.03	847.97
宜昌	1451	385	57.20	26.45	4.41	88.06	977.94
襄阳	2773	382	61.16	28.22	4.67	94.05	2296.95
鄂州	978	418	53.09	23.44	4.12	80.65	479.35
荆门	939	311	48.10	22.21	3.74	74.05	553.95
孝感	714	281	47.45	21.87	3.63	72.95	360.05
黄冈	739	258	51.24	23.75	3.94	78.93	402.07
咸宁	505	253	47.45	21.90	3.66	73.01	178.99
随州	710	316	44.78	20.77	3.48	69.03	324.97
恩施	694	265	38.35	17.71	2.95	59.01	369.99
仙桃	640	281	51.36	23.66	3.89	78.91	280.09
天门	877	263	44.84	20.79	3.45	69.08	544.92
潜江	838	280	51.35	23.70	3.90	78.95	479.05
神农架林区	442	251	39.65	18.33	3.08	61.06	129.94

3. 供求性增值

从表 8-3 中可知，武汉的供求性增值额最高，达到了 1802 万元/公顷；襄阳和宜昌次之，分别为 731 万元/公顷和 485 万元/公顷；神农架林区的供求性增值额度最小，仅有 95 万元/公顷。这跟各地市（州）的区位条件、经济状况相关，同时，还与建设用地的供应数量和供应结构有着紧密的联系。例如，武汉可供应的土地比较少，尽管其招拍挂的价格已经远远高于其他地市（州），但各类土地的需求量都比较大，参与招拍挂的竞争者众多，这就导致武汉的供求性增值显著。

表 8-3 农用地征收转用过程中的供求性增值（单位：万元/公顷）

区域	建设用地招拍挂底价	建设用地出让成交价格	供求性增值
武汉	4590	6392	1802
黄石	2059	2409	350
十堰	1011	1318	307
荆州	1329	1747	418
宜昌	1451	1936	485
襄阳	2773	3504	731
鄂州	978	1221	243
荆门	939	1063	124
孝感	714	937	223
黄冈	739	1071	332
咸宁	505	664	159
随州	710	925	215
恩施	694	825	131
仙桃	640	796	156
天门	877	1073	196
潜江	838	1020	182
神农架林区	442	537	95

8.4.3 主体对土地增值的贡献比例

根据以上对土地的用途转换增值、投资性增值、供求性增值的测算，能够计算出农用地征收转用过程中的土地增值收益总额及各主体的贡献比例，如表 8-4 所示。

表 8-4 农用地征收转用过程中的土地增值收益总额及各主体的贡献比例

区域	增值总额/(万元/公顷)	农民集体贡献比例	政府贡献比例		
		用途转换增值	投资性增值	供求性增值	总计
武汉	6196.64	13.00%	57.92%	29.08%	87.00%
黄石	2282.84	11.34%	73.33%	15.33%	88.66%
十堰	1201.17	28.09%	46.35%	25.56%	71.91%
荆州	1628.49	22.26%	52.07%	25.67%	77.74%

区域	增值总额 /(万元/公顷)	农民集体贡献比例	政府贡献比例		
		用途转换增值	投资性增值	供求性增值	总计
宜昌	1790.34	18.29%	54.62%	27.09%	81.71%
襄阳	3372.00	10.20%	68.12%	21.68%	89.80%
鄂州	1112.02	35.04%	43.11%	21.85%	64.96%
荆门	959.62	29.35%	57.73%	12.92%	70.65%
孝感	829.29	29.69%	43.42%	26.89%	70.31%
黄冈	950.09	22.74%	42.32%	34.94%	77.26%
咸宁	552.21	38.79%	32.41%	28.80%	61.21%
随州	818.05	33.99%	39.72%	26.28%	66.01%
恩施	746.96	32.93%	49.53%	17.54%	67.07%
仙桃	696.51	37.39%	40.21%	22.40%	62.61%
天门	975.66	24.06%	55.85%	20.09%	75.94%
潜江	902.07	26.72%	53.10%	20.18%	73.28%
神农架林区	453.35	50.38%	28.66%	20.96%	49.62%
平均	1498.08	27.31%	49.32%	23.37%	72.69%

从主体对土地增值的贡献分配测算结果来看，湖北省土地征收过程中农民集体与政府对土地增值的贡献分别占总增值的27.31%、72.69%，两者比例为1∶2.66。其中，经济发展水平较高的武汉、黄石、宜昌、襄阳，其农民集体的贡献比例相对较低，在10.20%～18.29%，而政府根据贡献可以获得81.71%～89.80%的增值收益；经济发展水平较低的鄂州、咸宁、仙桃、恩施、随州、神农架林区，其农民集体的贡献比例相对较高，可以分配到32.93%～50.38%的增值收益。从三种土地增值类型来看，投资性增值所占比重最大，平均占总增值的49.32%，而用途转换增值和供求性增值各占增值总额的27.31%和23.37%，其中，经济较为发达的武汉、黄石、荆州、宜昌、襄阳、黄冈的供求性增值大于用途转换增值，其他地区用途性增值大于供求性增值。

8.5　基于主体承担风险的分配测算

8.5.1　风险因素的测算

根据8.2.3节的计算方法，计算出湖北省各地市（州）农用地征收转用过程中的基本生活保障风险、就业保障风险和粮食安全风险。

1. 基本生活保障风险

从表 8-5 中可以得知，武汉、黄石、荆州由于其城镇居民个人养老保险金额较高，农用地需要承担的养老保险价值也高，因而基本生活保障风险较大，分别达到 64.98 万元/公顷、45.82 万元/公顷、52.19 万元/公顷。而黄冈、咸宁、随州、仙桃人均耕地面积少，即单位农用地负担的人口数量大，导致其基本生活保障风险也在 45 万元/公顷以上。孝感因为人均耕地面积最大，其单位农用地承担的基本生活保障风险最小，仅为 19.05 万元/公顷。

表 8-5　农用地征收转用过程中的基本生活保障风险

区域	城镇居民个人养老保险金额/(元/人)	城镇居民人均可支配收入/(元/人)	农村居民人均可支配收入/(元/人)	人均耕地面积/(公顷/人)	还原利率	基本生活保障风险/(万元/公顷)
武汉	5 846	36 436	17 722	0.080	5.47%	64.98
黄石	5 404	27 536	12 004	0.094	5.47%	45.82
十堰	4 154	24 057	7 779	0.104	5.47%	23.61
荆州	4 539	25 382	13 728	0.086	5.47%	52.19
宜昌	4 059	27 275	12 990	0.167	5.47%	21.16
襄阳	3 570	26 282	13 650	0.086	5.47%	39.41
鄂州	4 586	24 774	13 812	0.122	5.47%	38.31
荆门	4 543	26 731	14 716	0.202	5.47%	22.63
孝感	4 410	25 753	12 655	0.208	5.47%	19.05
黄冈	3 434	22 620	10 252	0.058	5.47%	49.06
咸宁	4 052	23 505	11 940	0.076	5.47%	49.51
随州	3 420	22 791	13 022	0.073	5.47%	48.94
恩施	4 359	22 198	7 969	0.079	5.47%	36.21
仙桃	3 275	24 641	14 422	0.077	5.47%	45.51
天门	4 259	22 618	13 178	0.113	5.47%	40.15
潜江	4 957	24 721	14 076	0.182	5.47%	28.35
神农架林区	4 815	21 404	7 578	0.113	5.47%	27.58

2. 就业保障风险

从表 8-6 可得，武汉、荆州、荆门农用地征收转用过程中的就业保障风险居于前列，均高于 35 万元/公顷，这主要是其农村居民人均教育支出高和单位农用地承载人口多综合作用的结果。恩施、神农架林区的人均教育支出和单位农用地承载人口数较少，因而再就业成本相对来说较小，就业保障风险不超过 20 万元/公顷。

表 8-6　农用地征收转用过程中的就业保障风险

区域	农村居民人均教育支出/(元/人)	人均培训所需年限/年	单位劳动力的教育培训费用/(元/人)	单位农用地承载人口数/人	就业保障风险/(万元/公顷)
武汉	2 372	13	21 670	18	38.97
黄石	2 090	13	19 094	16	30.00
十堰	1 590	13	14 526	17	24.79
荆州	1 800	13	16 444	22	35.91
宜昌	1 478	13	13 503	17	22.58
襄阳	1 874	13	17 121	15	25.56
鄂州	1 543	13	14 097	20	27.68
荆门	1 745	13	15 942	24	37.94
孝感	1 663	13	15 193	21	31.28
黄冈	1 866	13	17 047	20	34.20
咸宁	1 772	13	16 189	17	26.95
随州	1 664	13	15 202	22	33.12
恩施	1 695	13	15 485	13	19.51
仙桃	1 751	13	15 997	17	26.41
天门	1 571	13	14 352	18	26.27
潜江	1 267	13	11 575	23	26.43
神农架林区	1 625	13	14 846	12	17.14

3. 粮食安全风险

由表 8-7 可知，武汉和宜昌的农用地年均投入和年均产出都较高，因此开垦同等质量的农用地所需要的投入值和农用地的收益折损值也比较高，其农用地征收转用过程中面临的粮食安全风险较大，分别为 41.93 万元/公顷、32.48 万元/公顷；而恩施、仙桃则相反，其农用地投入的成本和产生的收益都比较低，承担的粮食安全风险低于其他地市（州），仅为 11.32 万元/公顷和 10.20 万元/公顷。

表 8-7　农用地征收转用过程中的粮食安全风险

区域	农用地年均投入/(万元/公顷)	农用地年均产出/(万元/公顷)	还原利率	农用地开垦投入贴现值/(万元/公顷)	农用地收益折损值/(万元/公顷)	粮食安全风险/(万元/公顷)
武汉	2.56	6.74	5.47%	11.55	30.38	41.93
黄石	0.74	2.61	5.47%	3.35	11.76	15.12
十堰	1.48	3.48	5.47%	6.69	15.70	22.40

续表

区域	农用地年均投入 /(万元/公顷)	农用地年均产出 /(万元/公顷)	还原利率	农用地开垦投入贴 现值/(万元/公顷)	农用地收益折损值 /(万元/公顷)	粮食安全风险 /(万元/公顷)
荆州	0.90	2.41	5.47%	4.08	10.85	14.93
宜昌	2.03	5.18	5.47%	9.15	23.34	32.48
襄阳	1.39	3.47	5.47%	6.28	15.63	21.91
鄂州	1.68	3.22	5.47%	7.55	14.53	22.08
荆门	0.99	2.59	5.47%	4.45	11.67	16.12
孝感	1.35	3.25	5.47%	6.08	14.64	20.72
黄冈	1.15	3.44	5.47%	5.16	15.51	20.67
咸宁	1.48	3.60	5.47%	6.69	16.24	22.93
随州	1.84	3.91	5.47%	8.29	17.63	25.92
恩施	0.74	1.78	5.47%	3.32	8.01	11.32
仙桃	0.57	1.69	5.47%	2.57	7.64	10.20
天门	1.13	2.68	5.47%	5.10	12.06	17.16
潜江	1.15	3.28	5.47%	5.19	14.79	19.98
神农架林区	1.23	2.47	5.47%	5.57	11.13	16.70

4. 生态环境风险

由表 8-8 可以看出，湖北省 17 个地市（州）农用地资源生态服务年均价值的差异导致了其生态环境风险大小的差异，总体而言，生态环境价值在 6.54 万～13.85 万元/公顷，生态环境风险的绝对值和差值均不大。

表 8-8　农用地征收转用过程中的生态环境风险

区域	农用地资源生态服务 年均价值/(万元/公顷)	区域农用地潜在经 济产量/(万元/公顷)	全国农用地潜在经 济产量/(万元/公顷)	生态服务价 值修正系数	还原利率	生态环境风险 /(万元/公顷)
武汉	0.40	15.60	10.69	1.46	5.47%	10.65
黄石	0.50	15.60	10.69	1.46	5.47%	13.36
十堰	0.52	15.60	10.69	1.46	5.47%	13.85
荆州	0.41	15.60	10.69	1.46	5.47%	10.84
宜昌	0.48	15.60	10.69	1.46	5.47%	12.74
襄阳	0.42	15.60	10.69	1.46	5.47%	11.10
鄂州	0.43	15.60	10.69	1.46	5.47%	11.47
荆门	0.36	15.60	10.69	1.46	5.47%	9.61

续表

区域	农用地资源生态服务年均价值/(万元/公顷)	区域农用地潜在经济产量/(万元/公顷)	全国农用地潜在经济产量/(万元/公顷)	生态服务价值修正系数	还原利率	生态环境风险/(万元/公顷)
孝感	0.35	15.60	10.69	1.46	5.47%	9.42
黄冈	0.43	15.60	10.69	1.46	5.47%	11.51
咸宁	0.49	15.60	10.69	1.46	5.47%	13.20
随州	0.49	15.60	10.69	1.46	5.47%	13.07
恩施	0.51	15.60	10.69	1.46	5.47%	13.65
仙桃	0.30	15.60	10.69	1.46	5.47%	8.07
天门	0.24	15.60	10.69	1.46	5.47%	6.54
潜江	0.30	15.60	10.69	1.46	5.47%	8.07
神农架林区	0.24	15.60	10.69	1.46	5.47%	6.54

8.5.2 主体承担的风险比例

根据以上对土地的基本生活保障风险、就业保障风险、粮食安全风险和生态环境风险的测算，计算出农用地征收转用后产生的风险总额及各主体所需承担风险的比例，如表 8-9 所示。

表 8-9 农用地征收转用过程中的风险总额及各主体所需承担的比例

区域	风险总额/(万元/公顷)	农民集体承担风险比例			政府承担风险比例		
		基本生活保障风险	就业保障风险	总计	粮食安全风险	生态环境风险	总计
武汉	156.53	41.51%	24.90%	66.41%	26.79%	6.80%	33.59%
黄石	104.30	43.93%	28.76%	72.69%	14.50%	12.81%	27.31%
十堰	84.65	27.89%	29.29%	57.18%	26.46%	16.36%	42.82%
荆州	113.87	45.83%	31.54%	77.37%	13.11%	9.52%	22.63%
宜昌	88.96	23.79%	25.38%	49.17%	36.51%	14.32%	50.83%
襄阳	97.98	40.22%	26.09%	66.31%	22.36%	11.33%	33.69%
鄂州	99.54	38.49%	27.81%	66.30%	22.18%	11.52%	33.70%
荆门	86.30	26.22%	43.96%	70.18%	18.68%	11.14%	29.82%
孝感	80.47	23.67%	38.87%	62.54%	25.75%	11.71%	37.46%
黄冈	115.44	42.50%	29.62%	72.12%	17.91%	9.97%	27.88%
咸宁	112.59	43.97%	23.94%	67.91%	20.37%	11.72%	32.09%

区域	风险总额/(万元/公顷)	农民集体承担风险比例			政府承担风险比例		
		基本生活保障风险	就业保障风险	总计	粮食安全风险	生态环境风险	总计
随州	121.05	40.43%	27.36%	67.79%	21.41%	10.80%	32.21%
恩施	80.69	44.88%	24.17%	69.05%	14.03%	16.92%	30.95%
仙桃	90.19	50.46%	29.28%	79.74%	11.31%	8.95%	20.26%
天门	90.12	44.55%	29.15%	73.70%	19.04%	7.26%	26.30%
潜江	82.83	34.23%	31.91%	66.14%	24.12%	9.74%	33.86%
神农架林区	67.96	40.58%	25.22%	65.80%	24.57%	9.63%	34.20%
平均	98.44	38.42%	29.25%	67.97%	21.12%	11.21%	32.03%

从主体所需承担风险的分配测算结果来看，湖北农用地被征收后农民集体与政府需要承担的风险分别平均占风险总额的 67.97%、32.03%，两者的分配比例接近于 2∶1。从各地市（州）来看，农民集体需要承担的风险为 49.17%～79.74%，其中，黄石、荆州、黄冈、荆门、仙桃、天门在农用地征收过程中农民集体所承担的风险比例在 70%以上。从风险类型来看，农用地征收转用过程中的基本生活保障风险所占比重最大，平均占风险总额的 38.42%，其次是就业保障风险，平均占 29.25%，生态环境风险的比重最小，仅占 11.21%，粮食安全风险平均占 21.12%，这说明农地仍然是农民最重要的生活保障，而农地的生态功能还没有引起足够的重视。此外，各地市（州）之间，除宜昌的农用地征收过程中面临的粮食安全风险最大，导致政府承担的风险超过 50%外，其他地市（州）农民集体承担的风险均大于政府承担的风险。

8.6　理论分配结果与实际分配结果的比较分析

8.6.1　理论分配结果

结合相关数据，可以测算出农用地征收过程中各主体对土地增值的贡献比例及所需承担风险的比例，从而得出湖北 17 个地市（州）农用地征收过程中的土地增值收益的理论分配比例和额度（表 8-10）。

表 8-10　农用地征收过程中土地增值收益的理论分配情况

区域	按贡献分配比例		按风险分配比例		按理论分配比例		理论分配额度/(万元/公顷)	
	农民集体	政府	农民集体	政府	农民集体	政府	农民集体	政府
武汉	13.00%	87.00%	66.41%	33.59%	22.81%	77.19%	1413.16	4783.48
黄石	11.34%	88.66%	72.69%	27.31%	25.40%	74.60%	579.78	1703.06
十堰	28.09%	71.91%	57.18%	42.82%	34.28%	65.72%	411.77	789.40
荆州	22.26%	77.74%	77.37%	22.63%	49.47%	50.53%	805.59	822.90
宜昌	18.29%	81.71%	49.17%	50.83%	17.80%	82.20%	318.66	1471.68
襄阳	10.20%	89.80%	66.31%	33.69%	18.27%	81.73%	616.12	2755.88
鄂州	35.04%	64.96%	66.30%	33.70%	51.48%	48.52%	572.52	539.50
荆门	29.35%	70.65%	70.18%	29.82%	49.44%	50.56%	474.40	485.22
孝感	29.69%	70.31%	62.54%	37.46%	41.35%	58.65%	342.90	486.39
黄冈	22.74%	77.26%	72.12%	27.88%	43.23%	56.77%	410.69	539.40
咸宁	38.79%	71.21%	67.91%	32.09%	53.55%	46.45%	295.70	256.51
随州	34.99%	66.01%	67.79%	32.21%	52.02%	47.98%	425.55	392.50
恩施	32.93%	67.07%	69.05%	30.95%	52.28%	47.72%	390.22	356.24
仙桃	37.39%	62.61%	79.74%	20.26%	70.15%	29.85%	488.62	207.89
天门	24.06%	75.94%	73.70%	26.30%	47.03%	52.97%	458.85	516.81
潜江	26.72%	73.28%	66.14%	33.86%	41.60%	58.40%	375.23	526.84
神农架林区	50.38%	49.62%	65.80%	34.20%	66.14%	33.86%	299.85	153.50
平均	27.31%	72.69%	67.97%	32.03%	35.64%	64.36%	533.87	964.21

（1）从主体对土地增值的贡献分配测算结果来看，湖北土地征收过程中农民集体与政府对土地增值的贡献分别平均占总增值的 27.31%、72.69%，两者比例近似于 1∶2.66。其中，经济发展水平较高的武汉、黄石、宜昌、襄阳，其农民集体的贡献比例相对较低，在 10.20%～18.29%，而政府根据贡献可以获得 81.71%～89.80% 的增值收益；经济发展水平较低的鄂州、咸宁、恩施、随州、仙桃、神农架林区，其农民集体的贡献比例相对较高，可以分配到 32.93%～50.38% 的增值收益。

（2）从主体所需承担风险的分配测算结果来看，湖北农用地被征收后农民集体与政府需要承担的风险平均分别占风险总额的 67.97%、32.03%，两者的分配比例接近于 2∶1。各地市（州）之间风险分配比例的地区分异较小，除宜昌的农用地征收过程中面临的粮食安全风险最大，导致政府将承担较大的风险外，其他各地市（州）农民集体均需要承担的风险为 49.17%～79.74%。其中，黄石、荆州、黄冈、荆门、仙桃、天门在农用地征收过程中农民集体所承担的风险比例在 70% 以上。

（3）同时考虑主体贡献及承担风险，农用地征收过程中农民集体应获得的土地增值收益在湖北各地市（州）之间的差异较大。从分配比例来看，农民集体获得比例较高的地区依次是仙桃、神农架林区、咸宁、恩施、随州和鄂州，为 51.48%～70.15%；较低的地区依次是宜昌、襄阳、武汉、黄石，均在 30% 以下。从分配额度来看，农用地征收过程中农民集体可以获得的增值收益分配额最大的地区是武汉，为 1413.16 万元/公顷；最小的地区是神农架林区，为 299.85 万元/公顷。总体上，经济越发达的地区农用地价值越高，农用地增值的总额及农民集体在农用地征收过程中可以获得的增值收益额度相应会越高，但与此同时，农民集体所获增值额在一定的情况下，增值总额基数大都会在很大程度上拉低分配比重，从而导致农民集体的分配比例越低。

8.6.2　理论与实际分配结果的对比

从湖北现有的征地补偿标准来看，除了武汉、黄石、襄阳、荆州的主城区实施区片综合价补偿，其他各地市（州）均按照同一年产值的倍数进行补偿。实行统一年产值法的区域，其青苗补偿费的最低标准是采用征地统一年产值标准的 1 倍；实行区片综合地价的区域，其青苗补偿费的最低补偿标准为区片综合地价的 1/21。农民集体获得土地增值收益的实际与理论分配情况的对比如表 8-11 所示。

表 8-11　农民集体获得土地增值收益的实际与理论分配情况对比

区域		实际分配情况				与理论差距	
		征地补偿标准/(万元/公顷)	青苗补偿费/(万元/公顷)	额度/(万元/公顷)	比例	额度/(万元/公顷)	比例
武汉	主城区	172.50	8.21	180.71	2.92%	1232.45	19.89%
	远城区	69.93	3.33	73.26	1.18%	1339.90	21.63%
黄石	主城区	68.25	3.25	71.50	3.13%	508.28	22.27%
	远城区	65.94	2.56	68.50	3.00%	511.28	22.40%
十堰		64.72	3.07	67.79	5.64%	343.98	28.64%
荆州	主城区	73.50	3.50	77.00	4.73%	728.59	44.74%
	远城区	55.19	2.76	57.95	3.56%	747.64	45.91%
宜昌		65.94	2.89	68.83	3.85%	249.83	13.95%
襄阳	主城区	67.50	3.21	70.71	2.10%	545.41	16.17%
	远城区	65.00	2.58	67.58	2.00%	548.54	16.27%
鄂州		74.23	2.80	77.03	6.93%	495.49	44.55%

续表

区域	实际分配情况				与理论差距	
	征地补偿标准 /(万元/公顷)	青苗补偿费 /(万元/公顷)	额度/(万元/公顷)	比例	额度/(万元/公顷)	比例
荆门	59.28	2.61	61.89	6.45%	412.51	42.99%
孝感	54.40	2.42	56.82	6.85%	286.08	34.50%
黄冈	54.48	2.75	57.23	6.02%	353.46	37.21%
咸宁	53.40	2.33	55.73	10.09%	239.97	43.46%
随州	64.88	3.04	67.92	8.30%	357.63	43.72%
恩施	73.19	2.79	75.98	10.18%	314.24	42.10%
仙桃	79.80	2.85	82.65	11.87%	405.97	58.28%
天门	68.04	2.52	70.56	7.23%	388.29	39.80%
潜江	72.00	2.40	74.40	8.25%	300.83	33.35%
神农架林区	46.98	2.61	49.59	10.94%	250.26	55.20%

通过实际与理论分配结果的对比，从分配额度来看，经济发展水平越高的地区，农民集体实际可以获得的增值收益额与理应获得的增值收益额差距越大。其中，武汉、黄石、荆州、襄阳农民集体实际与理论分配额度的差值在500万元/公顷以上，最高为武汉远城区1339.90万元/公顷；宜昌、孝感、咸宁、神农架林区农民集体实际与理论分配额度的差值在300万元/公顷以下，最低为咸宁239.97万元/公顷。从分配比例来看，经济越发达的地区，农民集体在总增值收益中的实际分配比例与理论分配比例的差距越小。其中，武汉、宜昌、襄阳、黄石农民集体在总增值收益中的实际与理论分配比例的差值在13.95%~22.40%；仙桃、神农架林区的差值最为显著，超过了55%。

综上所述，农民集体的实际分配比例与理论分配比例存在一定的差距。从当前的征地补偿政策来看，土地补偿费标准取被征农用地前三年年均产值的6~10倍，安置补助费标准取被征农用地前三年年均产值的4~6倍，农民集体最多也只能获得在土地征收后近10年经济损失的补偿，却没有讨价还价的能力，因而在补偿标准上不能完全地体现出其让渡土地发展权对土地增值所产生的贡献，在安置措施上也没有长远地考虑其失去土地后将要面临的风险。由此可见，现有的分配模式还不够合理，尤其是以同一年产值标准确定补偿的方式。而把各主体对增值的贡献因素及其风险因素综合纳入被征农用地增值收益的分配中，能适度提高农民集体的收益分配额度，平衡农民集体与政府的收益分配比例关系。

8.7　本 章 小 结

以湖北为例，基于农民集体和政府对土地增值的贡献和所应承担的风险，对农用地征收过程中产生的增值收益分配进行理论探讨，并将其与实际分配进行比较。研究表明，理论上，湖北 17 个地市（州）在农用地征收过程中农民集体获得增值收益分配额应为 299.85 万～1413.16 万元/公顷，分配比例为 17.80%～70.15%。通过与现实分配对比发现，农民集体实际获得的收益远远小于理论分配额度，经济发展水平越高的地区，农民集体实际获得的收益与理论分配收益之间的差距越大，实际分配比例与理论分配比例之间的差距越小。因此，建议决策层制定合理的补偿标准，适度提高补偿额度；推行多元化的安置措施，健全农村社会保障；加强政府财政监督，促进收益合理配置；引入竞争机制，完善土地交易市场。

第9章 罗尔斯正义论视角下农地征收中弱势群体的权益保护

随着城市化进程的加快，征地日益增加。由于农民对土地的依赖程度和自我发展能力的差异，征地对不同阶层的失地农民影响差异较大，对于那些不以农地为生的农民，征地后不仅生活没有受到影响，反而可以获得一笔征地补偿款；而对于完全依赖农地生存的农民，他们无技能，甚至有些病残户，部分或完全丧失了劳动能力，征地后根本无法外出务工，连基本的生活保障都难以维持，生活受到影响。征地是否会对弱势群体造成权益损害？如何保护征地中弱势群体的权益，对维护社会的和谐与稳定具有重要意义。

9.1 罗尔斯正义论与马克思正义论的比较及罗尔斯正义论的指导意义

马克思和罗尔斯是探寻平等正义的两位重要思想家。马克思正义论的核心内涵是现实社会活动中的经济正义问题，涵盖了生产、交换、分配、消费等环节。关于生产正义，在马克思看来，人类本质上是生产者而非消费者，生产活动是人类社会得以产生和存在的物质基础，也是人类从事其他各种活动的根本前提，因此，生产平等是经济平等的前提。关于交换正义，马克思认为在资本主义国家里流通和交换的形式是具有正义的一种体现，而共产主义社会所达到的各尽所能、按需分配的形式才能真正实现交换正义，体现社会的自由与平等。关于分配正义，马克思提到的正义的社会应当用劳动的标准来进行分配，只有劳动才是衡量社会正义的标准。关于消费正义，马克思认为世界是普遍联系的，每个人在消费的过程中也是同他人产生关系，对他人具有影响，联系着他人利益的行为。因为消费是在和他人的社会关系中进行的。因此，应当把消费融入社会生产中，并与客观自然紧密联系，协调发展，和谐统一。

马克思和罗尔斯虽然分属不同的思想阵营，但是二人的正义论却具有同一性，两者都站在普通人性的立场上思考问题，他们心系整个世界，对自由平等怀有坚定的信念，对底层人民疾苦具有深切的同情，同时对现实世界的不正义现象深恶痛绝，并且不约而同提出了建立美好社会的愿景。

马克思和罗尔斯的正义论也有各自的观点和分歧，其主要表现如下。

（1）马克思是从物质生产出发，在社会生产基础上考察社会结构及分配正义原则，马克思认为分配正义必须保证在初次分配之前的生产资料占有上的公平分配，将生产资料集中在大多数人民手中，其分配原则在不同历史阶段分别按照生产要素、劳动和需求进行分配。马克思是从生产环节为起点来实现经济正义，他认为生产平等是经济平等的前提。罗尔斯仅研究分配不考虑生产，他提出按照权利平等、机会平等进行分配，由于平等的分配并不能导致实质上的平等和正义，因此他提出差别原则对不平等的分配进行调节，通过差别原则对最少受惠者进行补偿。差别原则是以最不利者为基准来安排社会经济制度的，它追求的是实质上的平等。

（2）马克思主张将人类从资本主义社会剥削压迫的社会基本结构中解脱出来，消灭私有制，因此，马克思实行的是彻彻底底的制度改革，他的目标是建立一个没有阶级差别、生产资料公有的共产主义社会。罗尔斯则主张通过社会改良实现社会正义，在不改变现有制度的情况下，通过对经济、政治以及法律等进行改良调整，使所有社会成员都能够在自觉接受社会制度改良的情况下和睦相处，按照公平正义原则来调整社会经济政策，逐渐构建一个正义的社会。

罗尔斯的正义论视角可用于分析农地征收问题，并提供理论指导，原因如下。

罗尔斯正义论的核心在于分配正义，研究在一个多元化的社会背景下如何达成社会公平正义，如何解决社会的不平等问题，罗尔斯正义论并不需要考虑生产环节，把最初的不平等作为应用的对象，在设计原始状态和无知之幕的前提下，运用"反思的平衡"，推演出两个正义原则：一是每个人都有平等的权利、享受最大限度的自由并且相互兼容，即自由平等原则；二是社会和经济不平等应尽可能有利于那些受益最少和处于社会最不利地位的人（差别原则），并且在平等机会的基础上，权力和地位向所有人开放（机会公正平等原则）。其中，第一项原则优先于第二项原则，而第二项原则中机会公正平等的原则优先于差别原则。自由平等原则适用于社会制度、保障公民平等和自由的所有的基本方面，包括公民的政治自由、言论自由、机会自由、良心自由、思想自由、个人自由、保护私有财产的权利以及依法不受随意逮捕与剥夺财产的自由。罗尔斯认为，人们的收入和财富分配是不平等的，但这种分配必须对"最少受益者"最有利。差别原则通过制度安排，尽可能消除自然命运差异的后果，同时设置福利和负担等相关制度以调节不平等，将自然差异造成的社会弱者与幸运者之间的不平等控制在一定范围内。罗尔斯正义论强调，只有关注底层民众的平等、自由权利以及利益，才能维护社会秩序的稳定和增进政权的合法性，因此，罗尔斯正义论适合用于解决征地过程中的利益分配、弱势群体权益保护、贫富分化等问题。

根据罗尔斯正义论，依附于自由平等、机会公正平等原则，征地后所有农民的权益必须得到保护，保证每个个体都拥有自由平等的社会地位、就业机会、生存权和发展权，所有被征地农民的权益水平不降低。然而，机会平等是有缺陷的，家庭、天赋等诸多个人要素不能选择，农民在社会各阶层中处于弱势地位，农民群体内部本身也表现出差异。根据差别化原则，征地要更多关注弱势群体的生存状态，了解他们的利益诉求，社会和经济利益的分配应最有利于处于社会最不利地位的人，将征地造成的弱势群体和非弱势群体之间的不平衡控制在一定范围内。基于此，罗尔斯正义论可推演出以下原则用于指导征地过程中的农民权益保护：原则一，征地后所有被征地农民的权益水平不降低；原则二，征地过程中弱势群体和非弱势群体享有同等的程序权益；原则三，征地后弱势群体和非弱势群体之间的权益差距不扩大，权益保护政策应向弱势群体倾斜。此外，罗尔斯主张通过社会改良实现社会正义，并不需要对现有的制度推倒重建，按照公平正义原则调整社会经济政策，进而逐步实现公平正义。

因此，罗尔斯正义论可以从理论上很好指导征地过程中利益分配及农民权益保护问题的研究。

9.2　罗尔斯正义论及其指导下的理论框架

美国政治哲学家约翰·罗尔斯于 1971 年出版《正义论》一书，该书从"公平的正义"角度出发，全面而深刻地讨论了自由和机会、收入与财富、个人与国家、自尊的基础等广泛的社会政治问题，试图重新构建现代西方社会公平与正义的道德基础。罗尔斯认为："正义是社会制度的首要价值，正如同真理是思想体系的首要价值一样。"正义的客体是社会的基本结构，即用来分配公民的基本权利和义务、分割社会合作产生的利益和负担的主要制度。他认为，人们的前途不仅受到经济、社会等条件的制约，还受到政治文化体制的影响，也受到人们从出生以来就占据的不同的社会地位以及自然资源禀赋的深远影响，然而这种影响造成的不平等却是个人无法自我选择的。因此，罗尔斯正义是研究在一个多元化的社会背景下如何达成社会的公平正义，如何解决社会的不平等问题。

罗尔斯的正义论是把最初的不平等作为应用的对象，在设计原始状态和无知之幕的前提下，运用"反思的平衡"，推演出两个正义原则：一是每个人都有平等的权利享受最大限度的自由并且相互兼容，即自由平等原则；二是社会和经济不平等应尽可能有利于那些受益最少和处于社会最不利地位的人（差别原则），并且在平等机会的基础上，权力和地位向所有人开放（机会公正平等原则）。其中，第一项原则优先于第二项原则，而第二项原则中机会公正平等的原则优先于差别原则。自由平等原则适用于社会制度、保障公民平等和自由的所有的基本方面，包括公民的政治自由、言论自由、机会自由、良心自由、思想自由、个人自由、保护私有财产的权利以及依法不受随意逮捕与剥夺财产的自由。罗尔斯认为，人们的收入和财富分配是不平等的，但这种分配必须对"最少受益者"最有利。差别原则通过制度安排，尽可能消除自然命运差异的后果，同时设置福利和负担的相关制度以调节不平等，将自然差异造成的社会弱者与幸运者之间的不平等控制在一定范围内。机会公正平等原则要求公开开放所有的公共职位和社会职位，所有人都应有平等的机会获得这些职位，以确保具有同样才干和能力的人将有同样的成功前景。

这两个原则的本质是平等分配基本权利、义务以及社会合作的利益和负担，坚持职位都是平等开放给所有人，并且只允许存在使最少受益者受惠的不平等分配，没有人或群体能比其他人过得更好，除非他们能以有利于最少受益者的方式谋利。罗尔斯不仅看到了个人与社会的统一，也看到了他们之间的矛盾。他还提出了解决这一矛盾的方法，即同时贯彻这两个原则，通过国家手段调整权利和收入分配，来保护自由，解决自由造成的矛盾。

9.2.1　自由平等原则对弱势群体权益保护的指导作用

公平正义是人类追求美好社会的永恒主题，是社会发展进步的价值取向。如果在征地过程中，征地制度的不完善等原因导致弱势群体得不到充分合理的补偿，其生活水平进一步下降，生存权和发展权受到侵害，就会成为威胁社会长治久安的潜在因素。因此，在土地征收补偿中坚持公平正义对构建社会主义和谐社会具有十分重要的意义。罗尔斯正义论中的自由平等原则强调，正义作为"社会制度的首要价值"，要体现社会中个体的公平正义，最基本的是要保证每个个体都拥有自由平等的社会地位、就业机会、生存权和发展权以及与权利对等的应尽的义务。在征地过程中，要实现自由平等原则即要求征地后弱势群体的生活水平等于或高于征地前的水平，并且是可持续的，以保障其生存权和发展权。

9.2.2　差别原则对弱势群体权益保护的指导作用

罗尔斯同时指出，社会和经济利益的分配应最有利于那些处于社会最不利地位的人，要使最不受益的人得到最大的利益才能提高分配的效率，即差别原则。失地农民内部不同群体对征地的承受能力不同，由于影响情况各异，非弱势群体因自身能力强，对农地的依赖程度小，征地对其影响相对较小；而弱势群体因自身的局限性，更依赖土地的社会保障价值，失地后他们的失业风险骤增，在经济、社会、心理等方面都承受着巨大的压力，长久生计没有保障，贫富差距进一步拉大，不利于实现社会公平正义。因此，应当制定差别化的征地补偿政策，兼顾所有群体，侧重保护征地过程中的弱势群体，以缩小贫富差距。

9.2.3　农地征收中的弱势群体及权益保护

1. 农地征收中的弱势群体

"弱势群体"目前尚无统一标准，不同学者基于不同角度和标准对其进行界定，"弱势群体"是一个相对概念，具有动态性，即强势和弱势是相对而言的，他们会随着自然与人事的变迁而发生转换（王剑利等，2015）。弱势群体之所以弱，核心在于自我发展能力较低，缺乏独立获得生产资料、技术、资金等资源的能力（李毅等，2019）。从形成原因上看，弱势群体主要由生理性因素和社会性因素催生。生理性弱势群体主要是受到年龄、性别、疾病等非个人所能决定的因素影响；社会性弱势群体是由社会转型以及政策不完善等社会因素造成，使其缺乏政治、经济和社会机会，在社会上处于不利地位的人群（陈第华，2014）。综合来看，具有三点公认的特征。

一是由自身生理或能力受限导致经济贫困性。城市下岗职工和低收入人群、孤寡老人、残疾人、病人、农村贫困人口、留守儿童等由于自身能力受限，或就业困难，或收入低下，依靠其自身的能力无法维持个人乃至家庭的基本生活水准，更无法在住房、教育和医疗等方面有所投入，使得贫困的状况越发持久，亟须社会救助。

二是权利缺失。不断完善的各项社会规章制度就是为了保障各类群体的合法权益，然而不可否认的是其仍存在某些不合理或者不完善的制度使得社会部分群体处于弱势地位，且当弱势群体的权益遭到侵害时，缺乏相应的社会救济，导致弱势群体权益保护能力薄弱。

三是相对性。弱势群体是个相对的概念，只有跟"强势"比较，才有"弱势"，而且不同时间、不同地点、不同标准下的弱势群体也是不一样的。例如，进城务工的农民，与城市普通工作人员相比，没有最低生活保障，工作艰辛且收入较低，属于城市中的弱势群体；然而，他们与靠务农为生的农民相比，却有一份相对可观且稳定的收入，属于农村中的非弱势群体。

在农地征收的相关研究中，学者大多将失地农民定义为弱势群体。失地农民失去了能够永久使用的土地及附着在土地上的各种权益，长久生计受到威胁。

对于失地农民内部群体而言，由于个体差异，农户对失地的承受能力不同，因此征地对不同失地农民群体的影响存在差异。本章界定的弱势群体并非失地农民全体，而是在失地农民内部受影响程度最重的群体。从理论上来说，农村原有的弱势群体比非弱势群体更依赖农用地的基本生活保障和社会保障价值，失地后他们的失业风险大大增加，生活水平可能会进一步下降，变得愈加弱势。结合《湖北省农村扶贫条例》中对困难群体的界定，主要包括重度残疾人员、重大疾病患人员、年老体弱全家无劳动力无收入来源生活特别困难人员以及有一定劳动能力但发展受限的贫困对象。本章将农地征收中的弱势群体划分为三类，分别是孤寡老弱类、病残类和家庭中人多劳动力少类。具体而言，孤寡老弱类为年龄 55 岁以上的独居老人，无子女帮扶，自己有一定的农业劳动能力，但不具备非农劳动能力的家庭；病残类为家人患有重大疾病或残疾，生活陷入困难的家庭；家庭中人多劳动力少类为共同生活的家庭成员在 5 人以上，劳动力在 3 人以下，年人均收入接近或低于当地最低生活保障标准的家庭。

2. 权益保护

土地是农民生存的根本，对农民特别是弱势群体的意义重大。国家通过土地征收将集体所有的土地转变为国有，这一不可逆的过程对农民的权益造成了一定的损失，失地农民内部分化严重，弱势群体面临更多的生存风险，故应从理论、政策到实践对弱势群体的权益给予充分的保护。

权益保护是指对弱势群体因失去土地而失去附着在土地上的各种权利和该获取的利益而进行补偿的一种政策性安排。法律规定应给予弱势群体公正的补偿，保障其权益不受损。按照法律正义的内容——实体正义和程序正义，本书认为对于弱势群体的权益保护也应包括实体权益保护和程序权益保护。邵艳（2017）认为弱势群体的实体权益保护应当包括对经济、社会、心理等方面的保护，其中经济和社会权益保护是指对自身发展、社会保障和居住等权益的保护；而程序权益保护是指要保障弱势群体的知情权、参与权、发言权和申诉权，包括了解征地程序、征地补偿费的分配、申请补偿安置听证等各个环节的权利。

9.2.4　基于罗尔斯正义论的弱势群体权益评价指标体系构建

根据罗尔斯正义论，依附于自由平等、机会公正平等原则，征地后所有农民的权益必须得到保护，要保证每个个体都拥有自由平等的社会地位、就业机会、生存权和发展权，所有被征地农民的权益水平不降低。然而，机会平等是有缺陷的，家庭、天赋等诸多个人要素不能选择，农民群体内部本身也表现出差异，根据差别原则，征地要更多关注弱势群体的生存状态，了解他们的利益诉求，社会和经济利益的分配应最有利于那些处于社会最不利地位的人，将征地造成的弱势和非弱势群体之间的不平衡控制在一定范围内。基于此，征地中弱势群体的权益保护遵从以下几个原则。

原则一，征地后所有被征地农民的权益水平不降低。

原则二，征地过程中弱势群体和非弱势群体享有同等的程序权益。

原则三，征地后弱势群体和非弱势群体之间的权益差距不扩大，权益保护政策应向弱势群体倾斜。

征地过程中的权益包括实体权益和程序权益两个部分，二者关系紧密，相辅相成，共同构成了实现弱势群体权益保护公平正义的基本内容。根据已有的研究成果和对实体权益的评价，学者主要是基于阿马蒂亚·森的可行能力理论，从经济状况、居住情况、社会保障、发展机会和心理状态五个方面构建福利评价指标体系。而程序权益，学者主要从知情权、参与权、表达权和监督权四个方面构建评价指标体系（吕图等，2018）。具体而言，知情权包括对征地补偿政策的了解程度；参与权包括是否允许申请对拟征地补偿标准及安置的听证；表达权包括是否参与村民大会讨论征地相关事宜，申诉渠道是否畅通；监督权包括是否有权查询村集体提留款的使用，是否存在强制搬迁。借鉴已有学者的研究成果，结合数据的可获得性，构建评价指标体系（表 9-1）。

表 9-1 征地前后弱势群体权益保护评价指标体系

一级指标	二级指标	变量名	变量类型
经济状况	人均农业收入（元/年/人）	X_1	C
	人均非农业收入（元/年/人）	X_2	C
	人均纯收入（元/年/人）	X_3	C
居住情况	人均居住面积（米²/人）	X_4	C
	房屋质量	X_5	Q
	对居住环境变化的满意度	X_6	Q
社会保障	是否设失地养老保险	X_7	D
	对社会保障的满意程度	X_8	Q
发展机会	就业难易程度	X_9	Q
	政府是否提供就业培训	X_{10}	D
心理状态	家庭关系情况	X_{11}	Q
	对新环境的适应情况	X_{12}	Q
	社会交往情况	X_{13}	Q
程序权益	对征地补偿制度的了解程度	X_{14}	Q
	是否参加村民大会讨论征地相关事宜	X_{15}	D
	是否有权申请关于土地补偿费和安置补助费的听证	X_{16}	D

续表

一级指标	二级指标	变量名	变量类型
程序权益	是否有权查询村集体提留款的使用情况	X_{17}	D
	是否存在强制搬迁	X_{18}	D
	上诉渠道是否畅通	X_{19}	D
	对征地程序性工作的满意程度	X_{20}	Q

注：变量类型中 C 表示连续变量；D 表示虚拟二分变量；Q 表示虚拟定性变量

（1）经济状况。经济权益是弱势群体权益的基本组成内容。收入虽然不能完全代表权益水平，但是收入的高低影响其他因素（如机会、情感和心理）产生或转化为权益的过程与效率，因此，收入是影响权益水平的重要指标（Brandolini，2010）。征地行为发生后，尚有余地的农民仍可继续利用原农用地，但是由于居住地离原农用地距离远，往往出行方便的非弱势群体会选择继续利用小面积的农用地种植蔬菜以减少生活成本，而行动不便的弱势群体往往会弃耕。此外，非弱势群体家庭的劳动力全部转为非农行业就业，其非农业收入往往比弱势群体增加得多。因此，弱势与非弱势群体在农业、非农业和纯收入方面都有显著差异，故选择人均农业收入、人均非农业收入、人均纯收入三个指标衡量经济状况。

（2）居住情况。居住情况影响居住舒适度，进而影响生活质量。非弱势群体对住宅的要求较高，他们的住宅往往面积大、质量好，而弱势群体对住宅的要求较低，其住宅往往面积较小、质量较差。此外，他们对居住环境变化的主观感受也有差异。因此，本书选择人均居住面积、房屋质量、对居住环境变化的满意度三个指标来描述居住情况变化。

（3）社会保障。社会保障是现代福利理论的重要内容。政府规定城镇人口享有城镇养老保险、城镇医疗保险等，而农民不享有城镇社会保障，农地被赋予了基本生活资料和社会保障的性质，故失地农民是否具有与城镇人口相当的社会保障是影响权益的主要因素。弱势群体因自身能力不足失业风险增加，更加依赖社会保障为生活兜底，而非弱势群体对社会保障的依赖程度相对较低，因此，二者对社会保障的主观感受存在差异。本书选择是否设失地养老保险、对社会保障的满意程度两个指标来评价社会保障情况。

（4）发展机会。发展机会关乎弱势群体的前途命运，影响长远生计。弱势群体的文化水平普遍不高，除种地外缺少其他专业技能，在就业时缺乏竞争力，因此就业的难易程度以及政府是否提供就业培训和创业基金对他们来说显得尤为重要，而非弱势群体就业相对容易。故本书设置就业难易程度、政府是否提供就业培训两个指标衡量发展机会权益。

（5）心理状态。快乐是构成一个人权益的重要组成部分，人心理状态的好坏影响其对待日常生活的态度和对未来的预期。征地后，农民从长久以来熟悉的生活环境搬进陌生的新住宅，面对新的邻里关系，他们的心态会发生变化。非弱势群体接受新事物的能力强，能很快适应新环境，融入新的邻里关系，而弱势群体他们会更加依赖家人，家庭关系的变化对他们影响较大，他们往往要较长的时间才能逐渐适应新环境。因此，本书选择家庭关系情况、对新环境的适应情况、社会交往情况三个指标衡量失地农民的心理状态。

（6）程序权益。程序正义是实现公平正义的重要内容，保障失地农民的程序权益是至关重要但却容易被忽视部分。黄琛莹（2015）将政治自由纳入失地农民福利评价体系，她认为在征地过程中，征地前是否听取农民意见、是否进行征地补偿公示、征地后政治权利是否受到影响三个因素能够衡量政治自由福利。本书认为程序权益更多的是考虑征地过程的公正公开性和合理性。弱势群体是否参加村民大会讨论征地相关事宜、是否有反馈意见的渠道、是否有权申请听证、农民是否行使了监督权等都是影响失地农民程序权益的重要因素。本书选择对征地补偿制度的了解程度、是否参加村民大会讨论征地相关事宜、是否有权申请关于土地补偿费和安置补助费的听证、是否有权查询村集体提留款的使用情况、是否存在强制搬迁、上诉渠道是否畅通、对征地程序性工作的满意程度等指标衡量程序权益。

征地对不同群体的影响程度不同，为了探究征地对弱势群体的影响程度，本书分别测算弱势群体和非弱势群体征地前后的权益变化情况，得到其变化幅度，再比较二者的差距。

9.3　研究区域及样本描述

9.3.1　研究区域的选择

本章在选择研究区域时遵从两个原则：①位于城市近郊，征地频发且就业机会较多，失地后弱势群体与非弱势群体因再就业能力的强弱导致经济收入差距变大，易出现分化；②征地范围较广，涉及多个村庄，造成弱势的原因比较普遍，具有代表性。通过以上两个原则筛选近年来的征地项目，最终选择湖北省武汉天河机场三期扩建工程征地项目，失地农民都被安置在湖北省武汉市黄陂区天河街道天河还建小区。

2014年因武汉天河机场三期扩建工程用地政府先后征收了天河街道店村139公顷、韩庙村167公顷、珍珠村66公顷、两路村24公顷等共计9个村庄

488 公顷（7320 亩）土地，包括 390 公顷农用地、54 公顷建设用地和 44 公顷未利用地，属于少有的大规模公益性征地项目，涉及失地农民 4000 余人，约 800 户，原有人均约 1 亩农用地。该征地项目按照统一的标准进行补偿，失地后这些农民被安置在天河还建小区，选择该地为研究区域可行。

此外，我们了解到，因为地理位置在天河机场附近，所以有 70% 的家庭都至少有 1 个成员在天河机场打工，主要从事环卫、货运、保安、服务员等工作。还有的劳动力在家附近做建筑工人，工作辛苦且不稳定，时常在家待业几个月。这种离家近、工资低、不稳定的工作模式造就了这些农民家庭具有兼业农户的性质。该地地处丘陵地带，农民多种蔬菜、藕、棉花等经济作物，进而出售获得农业收入。因此，失地对不同的群体造成的影响会有较大差异，选择该区域具有典型性。

9.3.2 征地补偿安置政策情况

武汉天河机场三期扩建工程建设用地的征地补偿安置依照《武汉市征用集体所有土地补偿安置办法》（武汉市人民政府令第 149 号）执行。具体而言，有以下几个方面。

（1）征地补偿，按照省人民政府鄂政发〔2009〕46 号文件——《湖北省人民政府关于公布湖北省征地统一年产值标准和区片综合地价的通知》规定，天河街属于二类地区，年产值标准为 1697 元，补偿标准为前 3 年平均年产值的 20 倍，分别为土地补偿费 10 倍、安置补助费 10 倍，计算得到每亩补偿 33 940 元。按照省人民政府鄂政发〔2005〕11 号文件——《省人民政府关于进一步加强征地管理切实保护被征地农民合法权益的通知》要求不低于 70% 的土地补偿费（21 750 元/亩）补偿给失地农民，其余 12 190 元/亩给失地农民办理社会保障统筹及村集体经济发展基金。青苗补偿费为年产值的一倍，即 1670 元，其他附着物据实评估补偿。

（2）房屋拆迁安置分为货币安置和房屋安置。货币安置以黄陂区房屋重置价格为标准，以砖混结构三等 370 元/米^{2}进行补偿。房屋安置是将失地农民安置在天河还建小区，按户籍人口中大于等于 18 岁人均 40 平方米补偿，超出面积按照 370 元/米^{2}现金补偿，其中，独生子女和农村户口双女户结扎的可以多加 40 平方米。过渡期间，政府补贴 300 元/(套·月)的租房费用。

（3）社会保障，根据《武汉市被征地农民参加基本养老保险实施办法》，采取"先保后征"的办法，男性满 60 岁、女性满 55 岁的农民，由政府从土地征收收益中支付，从失地的当月起即可领取养老金。男性 45～60 岁、女性 40～55 岁的失地农民，养老保险由国家、集体和个人三方出资，政府负担 50%，集体从土地补偿费和集体经济积累中提取，占 30%左右，个人出资 20%左右。男性 45 岁、女性 40 岁以下的失地农民，政府应促进再就业，参加城镇居民养老保险，凭借失地农民身份证明，享有一定的养老保险缴费优惠。

9.3.3　调查样本描述

该项目失地农民都被安置在天河还建小区 A、B、C、D 四个分区，每个分区失地农民的占比约为 5%、49%、41%、5%。本书的主要研究对象是失地农民中的弱势群体，为了与非弱势群体进行比较分析，故调研对象分为弱势群体和非弱势群体两个部分。

1. 调查样本选取

在调研前期，通过走访街道办、拆迁指挥部和村委会，访谈政府工作人员和村干部得到该项目的基本情况以及村里弱势群体的相关信息。2019 年 3 月调研组有针对性地找到了征地过程中的所有弱势群体共 45 户进行访谈，其中孤寡老弱 11 户，病残 25 户，家庭中人多劳动力少 9 户（表 9-2）。非弱势群体采用分层随机抽样的方法，在天河还建小区找到原征地村，每个村随机抽取 20%～25%的农户进行问卷调查，共发放调查问卷 180 份，回收有效问卷 162 份，有效率为 90%。样本分布如表 9-3 所示。

表 9-2　弱势群体情况表

类型	弱势特征
孤寡老弱	年龄为 55 岁以上，学历为小学或文盲，家庭人口为 1～2 人。11 户中有 3 个"五保户"，1 个"低保户"
病残	家人患有重大疾病或残疾，生活陷入困难，25 户中有 9 户享有"低保"
家庭中人多劳动力少	家庭人口超过 5 人，人均土地面积少于 1 亩，劳动力数量为 1～2 人，年人均收入接近或低于当地最低生活标准，调查的 9 户中有 2 户享有"低保"

表 9-3　调查样本点分布情况

村庄	非弱势群体样本数	弱势群体总数
白桥村	6	1
天河街道办事处	3	0

村庄	非弱势群体样本数	弱势群体总数
韩庙村	72	16
珍珠村	32	8
道店村	51	9
祝林村	19	5
两路村	14	4
民航社区	2	0
泗桥社区	8	2
合计	207	45

2. 基本信息统计

根据表 9-4 可以看出，弱势群体主要表现为年龄大、受教育程度低、征地前以务农为主。其中，病残类弱势群体占弱势群体总量的 56%，说明因病致贫、因病返贫仍是造成贫困的重要原因。

表 9-4　调查样本的基本信息统计表

被访者基本情况	描述	弱势群体占比	非弱势群体占比
年龄	≤30 岁	0	4%
	31～40 岁	9%	13%
	41～50 岁	16%	19%
	51～60 岁	22%	26%
	>60 岁	53%	38%
受教育程度	小学及小学以下	67%	47%
	初中	29%	33%
	高中或中专	4%	15%
	大专及大专以上	0	5%
家庭总人口	<3 岁	29%	0
	3～5 岁	51%	58%
	6～8 岁	16%	32%
	>8 岁	4%	10%
征地前的职业	务农	67%	33%
	务工	27%	44%

被访者基本情况	描述	弱势群体占比	非弱势群体占比
征地前的职业	个体户	0	9%
	职业技术人员	0	7%
	公职人员	0	7%
	待业	6%	0
弱势原因	孤寡老弱	24%	0
	病残	56%	0
	家庭中人多劳动力少	20%	0

3. 征地前后生活水平变化

根据问题"失地后，您家庭的生活水平与以前相比变化如何？"的统计数据，可以得到征地前后弱势与非弱势群体对生活水平变化的主观感知结果，如图 9-1 所示。

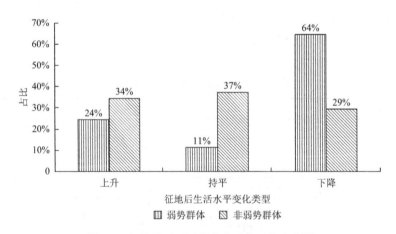

图 9-1　征地前后不同群体生活水平的变化图

从图 9-1 可以看出，征地后有 24%的弱势群体感觉生活水平上升，11%的弱势群体感觉生活水平与征地前持平，64%的弱势群体感觉生活水平下降；有 34%的非弱势群体感觉生活水平上升，37%的非弱势群体感觉生活水平与征地前持平，29%的非弱势群体感觉生活水平下降。这表明征地后弱势与非弱势群体的生活水平都存在下降的现象，并且弱势群体下降的可能性更大，这主要是由于失地后农业收入大幅度减少，非农业收入有所增加但是增幅较小，生活成本的增加导致纯收入减少，并且食物支出占总支出的比重上升，因此生活水平下降。

4. 对征地的满意度分析

根据问题"您对自身权益所获得的保障满意吗？"的统计数据，可以得到弱势与非弱势群体对征地后所获得的权益保障的满意度主观评价结果，如图 9-2 所示。

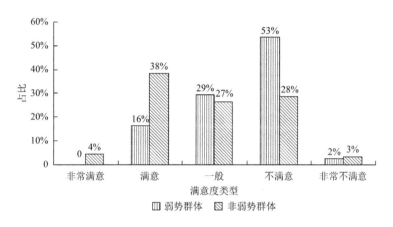

图 9-2　征地后不同群体的满意度图

由图 9-2 可以看出，弱势群体对征地的态度比较集中，仅有 16%的弱势群体表示满意，29%的弱势群体持中立态度，高达 53%的弱势群体表示不满意，2%的弱势群体表示非常不满意，表示不满意或非常不满意的都是感知征地后生活水平下降的群体。非弱势群体对征地政策满意度差异大，38%的非弱势群体表示满意，4%的非弱势群体表示非常满意，27%的非弱势群体持中立态度，28%的非弱势群体表示不满意，3%的非弱势群体表示非常不满意。农民不满意的原因主要有：现有的政策不足以让失地农民维持原有的生活水平、征地程序不公正、征地后农民丧失了发展机会、政府忽略了对农民的心理疏导，以帮助其尽快适应城市生活。

9.4　征地对弱势群体的权益影响分析

9.4.1　测算方法

农民权益具有模糊性和难以量化的特点，本章采用模糊评价的方法，根据模糊数学的隶属度理论将定性评价转化为定量评价，包括三个步骤：被征地农户权益的模糊函数设定、隶属函数设定以及初级指标的加总。征地前后农民权益的变化主要是由征地行为导致，但被征地农民本身的能力差异也会对其产生影响，但本章研究并未剔除能力差异这一内生因素对权益变化的影响。一方面是因为剥离难度大，失地农民本身的能力受到年龄、性别、学历、成长经历、就业技能等众多因素的影响，并且个人能力的内生因素和征地行为的外生因素共同作用，导致很难完全剥离。如果要剥离则需要选取未发生征地但是和本书调查对象一样具有能力差异的群体，进行长时间的跟踪调查，限于本书的数据特征，这种情况难以实现。另一方面，本书基于罗尔斯的正义论，该理论的研究对象就是基于最初的不平等，即群体本身的差异性，根据自由平等公正原则，征地行为导致的弱势群体权益受损必须进行补偿，而根据差别原则，失地农民能力差异导致的权益变化也应该予以关注。本书指标定义及描述如表9-5所示，其中程序权益是在征地过程中体现的，本书将其作为征地后的指标，以判断征地行为发生时该权益是否得到了保护。居住环境满意度、社会保障满意度、对新环境的适应情况、社会交往情况都是虚拟定性指标，将征地前作为比较标准，赋值为3，默认为一般状态，即不好也不坏。

1. 设定模糊函数

将失地农民的权益设置为模糊函数集 X，征地前后可能变化的权益内容设置为 X 的子集 Y，则第 n 个农民的权益函数为

$$Y^{(n)} = \{x, \mu_Y(x)\} \tag{9-1}$$

式中，$x \in X$，$\mu_Y(x)$ 为 X 对 Y 的隶属度，$\mu_Y(x) \in [0,1]$。一般规定：隶属度越高，所得权益越高，权益保护得越好。隶属度等于 0 时，权益处于最差的状态；隶属度为 0.5 时，权益处于模糊状态，不好也不差；隶属度为 1 时，权益处于最佳的状态。

设定隶属函数和求取隶属度。求取隶属度的关键是准确设置合适的隶属函数 $\mu_Y(x)$。不同的指标类型要选择不同的隶属函数，一般分为三类：虚拟二分变量、虚拟定性变量和连续变量。

设 x_i 是由初级指标 x_{ij} 决定的农民权益的第 i 个功能子集，农民权益的初级指标为 $x = [x_{11}, x_{12}, \cdots, x_{ij}]$。

表9-5 指标的描述与统计

项目	指标	类型	定义与赋值	弱势群体 征地前 均值	标准差	弱势群体 征地后 均值	标准差	非弱势群体 征地前 均值	标准差	非弱势群体 征地后 均值	标准差
经济状况	人均农业收入	C	人均农业收入[元/(年·人)]	2 516.04	2 000.49	91.52	271.35	1 030.60	1 189.60	114.76	269.33
	人均非农业收入	C	人均非农业收入[元/(年·人)]	6 473.37	3 381.16	8 992.19	3 869.93	13 700.53	8 177.53	17 165.81	8 965.19
	人均纯收入	C	人均纯收入[元/(年·人)]	3 457.72	3 176.69	1 298.66	2 479.76	6 643.80	4 757.80	6 601.89	6 120.39
	人均居住面积	C	人均居住面积(米²/人)	62.16	42.08	41.58	14.79	47.54	21.25	40.81	13.00
居住情况	房屋质量	Q	非常好=5; 好=4; 一般=3; 不好=2; 非常不好=1	3.16	0.93	3.42	0.657	3.50	0.60	3.61	0.66
	对居住环境变化的满意度	Q	非常满意=5; 满意=4; 一般=3; 不满意=2; 非常不满意=1	3	0	3.53	0.84	3	0	3.61	0.90
社会保障	是否设失地养老保险	D	是=1; 否=0	0	0	1	0	0	0	1	0
	对社会保障的满意程度	Q	非常满意=5; 满意=4; 一般=3; 不满意=2; 非常不满意=1	3	0	2.73	1.12	3	0	3.30	0.98
发展机会	就业难易程度	Q	很容易=5; 容易=4; 一般=3; 难=2; 很难=1	2.56	0.84	1.89	0.98	2.91	0.69	3.32	0.86
	政府是否提供就业培训	D	是=1; 否=0	0	0	0	0	0	0	0	0
心理状态	家庭关系情况	Q	非常和谐=5; 和谐=4; 一般=3; 不和谐=2; 非常不和谐=1	3.64	0.57	3.20	0.87	4.09	0.49	3.90	0.76
	对新环境的适应情况	Q	非常适应=5; 适应=4; 一般=3; 不适应=2; 非常不适应=1	3	0	2.60	1.14	3	0	3.85	0.79
	社会交往情况	Q	非常融洽=5; 融洽=4; 一般=3; 不融洽=2; 非常不融洽=0	3	0	2.82	1.25	3	0	3.79	0.86
程序权益	对征地补偿制度的了解程度	Q	非常了解=5; 了解=4; 一般=3; 不了解=2; 非常不了解=1	—	—	2.33	0.88	—	—	3.39	1.05

续表

项目	指标	类型	定义与赋值	弱势群体				非弱势群体			
				征地前		征地后		征地前		征地后	
				均值	标准差	均值	标准差	均值	标准差	均值	标准差
	是否有权申请关于土地补偿费和安置补助费的听证	D	是=1; 否=0	—	—	0.18	0.39	—	—	0.40	0.49
	是否参加村民大会讨论征地相关事宜	D	是=1; 否=0	—	—	0.33	0.48	—	—	0.75	0.43
程序权益	是否有权查询村集体提留款的使用情况	D	是=1; 否=0	—	—	0.04	0.21	—	—	0.32	0.47
	是否存在强制搬迁	D	是=1; 否=0	—	—	0.20	0.40	—	—	0.14	0.35
	上诉渠道是否畅通	D	是=1; 否=0	—	—	0.22	0.42	—	—	0.54	0.50
	对征地程序性工作的满意程度	Q	非常满意=5; 满意=4; 一般=3; 不满意=2; 非常不满意=1	—	—	2.53	0.84	—	—	3.14	0.96

注: C 为连续变量; D 为虚拟二分变量; Q 为虚拟定性变量。

虚拟二分变量表示指标数据只存在非此即彼的两种情况，要么等于 0，要么等于 1。例如，指标"是否设失地养老保险"只有是和否两种答案，当答案为"是"时，$x_{ij}=1$，$\mu(x_{ij})=1$，隶属度为 1；当答案为"否"时，$x_{ij}=0$，$\mu(x_{ij})=0.5$，隶属度为 0.5。具体公式如下：

$$\mu(x_{ij})=\begin{cases}1, & x_{ij}=1 \\ 0, & x_{ij}=0\end{cases} \qquad (9\text{-}2)$$

虚拟定性变量表示指标不是数值的形式，而是语言文字定性描述的形式，难以定量表示。例如，指标"家庭关系情况"，答案可以是非常和谐、和谐、一般、不和谐、非常不和谐五种情况。当回答是"非常和谐"时，$x_{ij}=1$，$\mu(x_{ij})=1$，隶属度为 1；当回答是"非常不和谐"时，$x_{ij}=0$，$\mu(x_{ij})=0$，隶属度为 0，其他答案的隶属度计算方式如下：

$$\mu(x_{ij})=\begin{cases}0, & x_{ij}=0 \\ \dfrac{x_{ij}-x_{ij}^{\min}}{x_{ij}^{\max}-x_{ij}^{\min}}, & x_{ij}^{\min}\leqslant x_{ij}\leqslant x_{ij}^{\max} \\ 1, & x_{ij}=1\end{cases} \qquad (9\text{-}3)$$

连续变量的指标数据是连续不断的数值，评价结果与指标数据有线性关系，呈正相关或负相关关系。例如，一般来说，权益的评价值会随着家庭非农收入的增加而增加，随着恩格尔系数的增加而减少。其隶属函数定义为

$$\mu(x_{ij})=\begin{cases}0, & 0\leqslant x_{ij}\leqslant x_{ij}^{\min} \\ \dfrac{x_{ij}-x_{ij}^{\min}}{x_{ij}^{\max}-x_{ij}^{\min}}, & x_{ij}^{\min}<x_{ij}<x_{ij}^{\max} \\ 1, & x_{ij}\geqslant x_{ij}^{\max}\end{cases} \qquad (9\text{-}4)$$

$$\mu(x_{ij})=\begin{cases}0, & 0\leqslant x_{ij}\leqslant x_{ij}^{\min} \\ \dfrac{x_{ij}^{\max}-x_{ij}}{x_{ij}^{\max}-x_{ij}^{\min}}, & x_{ij}^{\min}<x_{ij}<x_{ij}^{\max} \\ 1, & x_{ij}\geqslant x_{ij}^{\max}\end{cases} \qquad (9\text{-}5)$$

式中，$x_{ij}^{\max}$ 为农户家庭第 i 个功能子集里第 j 个指标数据的取值大于或等于这个数，这个状况是好的；$x_{ij}^{\min}$ 为农户家庭第 i 个功能子集里第 j 个指标数据的取值小于或等于这个数，这个状况是差的。$\mu(x_{ij})$ 数值越大，权益状况越好。式（9-4）适用于正相关关系，式（9-5）适用于负相关关系。

确定各指标的权重。计算出各指标的隶属度后，需要计算权重，一般情况下，权重与指标的重要性成正比，与隶属度成反比。本书借鉴高进云（2008）在 Chelia 和 Lemmi 的基础上提出的公式计算权重为

$$w_{ij} = \overline{\mu(x_{ij})}^{-0.5} \tag{9-6}$$

$$\overline{\mu(x_{ij})} = \frac{1}{n}\sum_{i=1}^{n}\mu(x_{ij}) \tag{9-7}$$

式中，w_{ij} 为各指标的权重；$\overline{\mu(x_{ij})}$ 为 n 个农民第 i 个功能子集中第 j 项指标隶属函数的均值。

　　指标汇总。求出各指标的隶属度和权重后，根据 Ceriolo 和 Zani（1990）提出的公式进行指标汇总，如下所示：

$$f(x_i) = \sum_{j=1}^{k}\overline{\mu(x_{ij})}\times w_{ij}\left/ \sum_{j=1}^{k}w_{ij}\right. \tag{9-8}$$

式中，$f(x_{ij})$ 为各指标的总隶属度；k 为第 i 个功能子集中子指标个数。

2. 变量类型划分及隶属度确定

　　选取的求取权益数值的 20 个指标中包括虚拟二分变量 7 个、虚拟定性变量 9 个和连续变量 4 个。

　　是否设失地养老保险、政府是否提供就业培训、是否参加村民大会讨论征地相关事宜、是否有权申请关于土地补偿费和安置补助费的听证、是否有权查询村集体提留款的使用情况、是否存在强制搬迁、上诉渠道是否畅通为虚拟二分变量，定义征地前的情况隶属度为 0.5（不好也不坏）。非强制性指标政府可提供也可不提供，如果回答"是"，代表情况改善，福利提高，则隶属度为 1；如果回答"否"，代表情况没有变化，福利不变，则隶属度为 0.5。程序性指标涉及农民的政治自由，是《中华人民共和国土地管理法》明文规定的强制性正向指标，只有回答"是"才符合法理依据，隶属度为 1（为了方便计算，用 0.999 代替 1），回答"否"说明失地农民的程序权益没有得到保障，隶属度为 0（为了方便计算，用 0.001 代替 0）。需要特别说明的是"是否存在强制搬迁"是负向指标，当回答"是"，代表情况恶化，福利降低，则隶属度为 0；如果回答"否"，代表情况没有变化，不影响福利，则隶属度仍为 0.5。

　　房屋质量、对居住环境变化的满意度、对社会保障的满意程度、就业难易程度、家庭关系情况、对新环境的适应情况、社会交往情况、对征地补偿制度的了解程度、对征地程序性工作的满意程度为虚拟定性变量，其答案分为 5 个等级，根据利克特量表将答案"非常满意""满意""一般""不满意""非常不满意"分别量化为 5、4、3、2、1。量化值越大，福利越好，指标与福利呈正相关关系。其中，对居住环境变化的满意度、对新环境的适应情况、社会交往情况、对征地程序性工作的满意程度只有征地后的数据，设征地前的情况为 3（"一般"），隶属度为 0.5。

人均农业收入、人均非农业收入、人均纯收入、人均居住面积为连续变量，其征地前后的隶属度可以由隶属函数求取。需要特别说明的是，本书在求取连续变量隶属度时，x_{ij}^{max} 和 x_{ij}^{min} 分别为征地前后总体样本的最大值和最小值，人均农业收入的最大值为 8000 元，最小值为 0；人均非农业收入的最大值为 50 000 元，最小值为 0；人均纯收入的最大值为 28 667 元，最小值为 0；人均居住面积的最大值为 250 平方米，最小值为 12.5 平方米。

9.4.2　测算结果分析

1. 征地前后弱势群体权益变化分析

表 9-6 显示，失地后三类弱势群体的权益均有一定程度的下降，失地前孤寡老弱、病残和家庭中人多劳动力少三类弱势群体的权益的总模糊指数分别为 0.3990、0.3850 和 0.3699，征地后权益下降幅度分别为 26.43%、35.68% 和 56.38%，说明失地后弱势群体变得更加弱势。从准则层可以看出，失地后弱势群体的社会保障水平有了明显提高，居住情况基本持平，但经济状况、发展机会、心理状态、程序权益都有不同程度的下降，其中，经济状况和程序权益下降最为明显。

（1）经济状况。弱势群体失地前通过种植蔬菜、莲藕、棉花等经济作物获得一定的农业收入，以维持日常开销和基本的生活资料保障，失地后，人均农业收入下降幅度均超过 95%，孤寡老弱和病残类主要依靠社保获取经济来源，家庭中人多劳动力少类弱势群体主要通过打临工获取经济来源。在调查的弱势群体中，有 3 户孤寡老弱为"五保户"，12 户享有低保，失地后由于农民的户口并未转为城市户口，依然只能享有每月 300 元的农村低保。原有的弱势群体由于自身能力弱，只能做建筑工人、环卫工人、搬运工等临时工，工资低、收入不稳定。同时，日常生活必需品、水电、煤气等都需要购买，失地农民的生活成本大幅增加，人均纯收入均下降 50% 以上。

（2）居住情况。调研发现，征地前弱势群体的人均居住面积为 62.16 平方米，孤寡老弱类人均居住面积高达 82.73 平方米，但房屋质量较差，大多是砖混结构，甚至有些贫困户的房屋为危房。征地后，政府以人均 40 平方米的标准补偿还建房，超过面积采用经济补偿。还建房都为钢筋混凝土结构的单元楼房，房屋质量有了明显的提升，居住环境也得到了极大改善，农民普遍表示满意。综合来看，征地后人均居住面积变小，但是居住环境和房屋质量得到极大的提高，居住权益略微减少。

表 9-6　征地前后弱势群与非弱势群群体权益变化比较

评价指标	弱势群体									非弱势群体		
	孤寡老弱类			病残类			家庭中人多劳动力少类					
	失地前	失地后	权益变化	失地前	失地后	权益变化	失地前	失地后	权益变化	失地前	失地后	权益变化
经济状况	0.1597	0.0746	-66.79%	0.1500	0.0317	-78.87%	0.1533	0.0392	-74.40%	0.2013	0.0977	-51.49%
人均农业收入 X_1	0.2301	0.0223	-95.14%	0.2473	0.0055	-97.76%	0.3232	0.0145	-95.51%	0.1288	0.0143	-88.87%
人均非农业收入 X_2	0.1353	0.2160	59.64%	0.1339	0.1787	33.51%	0.1101	0.1388	26.01%	0.2740	0.3433	25.29%
人均纯收入 X_3	0.1306	0.0881	-51.18%	0.1017	0.0324	-68.12%	0.0999	0.0287	-71.25%	0.2318	0.2303	-0.63%
居住情况	0.4188	0.3883	-7.29%	0.3749	0.3708	-1.10%	0.2849	0.2831	-0.064%	0.3560	0.3626	1.86%
人均居住面积 X_4	0.2942	0.1273	-56.71%	0.2004	0.1328	-33.72%	0.1210	0.0783	-35.27%	0.1475	0.1173	-20.47%
房屋质量 X_5	0.5000	0.6591	31.82%	0.5300	0.6400	20.75%	0.3889	0.5556	42.93%	0.6239	0.6517	4.45%
对居住环境变化的满意度 X_6	0.5000	0.7273	45.45%	0.5000	0.6200	24.00%	0.5000	0.5556	11.11%	0.5000	0.6517	30.34%
社会保障	0.5000	0.6908	38.17%	0.5000	0.6557	31.15%	0.5000	0.6236	24.72%	0.5000	0.7578	51.55%
是否设失地养老保险 X_7	0.5000	1.0000	100.00%	0.5000	1.0000	100.00%	0.5000	1.0000	100.00%	0.5000	0.999	99.80%
对社会保障的满意程度 X_8	0.5000	0.4773	-4.55%	0.5000	0.4300	-14.00%	0.5000	0.3889	-22.22%	0.5000	0.5748	14.96%
发展机会	0.4647	0.3536	-23.91%	0.4359	0.3317	-23.91%	0.4249	0.3118	-26.62%	0.4892	0.5391	10.19%
就业难易程度 X_9	0.4318	0.2500	-42.11%	0.3800	0.2200	-42.11%	0.3611	0.1944	-46.15%	0.4786	0.5812	21.43%
政府是否提供就业培训 X_{10}	0.5000	0.5000	0	0.5000	0.5000	0	0.5000	0.5000	0	0.5000	0.5000	0
心理状态	0.5353	0.4389	-18.01%	0.5485	0.4803	-12.43%	0.5653	0.4390	-22.34%	0.5784	0.7107	22.87%
家庭关系情况 X_{11}	0.6136	0.5682	-7.41%	0.6600	0.5100	-22.73%	0.7222	0.6389	-11.54%	0.7735	0.7244	-6.35%
对新环境的适应情况 X_{12}	0.5000	0.3636	-27.27%	0.5000	0.4100	-18.00%	0.5000	0.4333	-13.33%	0.5000	0.7115	42.31%
社会交往情况 X_{13}	0.5000	0.4091	-18.18%	0.5000	0.5300	6.00%	0.5000	0.3056	-38.89%	0.5000	0.6966	39.32%
程序权益	0.5000	0.3276	-34.48%	0.5000	0.2604	-47.92%	0.5000	0.0240	-95.20%	0.5000	0.5443	8.87%

续表

评价指标	弱势群体									非弱势群体		
	孤寡老弱类			病残类			家庭中人多劳动力少类					
	失地前	失地后	权益变化	失地前	失地后	权益变化	失地前	失地后	权益变化	失地前	失地后	权益变化
对征地补偿制度的了解程度 X_{14}	0.5000	0.3409	−31.82%	0.5000	0.3600	−28.00%	0.5000	0.2500	−50.00%	0.5000	0.5983	19.66%
是否有权申请关于土地补偿费和安置补助费的听证 X_{15}	0.5000	0.2732	−45.36%	0.5000	0.2006	−59.88%	0.5000	0.0010	−99.80%	0.5000	0.4019	−19.62%
是否参加村民大会讨论征地相关事宜 X_{16}	0.5000	0.3639	−27.22%	0.5000	0.4002	−19.96%	0.5000	0.1119	−77.62%	0.5000	0.7516	50.33%
是否有权查询村集体提留款的使用情况 X_{17}	0.5000	0.0917	−81.65%	0.5000	0.0409	−91.82%	0.5000	0.0010	−99.80%	0.5000	0.3166	−36.68%
是否存在强制搬迁 X_{18}	0.5000	0.9083	81.65%	0.5000	0.7595	51.90%	0.5000	0.7772	55.44%	0.5000	0.8625	72.50%
上诉渠道是否畅通 X_{19}	0.5000	0.2732	−45.36%	0.5000	0.2804	−43.91%	0.5000	0.0010	−99.80%	0.5000	0.5384	7.68%
对征地程序性工作的满意程度 X_{20}	0.5000	0.5455	9.09%	0.5000	0.4000	−20.00%	0.5000	0.4222	−15.56%	0.5000	0.5342	6.84%
总模糊指数	0.3990	0.3118	−26.43%	0.3850	0.2476	−35.68%	0.3699	0.1613	−56.38%	0.4136	0.4136	0

注：程序权益和利满意度指标征地前隶属度均设为0.5，默认为一般状态

（3）社会保障。失地后，政府统一为失地农民购买了失地养老保险，60岁以上老人从失地当月起就能领到养老金，实现了最低生活保障，但弱势群体对社会保障却不太满意，一方面是因为养老金低，不足以弥补征地带来的收入减少；另一方面是因为城乡医疗保险制度，弱势群体主要是老弱病残，新农合不足以解决高昂的医疗费用，而农民也无力购买商业保险。尽管弱势群体对社会保障的满意度不高，但不可否认失地养老保险能解决他们的最低生活保障。总体而言，社会保障权益上升。

（4）发展机会。征地后，弱势群体因年龄大、身体有缺陷、家庭中劳动力人口少等原因，社会上的非农职业对于他们来说都难以胜任，很多人陷入失业状况，因此就业难易程度这个指标下降42.11%及以上。同时，政府没有为失地农民提供就业培训，因此，弱势群体的发展机会权益下降明显。

（5）心理状态。征地后，农民家庭会分到8万元左右的征地补偿款，如何使用补偿款可能会引起家庭矛盾，其中病残类家庭的矛盾最为突出，聚焦在钱是用来治病还是维持家庭日常开支。孤寡老弱类家庭人口少，家庭关系与征地前相差不大。大多数弱势群体征地前都是长期在村里生活，他们对以前村里的生活环境更加熟悉，邻里关系也更加融洽，"上楼"对于他们来说不方便，且分开安置后，适应环境需要很长的时间，"关门闭户"的城市生活方式也使他们更没有安全感，很难融入新生活。因此他们的心理权益下降明显。

（6）程序权益。弱势群体由于受教育程度低、表达能力弱等原因，在征地过程中，难以反映自己真实的意见。他们甚至都不了解征地补偿制度。一些村干部往往忽视了他们的知情权、参与权、表达权和监督权，他们的程序权益受到了严重的侵害。根据《中华人民共和国宪法》，"公民的住宅不受侵犯"，只有得到村民的同意才能拆迁。综合来看，弱势群体的程序权益下降明显。

2. 征地前后弱势与非弱势群体权益变化比较分析

征地后非弱势群体权益无变化，但弱势群体的权益水平下降明显，征地使得二者的权益差距进一步拉大，具体如表9-6所示。

（1）经济状况比较。征地前，非弱势群体的经济权益大于弱势群体，主要表现在人均非农业收入和人均纯收入大于弱势群体，但人均农业收入小于弱势群体，可见征地前弱势群体的主要经济来源是农业，而非弱势群体大多已经外出务工，农业收入只是作为补充，因此征地对于其经济的影响程度远远小于弱势群体。

（2）居住情况比较。征地前，农村宅基地按户分配，每户的宅基地面积基本一样，弱势群体由于家庭贫困，住房基本为一层平房，非弱势群体的住房多为2层楼房，而弱势群体中孤寡老弱类家庭户均1～2人，病残类家庭户均2～3人，而非弱势群体的户均人口为5～6人，因此人均居住面积比非弱势群体大，而家庭中人多劳动力少类的家庭户均人口多为 5 人以上，人均居住面积比非弱势群体小。征地后，政府都是按照人均居住面积进行安置，安置小区都一样，因此征地后居住权益指数相差不大，弱势和非弱势群体的居住差异缩小。

（3）社会保障比较。征地前后弱势与非弱势群体的社会保障情况一样，只是少数弱势群体家庭是"五保户"或享有农村低保。但弱势和非弱势群体对社会保障的满意程度是有区别的，非弱势群体征地前大多在城里打工，很多已经购买了城镇职工养老保险和医疗保险，征地后还能享有更多的保障福利，因此普遍比较满意，而弱势群体征地前完全是以农地为生，征地后土地的保障功能被失地养老保险取代，很多不满 60 岁的领不到养老金，因此满意度降低。

（4）发展机会比较。弱势和非弱势群体在就业难易程度上却表现出明显差异。征地前，非弱势群体外出打工一般要到武汉中心城区或者更远的地方，天河机场扩建项目为被征地农民赢得了更多的就业机会，很多农民可以在家附近的机场从事保安、保洁等工作，但弱势群体由于自身的局限性，难以从事非农工作，就业难度增加，这些导致弱势和非弱势群体在发展机会上的差距进一步拉大。

（5）心理状态比较。征地后，弱势群体的心理状态下降明显，主要表现为对陌生的环境和邻里有不安全感，对新环境的不适应、社会交往频率下降，而非弱势群体则恰恰相反，他们一般见多识广，对新事物的接受能力强，也能更快地融入新环境，更容易接受新的邻里关系。因此，在心理状态上二者表现出显著差异。

（6）程序权益比较。一般来说，在征地过程中非弱势群体在村里有较高的话语权，自身也有较高的维权意识，能够主动参与到村集体的各项事务中并发表意见，其意见被采纳的可能性也较高，而弱势群体则恰恰相反。从指标上看，除了是否存在强制搬迁这一指标外无显著差异，其他指标弱势群体均表现出明显劣势。

9.5　弱势群体的权益保护方式研究

9.5.1　法律制度依据

《中华人民共和国宪法》规定"法律面前人人平等"，然而因每个人行为能力的差异，社会的各个行业各个领域都会存在弱势群体。为了尽可能地提高弱势群体的经济水平、社会福利和获得感，国家制定了不同的法律法规保护弱势群体的权益。例如，《中华人民共和国老年人权益保障法》《中华人民共和国妇女权益保障法》《中华人民共和国残疾人保障法》《中华人民共和国未成年人保护法》是专门保护社会中劳动能力弱的群体权益的法律，《中华人民共和国劳动法》则是注重保护劳动合同中处于弱势地位的劳动者的法律。除法律层面外，我国还制定和颁布了 1000 多项行政法规，专门从个人、经济、财产、教育、权利等方面对弱势群体进行保护，有效缓解了弱势群体的生存问题。

土地征收是政府为了公共利益的需要，将农村集体所有土地依法转变为国有并给予农民集体和个人补偿的行为，这种行为受到《中华人民共和国宪法》《中华人民共和国土地管理法》等法律的保护。然而在征地的过程中，国家应对弱势群体进行保护。实体权益和程序权益构成了弱势群体权益的主要内容，要想保障他们的权益就要从这两方面入手。

9.5.2　弱势群体的权益诉求分析

为了真正了解弱势群体的权益诉求，本书对 45 户弱势群体进行访谈，按照权益重要性赋值，第一重要＝6 分，第二重要＝5 分……第六重要＝1 分，运用 SPSS 软件多重响应功能计算得到不同类型弱势群体的权益诉求的重要性得分，结果见表 9-7。

表 9-7　不同类型弱势群体权益诉求排序结果

一级指标	孤寡老弱类		病残类		家庭中人多劳动力少类	
	总分数	排序	总分数	排序	总分数	排序
社会保障	60	1	126	1	42	1
经济状况	41	2	103	2	36	2
居住情况	38	3	79	3	25	5
心理状态	32	4	65	5	12	6
程序权益	30	5	64	6	30	4
发展机会	27	6	68	4	35	3

根据表 9-7 的统计结果可以看出，不同类型弱势群体的权益诉求有区别，孤寡老弱类群体认为权益的六个组成部分重要性排序依次是：社会保障＞经济状况＞居住情况＞心理状态＞程序权益＞发展机会；病残类群体认为：社会保障＞经济状况＞居住情况＞发展机会＞心理状态＞程序权益；家庭中人多劳动力少类群体认为：社会保障＞经济状况＞发展机会＞程序权益＞居住情况＞心理状态。

1. 社会保障权益诉求

社会保障被认为是最重要的权益诉求。《湖北省人民政府关于被征地农民参加基本养老保险的指导意见》指出，县级以上人民政府应给予被征地农民一次性养老保险补偿，其补偿标准不得低于被征地时所在市、州上年度农村居民年人均纯收入的 3 倍。经过计算，政府为天河街的失地农民统一购买 48 800 元的保险，60 岁以上的农民从失地当月起可以领到 600～1100 元不等的养老保险，具体数额根据年龄来定，年龄越大领到的养老金越多，但是弱势群体普遍反映领到的养老金数额不足以支付每月的医药费和生活支出。

天河街的失地农民之前都统一购买了新型农村合作医疗而无法参加城镇居民医疗保险，而新型农村合作医疗有很多缺陷，如缴费高、报销比例低、报销范围有限等，这也使得失地后本就经济困难的弱势群体看病更加艰难。随着医疗费用的上涨，新农合保费也从 2015 年的每人每年 50 元涨到 2019 年的每人每年 220 元，让弱势群体不满的是保费高的同时报销比例却一直不涨。据了解，新农合在社区医院的报销比例可达 80%、具有医疗定点的普通三甲医院可报销 60%～70%。由于弱势群体的文化水平普遍不高，报销程序过于繁杂也是导致"看病难"的一大原因。

农村低保也是弱势群体反映比较大的问题。低保的覆盖范围窄，补偿标准低，申请要求严苛，特别是精准扶贫实施以后，申请低保的难度越来越大。调查家庭经济状况，核算人均收入是设立低保的前提，然而农民收入的复杂性和不稳定性决定了收入的核算存在偏差。只核算收入，不计算支出，也是低保政策的一个局限性。此外，在保障标准的确定上，国家没有明确的规定，各地都是依照最低生活标准制定，但是由于核算收入和支出困难，导致制定的补偿标准缺乏科学性。弱势群体搬进社区后，低保还是享有每月 300 元的农村低保，并没有转为城市低保，由于物价变贵，支出变多，但弱势群体的收入并没有显著提高，因此失地后普遍感觉生活水平下降。他们认为最低生活保障是维持长远生计的底线，必须得到重视。

2. 经济权益诉求

经济被认为是次重要的权益诉求。失地农民搬进还建房后，其生活方式、生产方式和家庭消费结构都发生了翻天覆地的变化。按照失地农民征地补偿标准 21 750 元/亩、人均耕地 1 亩、户均 4 人计算，每户获得征地补偿费为 8 万元左右。这个补偿费农民主要用于新房的装修和搬迁，对他们今后的生活没有起到实质性的帮助，更别提改善生活了。经过测算发现，弱势群体失地前的年人均总收入为 8989.41 元、年人均纯收入为 3457.72 元，失地后的年人均总收入为 9083.71 元、年人均纯收入为 1298.66 元，可见，虽然征地后弱势群体的年人均总收入有所上升，但年人均纯收入下降。因此，他们一方面希望政府能够提高征地补偿费，另一方面也希望提供新房装修补贴或者直接提供精装修的还建房。

3. 居住权益诉求

居住权益被孤寡老弱类和病残类弱势群体认为是第三重要的诉求。孤寡老弱类和病残类弱势群体认为住在原农村，尽管房子质量不如还建房，但是面积大、农村环境好、宜居的地方更有利于身心健康，搬进楼房后感到"爬楼费劲""不方便""没有安全感"，影响了他们居住的舒适度。因此，他们更倾向于住在一楼出行方便并且与熟人相近的位置。

4. 发展机会权益诉求

发展机会被家庭中人多劳动力少类弱势群体认为是第三重要的权益诉求。失地后，他们觉得再就业变得更加困难，经济压力大，很难承担子女高昂的教育费用，影响其后代的发展。因此，他们希望一方面政府能提供就业培训和就业岗位，增加家庭的经济收入，另一方面希望政府能对子女的教育进行补贴，减免小孩的学费、书杂费等。

5. 心理权益诉求

失地后，弱势群体从熟悉的生存环境转移到陌生的生存环境中，不得不开始一种全新的生活方式。他们觉得"关门闭户"的生活习惯让人感觉"孤独""被孤立"，社区逢年过节很冷清，不如以前村里热闹，同时缺乏心理慰藉，这些都深刻地影响了他们生活的幸福感。此外，对失业的恐惧、对未来的担忧等情绪都会影响他们的生活稳定，严重者更有可能会引发征地冲突，造成社会矛盾。尤其是贫富差异很大时，会给弱势群体带来巨大心理落差和不平衡感，容易引起社会报复心理。因此，他们一方面希望自己的权益得到尽可能大的补偿，另一方面也希望能够得到邻里的关爱，提升幸福感。

6. 程序权益诉求

程序权益是弱势群体最为忽视的权益，当问及他们是否有意愿了解并参与征地的有关事务，是否希望表达自己的意见时，他们很多都持否定态度，表示不知道怎么参与，或者认为表达了也不会被采纳。他们觉得只要能得到他们应有的补偿就可以。这一方面是因为他们在村里没有主动参与集体公共事务的意识，完全被动地接受政府和村委会的安排；另一方面是因为当前尚未建立起弱势群体的利益表达渠道和有效的监督机制。

9.5.3 相关利益主体的帮扶方式分析

保护弱势群体是实现社会正义的前提，是缩小贫富差距，维护社会稳定的关键。因此征地行为的利益相关者应当"找准目标、共同努力、分工协作"，对不同类型的弱势群体进行有针对性的帮扶，以确保征地前后弱势群体的生活水平不下降。本书认为政府主要应该从完善征地补偿制度方面入手，村集体主要从保障程序权益方面入手，而非弱势群体主要从心理关爱入手帮扶弱势群体。

1. 政府层面

政府应不断完善征地补偿制度，努力做到让利于民，以提升弱势群体的生活水平，保障其各项权益，主要可以从提高补偿标准、完善社会保障体系、优化安置模式和加强就业引导等方面着手。

一是提高征地补偿标准，完善社会保障体系。

应加快征地补偿制度改革，建立土地市场价格补偿分配机制和土地增值收益二次分配机制，提高征地补偿标准，其中二次分配着重向弱势群体倾斜。完善弱势群体社会保障体系要以提供最低生活保障为重点，建立医疗救济制度为辅助，共同解决弱势群体的后顾之忧。低保政策要放宽认定条件，扩大覆盖面，做到应保尽保，并且要尽快将弱势群体的最低生活保障与城镇最低生活保障接轨，统一标准，同等看待，实现城乡低保一体化。另外，要尽快建立失地农民医疗救济制度，将弱势群体纳入城镇医疗保险体系，用"政府出大部分、村集体出一部分、个人出一点"三者共筹的模式筹集保费，有效减轻弱势群体的负担。同时，要扩大医疗保险的报销范围、提高报销比例、简化报销程序，从根本上解决因病致贫的问题。

二是优化安置模式，加强就业引导。

在还建房的安置方面，考虑给弱势群体安置精装修还建房或者补贴毛坯还建房的装修费用，优先安排孤寡老弱类和病残类群体选择一楼居住，并且在补偿面积上给予适当的倾斜，方便他们的生活。对于还在工作年龄内的弱势群体特别是家庭中人多劳动力少类弱势群体，政府要加强就业引导，安排就业培训，提供就业岗位，促进弱势群体增收。此外，对于家里有子女上学困难的群体，要给予教育扶持和补贴，如提供免费培训班和减免学费等。

2. 村集体层面

作为村民自治组织的村集体往下传达政府的政策文件精神，往上反馈农民的真实意见诉求，在征地过程中发挥着上传下达、协调平衡的作用，政府对农民的帮扶措施也需要通过村集体实现。本书认为村集体首先要配合社会保障的实施工作，主动了解民情民意，摸透弱势群体的基本情况，及时为他们建档立卡；其次是保障弱势群体的程序权益，保全他们的政治权利，提升他们的政治地位。

一是详尽摸底排查，做好建档立卡。

村集体应该在详细排查失地农民家庭情况后，对于家庭贫困、入不敷出的弱势群体及时进行建档立卡，及时足额发放补偿费、保障费等。

二是征地相关信息通知到户，畅通利益表达渠道。

村集体首先应该向村民普及政治观念，提升其政治意识，其次应严格按照《中华人民共和国土地管理法》规定的程序进行，征地信息务必保证通知到户、村民大会务必邀请每户参加、对村级提留款的使用要公开透明并且定期向村民发送使用明细、妥善处理村民的意见等。另外，还要健全完善听证制度，建立弱势群体利益表达渠道，拓宽表达路径，将弱势群体的政治参与制度化。

3. 非弱势群体层面

农村是典型的"熟人"社会，根据邻里关系的亲疏，村民会自觉互帮互助。征地牵扯到每位村民的切身利益，但是总体来说，非弱势群体的生活水平和发展前景都优于弱势群体，前者帮扶后者有利于和谐社区的构建。

根据对非弱势群体调查问卷的统计，78.6%的人有意愿帮扶弱势群体，首选的帮扶方式是心理关爱，其次是就业引导、及时告知相关信息。本书认为非弱势群体主要从心理关爱着手帮扶弱势群体，可以组织社区志愿者开展"一对一""一对多"的帮扶模式，通过电话问候、上门慰问或网上聊天等形式，为弱势群体提供心理疏导，增添其心理慰藉。此外，还可以组织开展丰富多彩的文体活动、节日关怀活动等多种活动促进邻里交流，打造温馨社区，帮助弱势群体逐渐融入社区生活。

9.6　本章小结

保护征地中弱势群体的权益，对维护社会的和谐与稳定具有重要意义。本章以武汉天河机场扩建项目为例，以罗尔斯正义论为指导，运用模糊综合评价法和比较分析法，测算征地对弱势群体和非弱势群体权益影响的差异，了解不同弱势群体的利益诉求。结果显示，征地后非弱势群体的权益维持不变，而弱势群体的权益有一定下降。不同类型的弱势群体的利益诉求表现出一定差异，总体而言，社会保障是弱势群体最重要的利益诉求，经济权益次之，程序权益诉求排在后列。政府一方面应建立弱势群体与非弱势群体差异化的权益保护政策，在经济、发展机会、心理关注等方面向弱势群体倾斜，同时应赋予弱势群体和非弱势群体同样的程序权益；另一方面应建立弱势群体内部差异化的权益保护政策，根据其弱势原因进行重点帮扶。

第10章　征地补偿款集体内部分配问题

　　征地过程中的收益分配可以概括为集体外部和集体内部两个层次的分配关系。集体外部是指政府和农民集体之间的利益分配关系，主要是通过征地补偿费予以调节。集体内部是指农户与村集体及村集体内部农户与农户之间的利益分配关系，也就是征地补偿费的分配。尽管我国土地管理法对征地补偿费的分配进行了明确规定，但在实际操作中，征地补偿费的分配难以按照既定规则实施，主要依托村民自治进行分配，这一方面是因为征地补偿费从年产值倍数法逐步转为区片综合价进行补偿，征地补偿费不再是以土地补偿费和安置补助费的总和核算；另一方面我国幅员辽阔，各村之间差异巨大，难以形成统一的分配模式。梳理2015～2016年以来因征地补偿费分配不公导致的诉讼案件高达1821件，征地补偿费分配的矛盾有哪些？矛盾产生的根源是什么？弄清楚这些问题，对于减少农村集体基于征地补偿款分配而引起的纠纷，促进农村社会稳定发展有着重要的意义。

10.1　理论框架及有关政策

10.1.1　基于 MECE 原则构建问题树

　　MECE 原则，英文全称为 mutually exclusive collectively exhaustive，是芭芭拉·明托（Barbara Minto）在其金字塔原理（the minto pyramid principle）中提出的，即处于同一问题树上的单个分支和每个分支上的子问题相互之间都是呈现相互排斥、相互独立以及完全穷尽的。其中，相互排斥是指子问题之间不能重叠或者相互包含；相互独立指的是子问题的细分都在同一个维度上，彼此之间区分明确清晰；完全穷尽是指问题细分全面，不留角落。换言之，就是解析一个复杂的问题，能够将其拆分成若干不重叠、不遗漏的小问题，有效把握复杂问题背后的核心小问题，进而找到解决问题的方法。"问题树"是 MECE 原则的一个重要应用，要按层次以一个中心来展开树状分析。

　　根据 MECE 原则，在确定"征地补偿款集体内部分配问题"的研究主题后，借助一般逻辑思维方法展开树状分析，考虑"征地补偿款的集体内部分配问题"可以进一步分解成哪些层面上的子问题。结合经济学的分配理论，将问题树的第二层"树枝"分解为"谁来分""谁可以分""怎么分",即分配相关主体辨析、分配成员资格认证辨析、分配方式和分配流程;再接着将第二层"树枝"进一步分解为第三层"小树枝",以此类推,分解出有关征地补偿款集体内部分配问题的所有相关子问题。通过对征地补偿款集体内部分配问题的逐层树状分解,最终形成图 10-1 中的问题树。

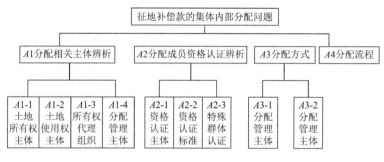

图 10-1　MECE 原则分解问题树

10.1.2　分配相关主体及依据

本章主要运用农地产权理论对集体内部分配相关主体进行辨析和界定,主要包括农村土地所有权主体、农村土地使用权主体、分配管理主体以及所有权代理主体。

一是农村土地所有权主体。马克思主义地租理论认为,地租产生是因为土地使用者耕作土地所有者的土地,需要把高于平均利润的那部分剩余价值上缴给土地所有者。地租一般被视为是土地私有制的产品。但社会主义社会同样存在地租,因为国家、集体和个人之间形成不同层次的土地收益分配关系,社会主义地租也被视为国家调节社会整体生产与发展的重要杠杆。不管是何种形式,地租都是土地所有权人获取经济收益的一种途径。根据《中华人民共和国土地管理法》第十条规定,农村土地归农民集体所有,说明农村土地所有权性质是共有的,归农村集体所有,在征地补偿款集体内部分配时需要进一步辨析农村土地所有权主体应该具化为哪些人或是组织。

二是农村土地使用权主体。村民属于农村集体成员,共同享有农村土地的所有权,且能通过承包经营方式获得农用地的使用权。随着农村社会经济和现代农业的发展,十三届全国人大常委会第七次会议表决通过关于修改《中华人民共和国农村土地承包法》的决定,将农村土地实行"三权"分置,即将农地承包经营权分为农地承包权和经营权,农民可以保留农地的承包权,将农地的经营权流转出去并从中获取租金收益。

三是所有权代理主体。根据《中华人民共和国土地管理法》规定，属于农民集体所有的土地，由村集体或者村民委员会经营、管理。理论上农村土地所有权代表即村集体，但实践中村集体往往是名义上的组织，且村集体自身结构不完善，行使权力的能力和条件没有具备，故让其来主导征地补偿款集体内部分配是不切实际的。村民委员会作为农村最基层的一级组织，在基层自治中具有一定的权威性，在实际中，一般将村民委员当作农村土地所有权代理组织，执行村民大会或者村民代表大会所做出的决定。

四是分配管理主体。由谁来制订分配方案并管理征地补偿款分配事宜是保证公平合理分配的重要前提。村民大会由全体村民组成，村民代表大会是经村集体成员选举产生，相对其他主体而言，村民大会或者村民代表大会最能代表村集体内部成员的意志和利益，由其来确定补偿款分配符合公平合理原则，能避免由少数几个人决定的不公正现象。但是，村民代表不能简单由征地前的代表群体组成，应统计村内不同的分配意见，保证持有各种不同分配意见的村民代表参加村民会议，表达分配意见。

10.1.3　分配成员资格认证依据

产权理论中产权是具有排他性的，收益自然只能归产权人所有，并受法律保护。被征地村集体在分配征地补偿款时，只有具备集体经济组织成员资格者才能被分得或者要求分得自己应得的征地补偿款。

虽然目前学术界就"集体所有"概念存在不同看法，包括集体组织说和集体成员说，根据《中华人民共和国民法典》内容来看，农村集体所有就是集体经济组织成员所有，集体成员享有本集体的财产，包括因被征地而获得的征地补偿款。可以看出，《中华人民共和国民法典》中的规定内容较之以往"农民集体"而言增加了成员二字，说明集体成员权在法律上已得到认可。学者刘守英（1993）指出在家庭承包责任制中"集体所有"的基本内涵和权利法则表现为每一个生长在该集体地域中的成员都是有权参与到集体土地使用权的划分中的。从马克思经济学的分配理论内容来看，分配行为要保证分配的起点和过程公平，追求全面发展和共同富裕。所以，在集体内部分配成员资格认定时需要有合法合理的判断标准和依据，应该考虑到最大群体的利益诉求，同时不能随意损害特殊群体的利益。

征地补偿款集体内部分配在当前存在着一个非常关键且影响较大的问题就是参与分配对象不明确，即分配成员权不明。集体内部分配过程中，只有符合本集体成员资格的村民，才能拥有本集体成员权，才可以参与征地补偿款的收益分配。因此，解决征地补偿款集体内部分配的对象不明确问题，关键点就在于界定集体经济组织成员的资格，也就是成员资格认证问题。

10.1.4　分配方式及流程依据

集体经济组织在获得征地补偿款后，具体采纳哪种分配方式会关系到每一位集体成员的切身权益，如果分配不当则会引起利益相关主体产生纠纷。征地补偿款的分配涉及两个分配层级关系，一是村集体和村民之间的分配，也就是村级提留，这是征地补偿款集体内部的初次分配；二是村民与村民之间的再次分配，实际上是集体经济组织成员权的体现。

分配流程的系统化和明晰化能够有效减少征地冲突与矛盾。从村民角度来看，村民明白自己拥有的权利和义务，为保障自身利益不受侵犯，会积极参与村民会议商讨分配事宜，还会对村委会和村干部以及村集体提留的征地补偿款使用情况进行监督，这样能有效杜绝个别村干部的违法现象，保障被征地农民的合法利益。从村集体角度来看，明晰的分配流程意味着分配方案是合理合法的，是顺应民意的，作为分配管理主体的村委会只需按照流程规定执行分配方案。合理的分配方式和规范的分配流程能减少分配中的矛盾纠纷，提高分配效率。

10.1.5　分配原则

1. 村民自治和合法性相统一原则

补偿款在集体经济组织的分配属于村民自治范畴，补偿款分配相关规则的制定应由村集体成员讨论制定，基层政府和其他主体不得随意干预。但是不管是村民大会或村民代表大会制订的分配方案，还是依据村规民约议定的分配事项都不得与国家相关法律法规相抵触，分配过程中不能侵犯任何村民的合法权利，做到村民自治和合法性相统一。

2. 因地制宜原则

当前征地行为越发频繁，征地项目规模（零散征地和撤村建居）、征地区位（城市边缘农村和偏远农村）以及被征地村集体经济发展水平均存在较大差异。因此，征地补偿款的内部分配应遵循因地制宜原则，充分考虑征地项目、征地区位，以及被征地村集体的情况，选择适合本村的分配方案。

3. 公平和效率相统一原则

征地补偿款的分配对象是本村被征收土地的集体经济组织成员，所以只要符合集体成员资格认证标准，那就能平等参与征地补偿款的分配，以保证分配的公平性。同时，分配也要考虑效率，即实施成本问题，分配方案要得到尽可能多的村民支持，以减少政策实施成本。不合理的分配方案不但不能顺利实施，还可能引发矛盾纠纷，导致补偿款冻结搁置，影响分配效率。因此，征地补偿款的分配应坚持公平和效率相统一的原则，在保障集体成员合法利益的同时降低交易费用、提升分配效率。

10.1.6　分配主要政策规定

一是分配对象及方法。国家层面：1999 年《土地管理法实施条例》规定，土地补偿费归村集体所有，地上附着物及青苗补偿费归其所有者所有。2004 年《关于深化改革严格土地管理的决定》规定省、自治区、直辖市人民政府应依据土地补偿费主要用于被征地农户原则，制订有关集体内部的分配办法。同年，《关于完善征地补偿费安置制度的指导意见》规定土地补偿费用主要用于被征地农户原则，保证集体内部合理分配。地方层面：规定分配方法的有广东；直接规定分配比例和提留比例的有河北、吉林和天津；规定了农民分配最低比例，剩下为提留的有江苏、福建、湖南、辽宁、甘肃和海南；融合两种规定的有山西。

二是分配方案制订程序。国家层面：《中华人民共和国民法典》规定土地补偿费的使用、分配办法应依法定程序由该集体所有成员共同决定。《村民委员会自治法》规定征地补偿费的具体使用、分配方案的办理需经村民会议讨论决定。召开村民会议时，应有 50% 以上的本村 18 周岁以上的村民，或是本村 2/3 以上的农户代表参加，村民会议所做决定应当经所有到会人员的过半数同意才能通过。地方层面：目前只有广东明确分配方案产生方式。

三是分配纠纷解决途径。《最高人民法院关于审理涉及农村土地承包纠纷案件适用法律问题的解释》第一条规定"承包地征收补偿费用分配纠纷"属于农村土地承包民事纠纷，人民法院应当依法受理，但村集体成员就用于分配的土地补偿费数额提起民事诉讼的，法院不予受理。第二十二条规定，农村集体经济组织或者村民委员会、村民小组，可以依照法律规定的民主议定程序，决定在本集体经济组织内部分配已经收到的土地补偿费。征地补偿安置方案确定时已经具有本集体经济组织成员资格的人，请求支付相应份额的，应予支持。但已报全国人大常委会、国务院备案的地方性法规、自治条例和单行条例、地方政府规章对土地补偿费在农村集体经济组织内部的分配办法另有规定的除外。

10.2　分配纠纷案例及样本选择

本书借助多案例分析方法来分析征地补偿款集体内部分配问题。收集包含上述问题树中的案例，对每个案例进行分析，提取问题树中的不同层"小树枝"，包括原告身份、被告身份、纠纷内容、成员资格认证标准、分配方式和法院判决内容及其依据等；在个案分析之后，对所需研究的要素进行分类统计，梳理征地补偿款集体内部分配问题树中 $A1 \sim A4$ 所面临的现状及存在的问题，进一步挖掘问题背后的原因；最后结合实际情况提出改善集体内部分配的途径和方法。

征地补偿款集体内部分配纠纷的案例来源于"北大法宝""法意网""万律"的"案例和裁判文书"，检索"补偿款集体分配""征地补偿分配"等关键字，获得来源于全国各级人民法院有关上述案由的民事判决书。对案件进行整理统计，结果如图 10-2 所示。

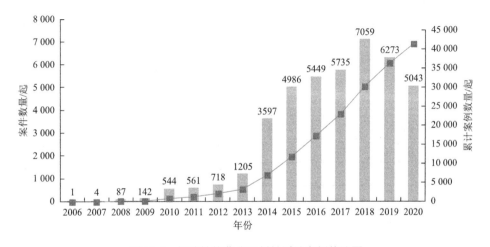

图 10-2　征地补偿费分配纠纷诉讼案例统计图

从征地补偿费分配纠纷诉讼案例统计图（图 10-2）可以看出，2009 年以前征地补偿费分配纠纷较少，累计不到百例，2009～2012 年每年以上百起的速度增加，2013 年因征地补偿费分配而产生的纠纷诉讼案例就达到 1205 起，此后每年以上千起的速度递增，到 2018 年征地补偿费分配纠纷诉讼案件达到顶峰，为 7059 起，之后呈现缓慢递减的趋势。

从各个省区市的征地补偿费分配纠纷案例省份统计表（表 10-1）来看，中部的湖南、河南，西部的贵州、广西，东部的浙江、福建和河北在 2016～2020 年征地补偿费分配纠纷均超过了 1500 起。2020 年补偿费分配纠纷超过 200 例的省区市有东部的浙江、广东、山东和河北，中部的安徽、河南和湖南，西部的广西，东北的辽宁。总体而言，按照区域划分，东部的福建、中部的湖南、西部的贵州和东北的辽宁征地补偿费分配纠纷最多，其中湖南是全国征地补偿费分配纠纷最多的省份。

表 10-1　征地补偿费分配纠纷案例省份统计表（单位：起）

地区	省区市	2016 年	2017 年	2018 年	2019 年	2020 年	2016~2020 年
东部	北京	41	44	49	40	31	205
	天津	8	16	10	27	47	108
	上海	1	2	0	0	2	5
	江苏	98	93	144	106	93	534
	浙江	405	485	313	292	209	1 704
	广东	114	192	115	255	331	1 007
	福建	558	295	384	432	198	1 867
	海南	82	84	73	46	7	292
	河北	297	264	450	347	288	1 646
	山东	204	117	275	346	247	1 189
	东部合计	1 808	1 592	1 813	1 891	1 453	8 557
东北	辽宁	206	228	263	324	319	1 340
	吉林	251	228	296	222	188	1 185
	黑龙江	102	89	105	115	56	467
	东北合计	559	545	664	661	563	2 992
中部	江西	80	114	277	168	137	776
	安徽	181	170	263	214	219	1 047
	河南	327	362	486	442	359	1 976
	湖北	94	100	204	116	74	588
	湖南	503	660	725	720	838	3 446
	山西	168	151	214	207	66	806
	中部合计	1 353	1 557	2 169	1 867	1 693	8 639
西部	内蒙古	200	295	502	306	169	1 472
	广西	300	268	305	389	359	1 621
	重庆	184	159	98	100	54	595
	四川	163	226	352	202	157	1 100
	贵州	390	577	557	318	197	2 039
	云南	213	140	179	174	105	811
	西藏	2	1	0	0	0	3
	陕西	107	108	124	186	157	682

续表

地区	省区市	2016 年	2017 年	2018 年	2019 年	2020 年	2016~2020 年
西部	甘肃	92	169	181	111	87	640
	宁夏	26	39	18	12	5	100
	青海	10	19	26	18	13	86
	新疆	42	40	71	38	31	222
	西部合计	1 729	2 041	2 413	1 854	1 334	9 371
合计		5 449	5 735	7 059	6 273	5 043	29 559

综合考虑空间分布和纠纷案例的类型，在征地补偿款内部分配纠纷案例库中进行分层随机抽样，选取了 204 起案例作为研究对象。从纠纷案例类型来看，涉及分配相关主体的案例有 56 起，成员资格纠纷案例 139 起（包括特殊群体 54 起）、涉及分配方式的案例有 154 起，分配流程案例有 10 起。由于有些案例纠纷涉及多个纠纷点，因此，四类纠纷案例加总之和大于 204 起总案例。从纠纷案例的空间分布来看，东部地区案例有 75 起（主要包括：江苏、福建、浙江、山东、河北、广东和海南）、中部地区案例有 59 起（包括：河南、山西、安徽、江西、湖北、湖南）、西部地区案例 58 起（主要包括：贵州、云南、陕西、广西、内蒙古、四川）、东北地区案例 12 起（包括：辽宁、吉林、黑龙江）。样本案例与总体案例库的分布较为一致，样本案例具有较好的代表性。

10.3　相关主体和成员资格认证辨析

10.3.1　分配相关主体辨析

通过上述案例搜集和分类方法获取 56 个有关分配相关主体纠纷案例，对这部分案例进行梳理分析后，发现存在四个不同分配相关主体，包括农村土地所有权主体、农村土地使用权主体、所有权代理组织和分配管理主体。后三个主体相对第一个主体而言，在认知上比较模糊，特别是后两个主体，在现实农村分配实践中存在较大分歧（图 10-3）。

首先是农村土地所有权主体。我国《中华人民共和国土地管理法》第十条规定"农村和城市郊区的土地，除由法律规定属于国家所有的以外，属于农民集体所有……已经分别属于村内两个以上农村集体经济组织的农民集体所有的，由村内各该农村集体经济组织或者村民小组经营、管理……"，"农民集体所有"意味着农村土地所有权是共同所有的性质。虽然目前学术界就"集体所有"概念存在不同看法，

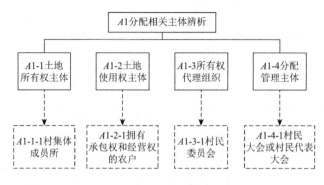

图 10-3　分配主体辨析

包括集体组织说和集体成员说，但根据《中华人民共和国民法典》内容来看，该法规定，"农民集体所有的不动产和动产，属于本集体成员集体所有"。仔细对比，规定内容较之以往"农民集体"表述而言增加了成员二字，集体成员权在法律上得到一定程度的认可，集体成员享有本集体的财产，包括因被征而获得的征地补偿款。结合上述我国农村土地所有制性质和《中华人民共和国民法典》在法律层面上规定的农村集体所有就是集体成员所有，征地补偿款就是对土地所有权的补偿，应归集体组织范围内有成员权的村民所有，补偿的是集体成员。

　　其次是农村土地使用权主体。村集体内部成员，共同享有着农村土地的所有权，且能通过承包经营方式获得集体土地的使用权。自家庭联产承包责任制实施以来，农民就以农地承包户的身份成为相对独立的农地生产经营者。农村集体土地的使用权即农地承包经营权主要是按照户籍、劳动力或者按户籍和劳动力相结合的分配方式，平均分配给村集体内部成员。随着农村社会经济和现代农业发展，农村土地制度从"两权"分置改为"三权"分置，即农户在保留农地承包权的基础上，可以将经营权直接流转给农业经营大户或农业经营公司等新型农业经营主体，或将土地经营权先流转给村集体，再由村集体统一规划，集中流转给新型农业经营主体。拥有农地承包权的农户以土地资金或者土地入股的方式获取收益，而农业经营大户或者农业经营公司则通过流转的土地来获取农业经营收益，他们都是农地使用权主体。

　　再次是农村土地所有权代理组织。村集体多数是名义组织，并不是实体组织。随着城市化进程加快，征地数量骤增，需要有专门的组织代表农村集体同征地单位和政府机构对接，这个组织就是农村土地所有权代理组织。对所搜集的涉及分配相关主体纠纷案例进行整理后发现，农村土地所有权代理组织一般有乡镇、村和村民小组三个层次，但有关法律对它们的身份和功能规定含糊不清。乡镇的组织范围太大，对被征地农村集体情况了解有限且监督管理费用太高，不宜作为农村土地所有权代理组织。村民小组是指将农村集体内部划分为更小的管理单元——村民小组，但村民小组并非一个经济组织，更不是一级行政单位，也不是适合农村土地所有权代理组织，但在有关农村集体各项重要事宜包括征地补偿方案、补偿款分配方式等方面，村民小组可以收集本小组成员意见，并将所做初始方案呈交村民会议或者村民代表会议认可通过。村级层面的村民委员作为农村基层组织，在村民自治当中具有一定的代表性和权威性，他们能在一定程度上表达村民的意愿，且在当地具有一定威望，适合作为土地所有权代理组织，承担执行由村民大会或是村民代表大会所议定并通过的征地补偿费分配方案任务。

最后是征地补偿费分配管理主体。明确由谁来制订征地补偿费分配方案并管理分配事宜是保证公平合理分配的重要前提。通过案例整理发现，因为村集体的缺位，很多被征地村的村委会顺势成为征地补偿款的分配主体，承担征地补偿款分配管理任务。然而，由于缺乏权力的约束和监督，村委会及其村干部会存在一定利己行为，在制订分配方案中并不能完全表达村民的实际诉求，甚至忽视特殊群体的合法权益，成为引发纠纷和上诉的主要原因。相比较而言，村民大会或是村民代表大会最能表达村集体每个个体的意愿，由其来确定补偿款分配符合公平合理原则，能避免由少数几个人决定的不公正现象的发生。法律也明确规定涉及村民利益的重大事项，必须依法通过村民大会或村民代表大会这种民主议定的程序进行决定，村民委员会及其成员应当执行村民大会、村民代表大会的决定、决议。故制订补偿款分配方案和分配管理主体应该是村民大会和村民代表大会，而村委会在分配中只是执行者，不是决定者。

10.3.2　分配成员资格认证辨析

虽然包括《最高人民法院关于审理涉及农村土地承包纠纷案件适用法律问题的解释》在内的许多法律法规都规定了能参与征地补偿款分配的只能是村集体成员，但追根到底却没有具体规定村集体成员资格的判断标准是什么。村民是否属于集体经济组织中的一员，是否拥有成员身份会直接影响该村民土地承包经营权的取得，以及农村集体资产和征地补偿的收益分配资格。在 204 起诉讼案例中有139 起案例的纠纷原因是集体经济组织成员资格权的问题，即是否有资格分得征地补偿款，还有一部分案例判决因农村集体经济组织成员资格确认的纠纷不属于人民法院民事案件的受案范围，成员资格的确定应由政府行政主管部门统一协调处理为由驳回起诉。

1. 集体经济组织成员资格认证主体

整理征地补偿款集体内部分配纠纷法律案件，发现上诉纠纷是对认证主体所做出的被征地集体经济组织成员认证标准和依据不服，或者是对认证结果持否认态度。认证主体即被告，通常是由所有权代理组织来担任，他们认证谁是集体经济组织成员，谁就有资格分得征地补偿款。案例中被告主要有三类：一是股份经济合作社和经济联合社；二是村民委员会、村民小组；三是居民委员会、居民小组。除了这些，法院的判决是认定某一村民是否具有成员资格的最终依据（图10-4）。

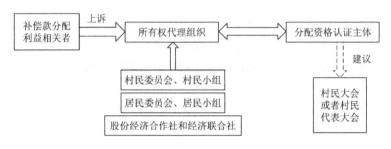

图10-4　集体经济组织成员资格认证

成员资格认定属于农村集体重大事项，应该经村民大会或村民代表讨论确定通过。具体而言，可以先由村民小组自行讨论，然后再报村民大会或者村民代表大会讨论通过。随着集体经济组织的组织结构和能力不断发展与完善，建议直接采用集体所有权行使制度，选择由更能代表整个集体以及符合集体内部利益的集体经济组织来作为主要的决议实施者，或者是出台专门的法律条文来对集体成员资格进行明确的界定。

2. 现有的集体经济组织成员资格认证标准

当前缺乏有效的法律法规条文能直接作为成员资格判断依据，借助多案例研究方法可以对多种因素影响的复杂现象进行有效分析。在139起成员资格纠纷案例中除去3起案例不在人民法院民事案件的受案范围内，应由行政主管部门处理，剩下的136起案例为研究的有效案例。仔细对比每个案例的判决书中原告自身主张、被告持有主张、法院判决结果以及判决依据，了解村集体内部成员资格认证上的分歧事实，梳理发现目前成员资格认证依据主要有以下五种情况，见表10-2。

表10-2　集体经济组织成员认证依据及存在问题

认证依据	案例数目/起 （占比）	存在的主要问题
户籍	17（12%）	"空挂户""寄户"现象加剧；不利于城乡户籍管理；影响社会公平正义
户籍＋经济生活联系	16（12%）	强调权利和义务对等，缺乏可操作性；缺乏对进城务工农民权益的保护； 会降低农业人口向第二、三产业转移的积极性

续表

认证依据	案例数目/起（占比）	存在的主要问题
户籍 + 生活保障	8（6%）	存在对"应脱离集体经济但不主动脱离"群体的管理困难
承包经营权	60（44%）	土地被短期回收，农户的合法权益难以得到保障；或是个别农户农转非农，土地承包经营权被收回，但后面因无稳定工作或失业要求重回集体，其合法权益难以保障
户籍 + 承包经营权	35（26%）	

（1）户籍。户籍作为村集体成员资格认证的唯一标准，操作简单，但是会让"空挂户""寄户"有缝可钻，特别是在城中村或近郊地区，征地可能性高，越来越多的人会想方设法得到这些村集体的户籍，导致管理困难。例如，有些人并不是该村的，但因拥有该村的户籍，也能分到征地补偿款，而有些村民虽然一直在该村生活，但因户籍不在该村，没有资格参与分配，严重影响了分配的公平性。

案例一[①]：韩某某起诉西街一组，因户口在该村，却没有分得征地补偿款。被告西街一组称韩某某的户口落户到本组外祖父曹德立名下，仅为解决在西街上学不交纳借读费问题，并不参与本组的利益分配和享受福利待遇，属于空头户口，且本次征用的土地也无韩某某的耕地，绝大部分小组成员不同意为其分配土地补偿款。最终法院审判结果为：驳回原告诉讼请求，韩某某没有资格分得征地补偿款。

（2）户籍 + 经济生活联系。户籍 + 经济生活联系认证标准是考虑到当前人户分离普遍，人口流动频繁的实际情况，如果以户籍作为唯一判断标准难以杜绝"空挂户"人员分配问题，会导致城镇边缘经济较为发达的村集体短时间内人口猛增，引发纠纷矛盾。因此，很多村集体在考虑某一成员是否有户籍的同时还结合经济生活联系来认证，经济生活联系主要指是否长期在该村生产、生活，与村集体组织形成较为固定的生产、生活关系。存在的主要问题是缺乏可操作性，容易对进城务工农民权益造成侵害，降低农业人口向第二、三产业转移的积极性。

案例二[②]：翁某某为在鼓楼区公正村招工，于 1979 年迁入福州市鼓楼区公正村后（仍为农村户口），失去仓山区建新镇港头村的户籍，但期间仍在港头村生产生活，于 2001 年 3 月又将户口迁回港头村，没有在城镇获取生活来源或享受相应的社会保险，要求村集体支付应得的征地补偿款。福州市仓山区建新镇港头村民

---

① 参见河南焦作市中级人民法院（2013）焦民终字第 16 号判决书。
② 参见福建省福州市中级人民法院（2013）榕民终字第 4382 号判决书。

委员会辩称村民获得征地补偿金的前提条件是"属于村集体经济组织成员",即在该集体经济组织生产,或生活在该组织,与该集体经济组织发生权利、义务的人。翁某某失去了仓山区建新镇港头村的户籍,丧失了港头村集体经济组织成员资格,无权主张征地补偿金。法院审理认为福州市仓山区建新镇港头村民委员会召开的村民代表大会讨论决定认定上诉人翁某某不享有征地补偿款,实际损害了翁某某作为港头村长期固定生产生活并承担相应义务的公民的合法权益,翁某某应享有该村经济组织成员资格待遇,判决支付翁某某补偿款 5500 元。

（3）户籍 + 生活保障。户籍 + 生活保障认证标准是指以依法取得本集体经济组织所在地户籍为原则,同时还考虑农民是否依赖农村集体土地作为基本生活保障。如果农户的基本生活保障依附于该农村集体土地,没有或有较少的外出打工收入,则认定为集体经济组织成员。反之,如果某一成员的收入主要来源于村集体之外的工资性收入,即使户籍在该村,也不认为其具有该村集体经济组织成员资格,应当自动脱离集体经济组织或是按照规定要求其退出。该种认定标准是以事实为依据,公平和人道主义观念强,但仍存在对"应脱离集体经济但不主动脱离"群体的管理困难问题。

案例三^①：郭某某系福州市晋安区岳峰镇竹屿经济合作社村民,户籍一直在该村。退休前受聘于福州市晋安区岳峰镇政府,2002 年 10 月依福州市晋安区岳委办〔2002〕20 号批文退休,退休金按原工资 80% 计发。所在合作社发生征地,其要求分得征地补偿款。竹屿经济合作社管理委员会认为全体村民 2011 年 8 月 8 日表决通过《社员资格认定办法》,其中第二条规定"下列情形之一的不予认定为本社社员：……3、在乡镇以上（含乡镇）企业事业单位工作的（含已享受单位退休待遇）,且户籍关系在本村的村民不予认定为本社社员……",依上述社员资格认定办法,郭某某属乡镇企事业员工、已享受退休金待遇,其不具备竹屿经济合作社社员资格,遂引发纠纷。法院认为,本案的争议焦点是郭某某是否具有竹屿集体经济组织成员资格。郭某某虽然户籍落在该村,但其并未举证证明其与竹屿经济合作社具有稳定的生产、生活关系,并依赖于集体土地作为基本生活保障。而在案证据证实,郭某某自 1978 年起长期在岳峰镇政府工作,直至 2002 年退休,退休金按 80% 计发,现每月实发 2018 元。在本案征地补偿方案确定时,郭某某是以退休金的稳定性收入作为基本生活保障,已取得其他替代性生活保障,竹屿经济合作社管委会以郭某某属乡镇企事业员工、已享受退休金待遇为由,否认其竹屿集体经济组织成员资格并无不当。

（4）承包经营权。家庭承包地作为单一认证标准是指只要农户获得承包地,就属于该集体经济组织成员,就能获得征地补偿费分配资格并参与分配。反之,

---

① 参见福建省福州市中级人民法院（2017）闽 01 民再 77 号判断决书。

没有承包地的农户，则不属于该村集体成员，自然不能获得征地补偿款。从案例分析来看，以家庭承包户这一标准判断是否具有集体成员资格的占比最高，占到44%，因为有没有承包地，判断简单，易于操作，且群众基础深厚，大家愿意接受。但是该方法的弊端在于，有些村民在村集体生活，却因为某些原因没有分得承包地，如婚嫁、出生等原因落户于该村，但因为该村无农地可分，则丧失了成员权资格。还有些农户是因为某些原因导致承包地被收回，如外出打工或是土地被闲置，村集体收回承包地，即使农户后面要求重回村集体，也丧失了成员权资格。

案例四①：赵某明户参与了该村的土地承包，承包人口为 8 人，分别为父母、本人、配偶及 4 个子女，其后父母相继死亡，一女赵某凤因中考被学校录取将户口迁出石桥村并转为非农业户口，另一女赵某菊与瓮安县机械厂工人王某华结婚，将户口从石桥村迁出并落户到王某华在贵州省瓮安县雍阳办事处的非农业户头上。小寨坝镇石桥村进行第二轮土地延包时，赵某明户的土地承包人口并未因死亡、迁户等原因进行相应改变。征地后，赵某凤和赵某菊要求全家 6 人平均分得征地补偿款。赵某凤称自己仅是考取学校而转为居民，并非农转非，应该对被征收的土地享有权利。赵某菊称自己参与了小寨坝镇石桥村第一轮、第二轮的农村土地承包，虽然其户口从石桥村迁出并转为了非农户口导致其丧失了农村土地承包经营权，但其无正式工作。从农民承包的农村土地系其主要的生产生活资料的原则考虑，最终，法院认为，上诉人赵某凤因中考被学校录取将户口迁出并转为非农户口，且其现在有正式工作，享受国家相应的社会保障，其不再以土地为最基本的生存资料，其不应再享有土地征拨款，而赵某菊继续享有承包份额的土地，因此应当分得征地补偿款。

（5）户籍＋承包经营权。户籍＋承包经营权认证标准是双重标准，一是看是否拥有该村户口，二是看是否拥有农村承包地。有些村组认为拥有户籍则可以分人口部分的补偿款，拥有承包地则可以分土地部分补偿款，而有些村组则要求两项都符合才能分得征地补偿款。

3. 集体经济组织成员资格认证标准分析

通过对所选取的有关集体经济组织成员资格认证的纠纷案例进行分析，发现在分配纠纷中，原告和被告不同利益主体的主张以及各级法院判决依据主要考量以下四个因素：户籍、经济生活联系、生活保障和承包经营权。其中一部分案例裁决只考虑单一因素，如只考虑户籍或者只考虑家庭承包经营权，另一部分是综

---

① 参见贵州省贵阳市中级人民法院（2014）筑民二（商）终字第 164 号判决书。

合考虑多个因素，如考虑户籍＋经济生活联系、户籍＋生活保障以及户籍＋承包经营权。认证标准是村民自治的结果，有些上诉案例被法院认可，但有些被法院重新认定结果。

就户籍因素而言，它是证明公民身份情况最直接、最基本的依据，是认定公民村集体人口的基础，可操作性强，实践中往往被视为集体经济组织成员资格认证的关键性因素。部分法院在判决书中没有明确阐述认定原则，根据户籍情况直接判断原告是否为集体经济组织成员的情况普遍存在。在严格的户籍管制制度下，户籍标准最大可能地保证了成员资格认定的公正性和合理性，但无法适应常住人口与户籍人口"脱钩"的现实情况，单一户籍标准会阻碍城乡一体化改革，且会将外嫁女、入赘婿、学生、现服役人员等特殊群体排除在外。如果不将户籍视为获得成员资格的必要条件，单一考虑与村集体的经济生活联系作为认证标准，其缺陷在于不利于进城务工农民的权益保护，因为他们不同于政府单位等公职人员，没有固定工资和退休金，其在非农忙时间外出打工只是为了增加收入，主要经济来源还是依赖农业收入。以承包地作为成员资格权的唯一标准会对未分得承包地或交出了承包地，却仍在村集体生活的人带来分配的不公。这样，一方面忽略了户籍对于原始取得和法定取得集体成员资格的基础属性；另一方面判定各种事实情况具有较强的主观性，不利于争议的解决。

在"户籍＋事实"的复合标准中，主张兼顾户籍形式作为要件，与是否在农村实际生活、是否拥有承包地、是否依赖农业收入作为主要生活保障等实质要件判定是否具有成员资格，此类标准兼顾了更多因素的考量，遵循尊重历史和照顾现实的基本原则，其中考虑家庭承包地的情况较为多见，也具有一定的合理性。从现行法律来看，家庭联产承包责任制规定了农民以家庭为单位，向集体经济组织承包土地，承包户自然是农村集体经济组织中的成员。因此，以户籍为形式作为要求，辅以家庭承包地认证标准，能涵盖更多集体经济组织成员身份的村民，保障更多村民的利益。只要某一村民拥有户籍或者家庭承包土地就能参与对应部分的分配，拥有户籍可以分人口部分补偿款，拥有家庭承包地可以分土地部分补偿款，如果某一村民同时拥有户籍和家庭承包地，那其就能分得两个部分的补偿款。

除了上述论证标准，村约民规对于成员资格认证也起到重要作用，《中华人民共和国村民委员会组织法》认同每个村组织都可以有村规民约，且对村民具有很强信服度和执行度，但是村约民规如果不合理，法律也可以判决无效。比如，在一个案例[①]中，河南省修武县周庄乡李屯村民委员会接纳了包括原告贾某某在内的36名外来户，都让他们落户该村，取得有效的户籍登记，成为该村村民。现该村

[①] 参见河南省修武县人民法院（2006）修民初字第385号判决书。

组被征地，这 36 名村民要求与其他村民一样同额享受征地补偿款，但是村集体拒绝这项要求，因为根据村约民规这 36 名村民属于外来户，在村里未住满 15 年，没有对村里的各项建设和发展出过力，是不能享有征地补偿费的分配的。但是法院对此纠纷做出判决，认为这 36 名村民有资格平等地享受村民待遇，平等取得土地补偿款。理由是该村组基于自愿行为让这些村民落户，获得该村的户籍，并且这些村民迁入后都是以本村的土地作为他们生存发展的主要来源，现在该村组的部分土地被征收，他们有资格参与征地补偿费的分配。随着城乡发展，涉及的被征地农村只会越来越多，涉及征地补偿款分配的村规民约不仅在内容上要合理合规，程序上也要合法，使得成员资格认证标准既贴合农村现实，又能与国家司法认定结果保持一致。

4. 农村特殊群体的分配资格

学者韩俊英（2018）在成员资格认证研究中提出了直接标准 + 灵活标准。首先，直接标准是属于法律强制规定，是对现行实践做法的高度概括和归纳后的法定化，即上文所研究的集体经济组织成员资格认证这一部分内容。灵活标准则主要运用在因某些特定原因而导致户籍变动的农民以及其他一些符合国家和地方政策规定的特殊群体，也就是对立法当中"法律、法规和集体同意的其他人员"的进一步具体化。在同等身份条件下，一部分村民获得补偿资格，另一部分村民被排除在外，这相当于存在损害部分应当享有集体经济组织成员资格的利益人的正当权益的现象。

在征地补偿款集体内部分配过程中顾及农村特殊群体，运用灵活标准和直接标准相互补充，能提高分配的合理性，保护特殊群体的合法收益，缓解村集体与村民之间的紧张关系。本章搜集 54 起有关特殊群体分配纠纷的案例，对不同特殊群体进行分类整理，并选取典型案例进行村组分配认证结果和法院判决结果的对比分析，具体见表 10-3。

表 10-3　在特殊群体分配资格中村集体认证结果和法院判决结果对比分析

特殊群体	村集体认证结果	法院判决结果
1 因上学和服兵役原因户口迁出原籍	村组所做分配方案明确因上学造成耕地被村小组收回者，同样享有分配权	法院判定被告即村组支付原告剩余应得征地补偿款
2 婚后户籍迁到男方所在村组并保留至今，现已离异	村组认为原告已离婚，就不算是本集体组织成员	法院裁定原告离婚前具有村组认可的成员资格和补偿款分配权，现虽离婚，但户籍等均未发生变化，故不宜与其他集体经济组织成员区别对待

特殊群体	村集体认证结果	法院判决结果
3 非村组家庭承包经营户转包或承包集体四荒地	原告要求应获得土地补偿款，村组对此不同意	法院判定原告无权获得被征收土地的土地补偿费和安置补助费，只能获得青苗补助费和地上附着物补偿费
4 外嫁女但其和子女户口保留在出生原籍，包括超生或收养子女	原告所在村集体认为原告是外嫁女，故不能参与分配；认为土地补偿款按人头计算，但超生人口按合法人口的60%计算	法院判决原告及其子女自出生一直在原户籍地生活，原始取得集体成员资格，并未在其他村组取得新成员资格，应同等分得征地补偿款
5 属于外嫁女（上门婿）但其户口已迁至配偶户籍所在地	原告户口迁出且在配偶户籍所在地分有新的承包地，在原集体的承包地应被收回	法院认为原告如果在配偶户籍所在地没分得土地，应保留其原户籍地的承包地，参与原户籍地补偿款分配

根据案例统计发现，和其他纠纷案由相比，有关农村特殊群体的分配资格认定纠纷在全部纠纷数量中占比较少。可能的原因是这些特殊群体在补偿款集体内部分配遭遇不公平对待时，不同利益主体会根据国家以及各级政府出台的法律法规中的相关内容来维护自己利益诉求，如属于婚姻关系流动人员的分配资格有《中华人民共和国婚姻法》《中华人民共和国收养法》等作为说明；属于承包经营关系变动的有《中华人民共和国土地承包法》等，且这些主张在法律判决中多数获得支持。

通过对案例的梳理，特殊群体主要有三类：一是婚姻关系引发的资格权争议，包括离婚、外嫁女、上门婿及其所生子女和合法收养子女，其在婚嫁时可以做村集体成员归属选择，其所生子女和合法收养子女都将跟随其选择而获得成员资格，如果保留原有的成员资格，就不能归属新的集体经济组织成员；如果其选择进入新的集体经济组织，将自动丧失原有成员资格。这样能有效防止某一村民归属两个不同的集体经济组织，消除"两头占"现象。分配资格认定时间应以征地补偿款制定确定日期为准，而非分配到户的时间。二是因学习或工作变动引发的资格权争议，主要看其生活保障来源是否来自原村集体，如因上学或服兵役，主要生活保障仍来自原村集体，则应该保留其原集体成员资格；如果已经在城市工作，具有稳定非农经济来源，则丧失原有成员资格。三是承包权和经营权的分离引发的资格权争议。根据《最高人民法院关于审理涉及农村土地承包纠纷案件适用法律问题的解释》规定来看，承包地如果被依法征收，一旦承包方向发包方请求给付已收到归承包方所有的地上附着物和青苗补偿款的，承包方应予支持。但是土地经营权人不能享有基于集体成员权的补偿款分配，因为土地经营权人在征地行为中失去的是承包收益权，获得的只能是承包经营的土地的"补偿收益权"。换言之，如果土地经营权人是集体经济组织成员，故其享有补偿收益权的同时也可以参与土地补偿款分配。

10.4　分配方式和分配流程辨析

征地补偿款集体内部分配方式可以划分为村集体和村民之间的分配，以及村民与村民之间的分配两个层次。本章借助 154 起相关案例进一步来分析这两个层次的具体分配方式，如图 10-5 所示。

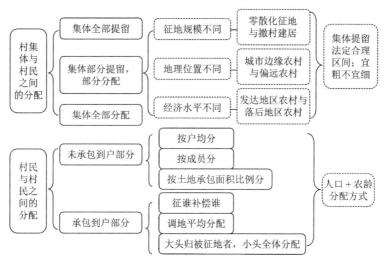

图 10-5　征地补偿款集体内部分配方式

一是村集体与村民之间的分配，是征地补偿款集体内部初次分配，主要是村级提留问题，即多少比例用于集体留存，多少比例用于符合认证资格的组织成员分配。村级提留可以避免补偿费全部分配后带来的资金分散，投资力量减弱的弊端，用此资金可以完善集体内部的基础设施，有条件的村组甚至可用其来发展本集体经济，从而增加村集体收益。

二是村民与村民之间的分配，是征地补偿款集体内部的再次分配，是村集体内部成员之间的分配，即符合资格的成员应依何种规则分配。征地补偿款集体内部成员分配一般根据是否是承包到户来划分：一是未承包到户部分，一般多为村组的四荒地、机动地以及沟渠、道路等基础设施用地；二是承包到户部分，已经明确划分到具体家庭承包户。

10.4.1　分配方式辨析

1. 村集体与村民之间的分配方式

有关征地补偿费的村集提留，少部分地区规定了最高提留比例，大多数村采用村民自治，根据村民大会或村民代表大会讨论通过后决定。村级提留比例整体上有以下三种方式：村集体提留全部征地补偿款；村集体提留一部分，剩余部分分配给集体成员；全部分配给集体成员，村级不予提留。

1）集体内部全部提留

征地补偿款全部留在村集体，不直接分配给农户，这种方式在纠纷案例中出现甚少，主要是因为国家规定征地补偿款主要用于被征地农民，大部分地区都将征地补偿款分给农民。集体内部全部提留模式主要集中在珠江三角洲和长江三角洲发达地区，如实行集体股份合作制的南海模式和村民直接以土地入股的浙江模式。珠江三角洲地区大部分农民在改革开放后"弃农做工""弃农经商"，出现严重土地抛荒现象，政府为防止土地弃耕和推进农业适度规模经营，出台政策引导村集体建立社区型土地股份合作模式，即将分包到户的土地集中到村集体，再进行统一开发和经营。在该模式中不考虑被征地块原承包经营者是谁，补偿款都归村集体所有，村集体再利用这些补偿费进行二次投资，包括修建厂房、出租铺面等获得租金，所获收益会在村集体成员之间按股进行分红，当地村民对此做法较为满意。

2）集体内部部分提留

集体内部部分提留是指征地补偿款部分留在集体，剩余部分在村集体内部进行分配。村级提留的征地补偿款主要用于村内公共产品及公共服务，以及困难群体的社会保障等，如有些孤寡老弱，征地补偿费不能完全解决征地后的生活保障问题，村集体则会从村级提留款中拿出部分以现金或购买社会保险的方式额外帮扶困难群体。在有关村级提留比例的问题上，过高或过低都不可取。提留过多，会给村集体带来较大压力，对村干部要求较高，如果村集体不能很好经营这笔资产，实现保值增值，则会引发较大的矛盾；但是留存过少，则会导致村集体资金缺乏，不利于村级的发展建设。杜业明（2004）按照不同的贴现率计算，研究表明如果农民合法使用的承包地被征收，承包人应得 75%～95%，土地所有者分得5%～25%。陈莹等（2010）用 30 年期的土地使用权价值比上无限年期的土地所用权价值，通过剩余年限折现法计算得出村级提留 30%以下较为合理，10%～20%为最佳。王海鸿等（2009）按照 5.5%利率折现计算，农村土地承包权 30 年不变的前提下，被征地农民可获得 80%征地补偿款，按照再延长 30 年计算的话，94%更为合理。

3）集体内部全部分配

集体内部全部分配是指征地补偿款全额分配给被征地农民或者集体经济组织成员，集体经济组织不提留，这种模式一般适合于以下几种情况：一是当地投资环境差，村干部能力有限，村集体提留很难带来资产的增值；二是大部分村集体成员的意愿表达，他们希望尽快分得征地补偿款以缓解生活压力，同时他们也担心征地补偿款留在村集体可能会被挪用或贪污侵占，要求全部分配；三是被征地农户因村集体后期调地而要求返还征地补偿款；四是撤村建居。

当前我国规定土地安置补偿费集体提留比例最高不能超过 20%，多数省区市在执行中要么简单直接规定分配给农民的比例和提留比例，要么规定分配给农民的最低比例、剩余为提留比例，缺乏对被征地农村的具体考量。笔者认同集体提留部分补偿款行为，并认为村级提留是有必要的。第一，我国集体土地的所有权和使用权并不统一，土地一旦被征收，意味着集体经济组织失去所有权，使用权人失去使用权。从《中华人民共和国民法典》规定的内容来看，征地者应补偿被征地相关主体相应的损失；第二，村集体提留部分土地补偿款可以在一定程度上增加集体资金积累，加强基础设施建设，便于招商引资，促进集体经济组织发展，但村级是否应该提留征地补偿款，提留多少还是应该因地制宜。

2. 村集体提留的影响因素

影响村级提留的因素主要包括：一是征地规模，如零散化征地和撤村建居；二是地理位置，城中村、近郊和偏远农村；三是经济发展水平，发达地区农村和落后地区农村。

1）零散化征地与撤村建居

零散化征地与整村或整组大面积征地行为不同，零散型征地一般征地面积小，补偿款总额少，村集体应减少提留比例，将补偿款主要用于被征地农民，对被征地农民的社会保障做到即征即保、应保尽保。征地补偿总额不高，村内其他未被征地的农民也不会要求平均分配补偿款，因为中国乡村社会是一个熟人社会，村民做出利益行为选择时会考虑乡村社会的道德、习俗与亲情，村集体成员往往不会执意要求分配补偿款。

如果村组的土地被全部征收，征地后撤村建居，则无留存征地补偿款的必要，多以股权或者货币形式将征地补偿款全部发放给村集体成员。在湘乡市东山办事处东台村的案例中[①]中因东山学校建设和新城开发需要，先后征收了东台村第五小组全部土地，征地部门参照《湖南省人民政府关于调整湖南省征地补偿标准的通知》将补偿款转交村集体后，该村民小组通过村民会议讨论制订出"人八成田二成"的分配方案，即成员资格权按照"户籍＋承包地"进行认定，有户籍的分得八成征地补偿款，有承包田的分得二成征地补偿款全部，有户籍又有承包地的可以获得完整的征地补偿款，村集体不做提留。

如果村组土地被全部征收，但仍然保留村集体的，是否提留需要遵循村民意

---

① 参见湖南省湘潭市中级人民法院（2016）湘 03 民终 556 号判决书。

见。例如，武汉天河机场三期扩建项目征地，涉及武汉市黄陂区天河街中的道店村、祝林村、韩庙村、珍珠村、白桥村、陈叶村、两路村、横店街红星村、大教村，盘龙城经济开发区刘新集村等多个村集体，其中两路村主要作为拆迁安置使用。调查韩庙村以及周边其他被征地村干部了解到，村集体提留了征地补偿款的30%左右，但调查村内部分村民，他们对于补偿款的提留情况并不知情，且不赞同村集体提留征地补偿款，主张全部发放，其理由：一是政府在回迁房建设时已经将基础设施修建好并投入使用，无须村集体进行基础设施建设投入，包括道路、绿化、文化体育广场、菜市场、幼儿园、中小学以及卫生医疗设施。二是村干部以及村集体对补偿款提留缺乏管理和保值增值能力。三是村民认为村集体缺乏财务公开制度，即使村集体提留补偿款，也没有做出说明，对其使用情况也并不知情，因此村集体不适合提留补偿款。

2）城中村、近郊与偏远农村

城中村和近郊是征地的主要区域，且多为整村征地，撤村建居，征地补偿额度高。对于大多数城市而言，城中村和近郊的征地补偿款提留比例低，甚至不提留。主要是因为受城市辐射作用，近郊和城中村地区的村民同城市居民一样享有城市公共产品，如广州海珠区赤沙村，位于海珠区城郊，毗邻广州会展中心，农村和城市在形态上并无差异，土地征收类似于城市拆迁，因此农村集体将征地补偿款都发给了农民。

偏远农村的征地补偿款集体提留比例远高于近郊，主要是因为村集体需要提留部分补偿款用于改善村级基础设施、提供公共产品、帮助孤寡老弱等困难群体，但如果该村集体经济组织能力不足以使用补偿款为村民提供公共产品，为避免征地补偿款停滞在集体账户或被村干部贪污等情况，村集体也可以减少甚至不提留补偿款。

3）发达地区农村与落后地区农村

发达地区农村集体的提留比例往往要高于落后地区农村，其原因：一是发达地区的农村家庭收入主要来自非农收入，而不是依靠农村土地的种植收入，因此，农地征收对农民家庭经济影响较小；而落后地区农村，农户以农地为生，征地后农民需要征地补偿款维持生活，因此征地补偿款大部分要发放给农户。二是发达地区农村常常拥有自己的村办企业，利用征地补偿款进行投资运营，可以实现资产的保值增值。例如，佛山南海地区在从家庭承包制向集体股权分配制转变的过程中，村集体全部提留补偿款用于集中经营，农民可以分得较高的土地红利；而落后地区农村，村集体很难有投资机会，因此征地补偿款大多发放给农民。

总体而言，征地补偿款的村级提留要因地制宜。对于城市边缘农村和撤村建居等征地情况，应该减少村集体提留比例，更多补偿款用于村民分配；对于能保障资产增值保值的发达地区农村可以增加村级提留；零散化征地和落后地区农村需要安置名额往往少于实际提供名额，所以应该减少村级提留。偏远地区农村如果发展机会有限，为保障村民利益，应该减少提留，增大村民可分配比例。发达地区的农村安置压力小且投资渠道多，村集体可以多提留一些补偿款。

3. 村民与村民之间的分配方式

首先是有关未承包到户部分，一般为村组的四荒地、机动地以及沟渠、道路等基础设施用地。未承包到户的农村土地不管是所有权还是使用权都属于村集体，这部分土地被征地后所获的征地补偿款集体内部分配主要有以下三种方式（表 10-4）。

表 10-4　分配方式及存在的主要问题

集体内部分配方式		案例分布	存在的主要问题
未承包到户	按户（承包经营）均分	18 起（12%）	易造成人口多的家庭利益受损
	按人口（在册）均分	43 起（28%）	受成员资格认证影响大，特殊群体利益易受损
	按被征地承包户的二轮承包土地面积占集体土地总量的比重来分配	9 起（6%）	部分失地农民利益受损，如失地程度小于 70% 的农民无社会养老保险；容易造成新增人口权益被忽视
承包到户	征谁补偿谁	64 起（41%）	只补偿被征地村民，未补偿因征地导致的间接损失，如与被征地相邻地块的损失、享有集体经济组织成员权的土地所有权补偿等
	调地平均分配	13 起（8%）	不符合国家承包地 30 年不变要求；造成土地经营不稳定；村民减少对土地的投资
	被征地村民占大部分，剩余部分全体成员分配	7 起（5%）	操作难度大，被征地农民分得的补偿款占多大比例为宜，如果占比较大，剩余部分涉及分配农户较多，则获得补偿非常少

第一，按户（承包经营）均分，即不管村民小组成员户口性质和人数，只要是村集体的承包户，就能以承包经营户身份平均分得征地补偿款。

第二，按人口（在册）均分，即只要具有集体成员资格，就能平均分得未承包到户部分土地征收补偿款。有关集体经济组织成员资格认证问题前文已经讨论过，在此不予赘述。在梳理的案件中，按成员均分方式占比较高，因为相对于承包地而言，未承包地的权属明晰，属于全体村民所有，涉及征地纠纷情况较少。全员分配顾及更多村民利益，分配效率高，集体成员普遍接受。

第三，按被征地承包户的二轮承包土地面积占集体土地总量的比重来分配。这种分配方式对于承包地较少的农户或部分失地农民利益受损，如有些地区规定失地程度小于 70% 的农民征地后无养老保险，另外，大多数地区实施"生不增，死不减"的政策，这意味着承包期内不管承包户人口总量增多或是减少，承包地面积不变。如果承包户家庭人口数量增多，按此分配方式，人均可获得补偿款会变少；相反，如果承包户家庭人口数量较少，其人均可获得的补偿款会变多。因此这种分配方式容易造成新增人口权益被忽视，矛盾较为突出。

其次是承包到户部分，顾名思义，就是在家庭承包经营制度下，具有成员权的村民以户为单位从村集体那里承包而来并用于农户生产和经营的土地。根据所搜集的案例进行梳理记录，属于承包到户部分的征地补偿款分配方式主要有以下三种方式。

第一，征谁补偿谁，即征地补偿款直接发放给被征地农户，补偿金额一般是根据家庭被征收土地面积进行计算，类似城市拆迁补偿。这种分配方式一般发生在零散征地，或者经济发展水平一般、农户极力要求分配征地补偿款的地区，但这种分配方式使得征地相邻地块的损失难以弥补，同时缺乏享有集体经济组织成员权的土地所有权补偿。

第二，调地平均分配，即不考虑土地承包关系，集体经济组织全体成员平均分配征地补偿款，同时收回承包经营权，重新按现有成员对剩余土地进行全面的调整划分。调地平均分配方式看似最为公平，但是调地会影响农户对土地的持续投入，造成承包经营权关系的不稳定，减少土地的利用效率，且与国家农村土地承包关系长期稳定的政策不一致。

第三，被征地村民占大部分，剩余部分全体成员分配，包括按征地面积为主，辅之以人口平均分配；或按人口为主，辅之以征地面积分配。这种分配方式考虑到目前没有被征地农户的利益，但实际操作难度较大，如被征地农民分得的补偿款占多大比例为宜，如果占比较大，剩余部分涉及分配农户较多，则获得补偿非常少。

对上诉的纠纷案例进行梳理，对于未承包到户的征地补偿按人口均分的比重最高，对于承包到户的部分采用"征谁补谁"的比重最高。按人口均分的依据是户籍，"征谁补谁"的依据是承包权的土地面积。但是上述的各种分配方式均存在各自弊端，易引发矛盾冲突。

4. 合理分配方式分析

本章尝试从解决现有分配方式存在的不足入手，探讨"人口＋农龄"的分配方式。

农龄一词实际是由工龄延伸而来的，最早是用于解决下乡知青的工龄问题。在 20 世纪 80 年代初，下乡返城的知青在很长一段时间只有农龄，而没有工龄，与留城人员相比，两者之间工龄差距较大。如果单纯按照实际工龄计算，会导致下乡返城知青在工资、福利以及晋级等方面的困难，所以当时下乡返城知青便提出以农龄兑换工龄的提议。该提议在获得中央正式认可后便付诸实际，农龄换工龄模式有效解决了当年很多下乡返城知青的薪水待遇和日常生活保障难题。近年来将农龄应用于征地补偿分配的方式逐渐在浙江一些地区展开实践。

"人口＋农龄"的分配是指将部分补偿款按人口均分，剩下的部分按农龄进行分配。这种分配方式与农村土地制度和文化观念比较契合，容易被村民接受，既符合集体土地所有权收益归集体共享理念，又考虑了村集体成员之间差异，遵循贡献多少得到多少，损失多少补偿多少的原则。部分补偿款按人口均分，在一定程度上保障村组人口基于土地收入的生存权和新生人口的未来发展，是集体土地所有权收益归全体成员共享的体现。剩下部分按照农龄大小来进行分配，相当于将承包农龄看作集体成员对村集体的贡献率，尊重村集体成员之间贡献的差异性。

按人口均分部分分配方法如下：按人口均分的计算对象是全体集体成员，如果有 M 个人可以参与分配，按人口分配的征地补偿款为 A，则人均分得补偿款 A_i 为 A/M。

按农龄多少进行分配的方法如下：计算对象包括在一定期限内曾属于或一直都属于该集体经济组织的成员，按农龄分配的这部分征地补偿款的计算方法是依据每一位村集体成员在该村集体中的个人累计农龄 Y_i 占全部成员加起来的总农龄 Y 比例分配。假设当前在村集体议定的农龄计算期限内有 N 个人曾经属于或一直属于该村集体的成员，某一位集体成员 i 的农龄（此处为在集体中的年限）为 Y_i，按农龄来分配的征地补偿款总额为 B，则该集体成员 i 基于自身农龄大小可分配到的征地补偿款 B_i 为 $B \times Y_i/Y$。

集体成员 i 能全部分配到的补偿款 H_i 为 $A_i + B_i$。

农龄的计算是从 1983 年土地承包到户的时候开始算起，如果在第一轮土地承包期有资格获得集体的承包地并一直保留的村民，则可以获得全额征地补偿款，其他属于新增人口或是户籍发生变动人口，农龄的时间则需依据土地承包后在村集体内的时间来计算，有些村集体在第一轮承包期满或者征地后重新调地划分的，那么起算时间则为 1998 年或者是重新调地后的时间，但是村民的农龄都是累计算的。农龄在我国农村社会具有一定的历史，能适应城乡人口流动和户籍变化的时代背景。

10.4.2　分配流程辨析

征地补偿款分配流程是指分配管理主体根据既定流程和规定，制订出分配方案并经利益相关者确认通过，执行者按照方案将补偿款在集体经济组织成员之间进行分配的过程。

经过案例梳理发现，征地补偿款集体内部分配流程引起诉讼主要有以下几种类型：一是村民缺乏知情权，即村民不了解征地补偿款分配方案由谁制订，怎么制订，谁有资格获得征地补偿款等，导致其在整个分配过程中处于非常被动的地位，同时也因为不了解分配制度和流程，无法维护自己的权益；二是村民缺乏参与权和表达权，在补偿款分配方案讨论以及制订上都由村委会和村干部决定，村民没能参与方案的民主议定过程，村民认为自己利益受损；三是缺乏监督权，村民认为缺乏对村干部行为的监督、对征地补偿费分配过程的监督，以及对村级提留征地补偿款使用的监督，他们认为村干部在分配及使用征地补偿款的过程中有贪污腐败行为。

上述问题的产生主要是因为当前集体内部征地补偿费分配流程模糊不清，村民作为集体成员中的一员，缺乏知情权、表达权、参与权和监督权。确定分配流程是集体内部分配的关键环节，分配流程的设计要体现系统性，涵盖分配方案制订的全过程，分配规则要明确，同时，每个环节都要有村民的参与，体现村民的意愿，具体分配流程见图10-6。

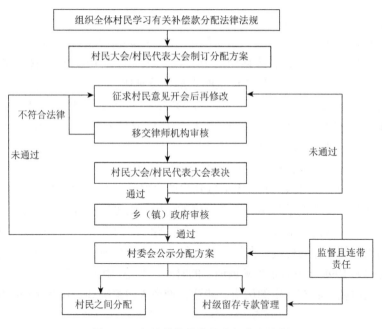

图 10-6　征地补偿款集体内部分配流程

首先，在讨论制订分配方案前要组织全体村民学习有关补偿款分配的法律法规，因为涉及利益分配，村民都会主动参加相关学习安排。通过相关法律法规学习能让村民了解征地补偿款的分配制度和发放程序，从源头上增强村民的法律意识，有利于村民大会或村民代表大会制订合法合规、大家满意的分配方案。此外，通过征地法律法规的普及，村民在遇到分配不公平待遇时也会知道自己哪些权益受到侵害，进行正当的权益诉求。

其次，村民大会或者村民代表大会在议定征地补偿款集体内部分配方案时，要保证征地补偿款分配方案能代表大多数人意见，避免直接由村委会或个别村干部等少数人来决定征地补偿款集体内部分配的做法，从根本上保证分配方案议定的公平性和透明性，真正体现村民自治。

再次，分配方案确定前要多次征求村民意见并提交专业律师机构从法律角度进行审核，律师机构是土地征收主管部门指定的官方机构，避免律师机构被收买或受贿，从而损害村民利益。经律师机构审核认定和村民大会或村民代表大会表决通过的分配方案要递交当地基层政府审批，此时的基层政府对其审核通过的分配方案负有监督和连带责任。如果审批过程中分配方案没有通过则会继续征求村民意见，对分配方案进行再修改，直到律师机构、村民大会/村民代表大会和乡（镇）政府审核通过为止。

最后，村委会公示审核通过的分配方案，并严格按照此方案进行执行并接受村民和政府的监督。

在以上征地补偿款集体内部分配流程中有集体成员的充分参与和有效监督、有指定的专业律师的公正审核、相关政府主管部门的审批和监管，通过层层把关，最大限度地保障村民在征地补偿款分配过程中的合法权益，保证分配的合法合理性。

10.5　本　章　小　结

利用所搜集的征地补偿款分配纠纷案例来探究集体内部分配问题，包括分配相关主体和成员资格认证辨析、分配方式以及分配流程制定。

研究表明，分配相关主体方面，农村土地所有权主体是集体经济组织成员，征地补偿款应当属于全体村民所有。村集体成员作为土地承包经营权的主体，选择保留承包权，同时将土地的经营权流转出去并从中获取收益，是实际意义上的农村土地使用权人。村委会作为农村土地所有权代理组织起执行作用。议定分配方案的分配管理主体只能是村民大会或村民代表大会。成员资格认证方面，认证主体应为村民大会或村民代表大会，以"户籍＋事实"的复合标准最为合理，即主要以户籍为基础，同时考虑是否在农村实际生活、是否拥有承包地、是否依赖农业收入作为主要生活保障等实质要件判定是否具有成员资格。在分配方式方面可以划分为村集体和村民之间的分配，以及村民与村民之间的分配两个层次。村集体和农民之间的分配主要是村级提留，提留受征地规模、地理位置和经济水平的影响。村民与村民之间分配可以采用"人口＋农龄"模式。分配流程方面，流程的设计要体现系统性，涵盖分配方案制订的全过程，分配规则要明确，同时，每个环节都要有村民的参与，保障村民的知情权、表达权和监督权。

第11章　研究结论及政策建议

11.1　研究结论

11.1.1　我国征地过程中土地增值收益分配及公平性判断

通过测算 2010～2016 年全国 31 个城市土地征收过程中的土地增值收益及分配情况，并运用基尼系数、阿特金森指数和社会福利指数对分配的公平性进行判断，结果表明以下几个部分。

（1）土地增值收益的分配在各个利益主体之间差距大，开发商获得最大部分，其次是政府，农民获得最少部分。以 2016 年为例，三者获得增值收益之比为 1∶22∶77，东中西部土地增值收益有明显差距，东中西部土地增值收益之比约为 4.78∶1.75∶1。

（2）2010～2016 年，东中西部地区土地增值收益分配公平性存在差异。从土地增值收益的绝对值来看，表现为东部＞中部＞西部；从土地增值收益分配的均等性来看：东部地区利益主体间的分配差距缩小，中西部地区利益主体间的差距扩大，西部地区差距扩大得更为明显，但截止到 2016 年西部地区土地增值收益分配的公平性仍优于中部。这主要是因为我国东中西部地区自然条件和经济发展水平不同，地理区位差异导致土地供需水平也不一致，因此地区间的土地增值收益分配差异巨大。

（3）2010～2016 年，征地过程中的收益分配使得社会福利增加，福利的增加量和幅度均表现为东中西部依次递减的特征。但是我国土地增值收益分配的不平等指数增加，这说明我国目前的土地增值收益分配仍以效率优先为原则，当经济发展到一定阶段收益分配趋于均等，如我国东部发达地区主体间的收益差距缩小，中部地区收益分配的差距扩大速率显著小于西部地区。

（4）多方面原因造成了我国土地增值收益分配现状并影响了土地增值收益分配的公平性。第一，在我国城乡土地二元化制度的背景下，城市土地市场和农村土地市场被割据，因此导致农村土地流入市场只能通过土地征收。第二，因为我国东中西部地区自然条件和经济发展水平不同，地理区位差异导致土地供需水平也不一致，所以土地增值收益分配现状和公平性在东中西部表现出明显的差异。第三，我国目前的土地增值收益分配体系是以追求效率优先，因此尽管土地增值收益分配使得社会福利状况在改善，但是相关利益主体间分配的平等状况在恶化。

11.1.2　不同区位下被征地农民福利损失及受偿意愿

通过对武汉光谷地区城中村到郊区过渡的 7 个区位中 203 个被征地农户进行问卷调查，测算不同区位被征地农民的福利变化和受偿意愿，从主观和客观、经济和非经济两个维度进行分析。结果表明，城中村和郊区分别有 55.41% 和 65.12%的被征地农民赞同"经济补偿 + 非经济补偿"的组合模式，具体而言，有以下几种情况。

1. 经济福利损失和受偿意愿

从福利变化来看，征地后城中村被征地农民经济福利略有提升，郊区下降，这主要是因为征地后生活支出显著增加，尽管非农收入和储蓄水平都有一定程度提升。从经济补偿发放方式的意愿来看，大多数农民仍然倾向于一次性发放的方式，少部分农民赞同分次发放，初次发放比重平均期望值为 78.28%。郊区基于非经济补偿的受偿意愿测算，非经济补偿额度占总补偿的 30.79%，经济补偿占 69.21%。因此，在现阶段可以继续采用一次性发放为主的方式，对于中老年、就业困难群体可试点采用征地补偿分次发放的方式，郊区首次发放 75%左右，城中村地区因为补偿数额大，首次可发放 60%~70%。剩余补偿款的发放年限需尊重农民意愿，设置 3~5 年、5~8 年、8~10 年三个档，一般而言，60 岁以上老人可选择 8~10 年长期发放，将征地补偿款转化为养老年金，40~50 岁可选择 3~5 年发放，用于创业基金。这种分次发放的方式既可以满足困难群体征地后住房安置的大额支出需求，也可以维持后续的基本生活。

2. 非经济福利损失和受偿意愿

（1）教育环境和就业。从福利角度看，征地后被征地农民的子女教育环境和自身就业情况均有一定程度的改善，城中村地区被征地农民就业福利提升程度大于郊区，子女教育福利郊区提升程度更大。从受偿意愿来看，就业都是失地农民最为看重的非经济补偿，城中村地区失地农民愿意为获得稳定工作而平均最高支付 7770.27 元，位列非经济补偿类别第一，郊区为 11 608.53 元，位列第二，区位条件越差的农民愿意支付的金额越高。教育环境方面，郊区表现为强烈的支付意愿，位列非经济补偿类别第一，平均支付最高意愿为 12 926.36 元/户，是城中村地区的 2.6 倍。总体而言，子女教育和就业需求受个体差异影响大。在就业方面，为被征地农民提供就业培训是在征地政策中明确提出的，无论是城中村还是郊区都应执行，国家和村集体应承担绝大部分费用，农民个人可以按需缴纳少量或者免费参加培训，培训内容要有针对性，适合被征地农民，而不应停留于形式。对于推荐就业，可以联系相关人力资源中心进行帮扶，提供适合失地农民的工作岗位。在子女教育方面，郊区可采取"大学区"的划分，即多所学校与一个"大学区"相对应，失地农民可根据自己的情况来选择不同的学校，结合郊区被征地农民的平均支付意愿，可以适当通过减少经济补偿款的方式来获得入学资格，10 000～12 000 元较为合适。城中村地区，由于异地还建被征地农民子女可能出现失去原有"学区"资源的状况，政府部门可以采取"异地还建＋保留入学资格"的方法，即被征地农民既可以选择还建小区也可以选择原住所对口的中小学，如选择原住所对口学校可酌情收取相关的费用，根据支付意愿调查，4000～7000 元较为合适。

（2）小区环境和基础设施。从福利变化来看，征地后郊区农民的居住环境（小区环境和配套设施）改善程度大于城中村。从受偿意愿来看，为基础设施和小区环境的改善，郊区平均最高支付意愿分别为 10 368.22 元和 9127.91 元，而城中村地区的平均最高支付意愿分别为 5810.81 元和 6148.65 元。郊区相比城中村，农民对征地后的居住环境和基础设施改善方面表现出了更强烈的需求，并愿意为此支付更多的费用。小区环境和基础设施的改善非个体行为，需要先通过集体讨论、投票，再按照整个小区居民得出的较为一致的意见实施。对于基础设施无论是郊区还是城中村，还建小区规划之初就应预留相关的便民服务站点位置，为之后引入相关设施预留空间。交通设施方面，村集体可以先和政府规划部门和交通管理部门进行沟通，增设公交线路以方便小区住户出行。对于确实难以实现的，可以由还建小区的居民集体讨论，推举相关人员跟有关部门商谈，开设"最后一公里"小区专线，方便居民出行，相关费用可通过全体居民平摊的方式来解决。对于小区环境，在还建小区建设前政府就应对小区的规划和布置做出明确规定，如住房质量、小区绿化、小区容积率等。在入住后的小区治安、绿化等方面的维护上，需要整个小区居民进行决策。根据业主需求引入物业公司，并设置专门款项进行小区环境维护改造和管理。按照调查所得，郊区被征地农民的小区环境最高支付意愿为 8611.11～10 000 元/户，城中村为 5666.67～6785.71 元/户，结合市场现状，可以将小区环境的支付意愿转化为物业费，交由物业管理公司进行经营，以改善还建小区的居住环境。

（3）医疗环境。由于生命健康权是公民的基本权利，也关系到人民群众的切身利益，因此无论是城中村还是郊区，对于尚未建立社区医疗体系的还建小区都应加强医疗资源建设。从受偿意愿来看，农民希望在还建小区 5 公里范围内增设基层社区医院，以方便就医。城中村平均最高支付意愿为 6351.35 元，郊区平均最高支付意愿为 10 096.90 元。因此，一方面政府需要积极投入，加强基层社区医院的建设，尤其对于偏远的郊区；另一方面，对于目前建设尚有难度，而需求又很强烈的还建小区，可以在居民集体协商的情况下，由社区与相关医院达成帮扶，聘请相关的医生定期在还建小区进行会诊活动，以解决居民就医难的问题。

（4）邻里关系。从福利角度，征地后被征地农民的亲友交往和参与公共活动的频次减少，这主要是因为城市相比农村生活节奏加快，原居住群体分散。从受偿意愿来看，被征地农民愿意维持原有居民组成和融洽的邻里关系的支付意愿较为薄弱，位列非经济补偿的末位，城中村为 2972.97 元/户，郊区为 3507.75 元/户，和谐的邻里关系对于被征地农民尽快适应城市生活具有重要的作用。因此，社区可多举办一些活动，加强小区居民之间的交往，促进邻里关系的和谐。

11.1.3 基于各主体认知和意愿期望的土地收益分配

1. 各主体间权利损失与所获收益不一致，利益分配不公平

以湖北省石首市为例，基于现有的征地补偿及收益分配政策体系，计算出各方利益主体的收益分配状况，农民获得补偿款（包含安置补助费、青苗补偿费和附着物补偿费）共计 22 888 元，占比 6.2%；集体获得土地补偿费 13 925 元，占比 3.8%；各级地方政府土地出让金和其他税费收入共计 250 054 元，占比 68.2%；中央政府凭借税费分成获得 79 907 元，占比 21.8%。政府（包括地方政府和中央政府）是农民和集体经济组织收益总和的 9 倍，地方政府获得收益额为农民的 11 倍，是集体经济组织的 18 倍。集体和农民失去了全部的土地权利，仅获得安置补偿款，而政府通过土地征收和出让可以获得土地收入。

在石首市失地农民调查问卷中，结果反馈农民和集体经济组织之间通过土地补偿费的集体预留比例来调解收益分配关系，但是这样在一定程度上削弱了农村集体的管理和服务能力，不利于征地拆迁区域村集体工作的长期开展。以石首市新厂镇高家槽村为例，农民在实际征地中共获得补偿 3 616 607.2 元，亩均补偿为 32 729.5 元。而村集体只获得补偿 139 848.8 元，亩均 1265.6 元，农民获得补偿为集体获偿额的 25 倍。总的来说，政府还需进一步提高补偿标准。

2. 现行征地补偿标准偏低，农民权益需要得到保护

作为土地权利受损者，农民和集体经济组织所获得的补偿在整个收益分配格局中所占的比例远远不够，极易造成社会不公现象。农民失去了土地使用权，也就意味着失去了赖以生存的途径，而且在当前社会保障体系不完善的情况下，土地能够起到相当的保障作用。仅仅获得一次性安置补助和征地补偿是远远不能满足农民生产生活所需的。集体经济组织能够存在和运转的关键就在于集体土地，集体土地被征收会影响农村集体功能的正常发挥，现在的土地补偿费尚不足以为失去土地的村集体提供造血和复原能力。

3. 村集体权利与责任不统一，不利于发挥基层自治组织的社会治理作用

过去的研究大多认为村集体留存的征地补偿款过多，但研究发现村组在征地过程中面临着上级政府与村民的双重压力，工作责任重，同时大部分村集体在村内公共设施建设与维护方面入不敷出，影响了村集体基层自治职能的发挥，不利于农村社会建设。村组干部认为政府在制定征地补偿标准时应该考虑到村集体的利益。

11.1.4 基于各主体土地增值贡献及风险分担的土地收益分配

农地征收过程中的增值收益分配不仅要考虑各利益主体对增值收益的贡献，还要考虑各利益主体需要承担的风险，总体上体现"收益分享、风险分担"的原则。其中，农民集体对土地增值的贡献表现为用途转换增值，需要承担基本生活保障风险和就业保障风险；政府对土地增值的贡献表现为投资性增值与供求性增值，需要承担粮食安全风险和生态环境风险。以湖北省 17 个地市（州）为研究对象，进行理论和实证的分析研究，得出研究结论如下所示。

（1）湖北省 17 个地市（州）在农用地征收过程中，农民集体与政府对土地增值的贡献平均分别占总增值的 27.31%、72.69%，其中，经济发展水平越高的地市（州）农民集体的贡献比例越低，经济发展水平越低的地市（州）农民集体的贡献比例越高；农民集体与政府需要承担的风险平均分别占风险总额的 67.97%、32.03%，各地市（州）之间风险分配比例的地区差异较小。

（2）从理论分配结果来看，湖北省 17 个地市（州）的分异较大，农用地征收过程中农民集体可以获得的增值收益分配额度处于 295.70 万~1413.16 万元/公顷，分配比例在 17.88%~70.15%。整体而言，经济越发达的地区，农民集体在农用地征收过程中可以获得的增值收益分配额度越高，但分配比例越低。

（3）通过实际与理论分配结果的对比发现，经济发展水平越高的地区，农民

集体可获得的实际分配额度与理论分配额度之间的差距越大，实际分配比例与理论分配比例之间的差距越小。

11.1.5　罗尔斯正义论视角下农地征收中的权益保护

以武汉天河机场征地扩建项目为例，基于罗尔斯正义论，运用模糊综合评价法和比较分析法，测算征地对弱势群体和非弱势群体权益影响差异，了解不同弱势群体的利益诉求。结果显示如下。

（1）失地后弱势群体的权益模糊值都有一定程度的下降，其中家庭中人多劳动力少类的权益下降幅度最大，为 56.38%。病残类次之，下降幅度为 35.68%，孤寡老弱类下降幅度为 26.43%。根据准则层的变化可以看出，失地后弱势群体的社会保障情况有了明显的改善，居住情况基本持平，但经济状况、发展机会、心理状态、程序权益都有不同程度的下降，其中，经济状况、程序权益下降最明显。各项指标的综合效应导致总体权益指数下降。非弱势群体的权益总模糊指数没有变化。总体来看，征地对弱势群体的影响程度更大，征地使得二者的权益差距拉大，具体表现为经济状况、社会保障、发展机会、心理状态和程序权益五个方面差距拉大，居住权益差距缩小。

（2）通过分析诉求发现，不同类型弱势群体认为权益的六个组成部分的重要性排序不一样。孤寡老弱类群体认为：社会保障＞经济状况＞居住情况＞心理状态＞程序保障＞发展机会；病残类群体认为：社会保障＞经济状况＞居住情况＞发展机会＞心理状态＞程序保障；家庭中人多劳动力少类群体认为：社会保障＞经济状况＞发展机会＞程序保障＞居住情况＞心理状态。将弱势群体的权益诉求与第 3章弱势群体权益受损的分析对比发现：社会保障是唯一一个上升的权益内容，同时也是弱势群体最重要的诉求；经济权益是下降幅度最大的权益内容，同时是弱势群体第二重要的诉求；程序权益是下降幅度次大的权益内容，但是其重要性却排在后列，说明弱势群体本身的政治意识淡薄也是造成其程序权益损失的一个原因。

11.1.6　征地补偿款集体内部分配

以 MECE 原则将征地补偿款集体内部分配问题分解为"谁来分""谁可以分""怎么分"，并利用"北大法宝""法意网""万律"的 204 个案例进行分析，从分配相关主体辨析、分配成员资格认证辨析、分配方式及分配流程四个方面进行研究，得出如下研究结论。

（1）解决征地补偿款集体内部分配问题，首先要明确权利的具体归属，具体来说，农村土地所有权主体是集体经济组织内的全体成员，法律规定土地补偿款是对土地所有权的补偿,自然应该归农村集体的所有村民所有。农村土地使用权对应的补偿项是安置补助费以及地上附着物和青苗补偿费,分配中应该直接支付给被征地农民。基于当前集体经济组织虚化的现实情况,村委会更适合作为农村所有权代理组织,执行征地补偿费的分配工作。分配管理主体是村民大会或村民代表大会。

(2)分配资格认证主体建议为村民大会或者村民代表大会,成员资格认证标准各个村组都采取村民自治原则,主要有户籍、户籍+经济生活联系、户籍+生活保障、承包经营权、户籍+承包经营权等多种认定标准,每种认证标准都有其优势和弊端,建议采用"户籍+事实"的符合标准,即以户籍为形式要件,同时考虑是否在农村实际生活、是否拥有承包地、是否依赖农业收入作为主要生活保障等实质要件判定是否具有成员资格。农村特殊群体的可以划分为三类,一是婚姻关系引发的资格权争议,包括离婚、外嫁女、上门婿及其所生子女和合法收养子女,采用"选一方",不能"两边占";二是因学习或工作变动引发的资格权争议,主要看其生活保障来源是否来自原农村集体经济组织;三是承包权和经营权的分离引发的资格权争议,承包权人参与土地补偿款分配,经营权人获得青苗及地上附着物等收益补偿。

(3)征地补偿款村集体是否应该提留和提留多少,主要根据征地规模、地区经济发展水平和地理位置选择适合的。具体而言,零散化征地、落后地区农村、城市边缘农村和撤村建居都可以降低村级提留比例;发达地区的农村安置压力小且投资渠道多,村集体可以多提留一些补偿款。至于具体的留存比例,宜粗不宜细,法律只需规定合理区间值,只要在区间值内,留存多少、分配多少由村集体分配管理主体村民会议或者是村民代表会议讨论决定。

(4)村民与村民之间的征地补偿款分配方案,未承包到户部分主要有按户均分、按人口均分、按土地承包面积比例分三种;承包到户部分的征地补偿费的分配主要有征谁补谁,调地平均分配,大头归被征地者、小头全体分配三种,现行的征地补偿款的集体内部分配方式都存在一定弊端和可取之处。本书建议采用"人口+农龄"的分配模式,即补偿款一分为二,一部分补偿款按人口均分,另一部分补偿款按农龄分配,农龄分配部分的计算对象包括在一定期限内曾属于或一直都属于该集体经济组织的成员,计算方法是按照每个成员在村集体中的累计农龄占总农龄中的份额来分配的。

(5)征地补偿款分配方案制订流程要系统化,议定程序要民主化,最大限度地保证分配过程和分配结果的公平合法。建议按以下流程进行,首先,在讨论制订分配方案前要组织全体村民学习有关补偿款分配的法律法规;其次,由村民大会或村民代表大会来议定成员分配资格标准和初步分配方案;再次,分配方案确定前要多次征求村民意见并提交征地主管补偿部门指定的专业律师机构从法律角度进行审核;最后,村委会对相关基层政府审批通过的分配方案进行公示,确认村民对此方案的满意和认可。整个方案的制订过程都要有村民的参与，保障村民的知情权、表达权和监督权。

11.2　政　策　建　议

11.2.1　各地区要因地制宜地进行征地制度改革，完善立法监督机制

由于我国幅员辽阔，地区发展严重不平衡，东部地区已经快速地完成了城市化，进入了工业反哺农业，城市支持农村的发展阶段，而中西部欠发达地区还需要利用土地资源进行资本的原始积累，以实现快速的城市化、产业化发展。总体而言，近几十年全国的征地补偿标准逐年提高，只是征地补偿标准和提高的幅度不同，现在国家要求全部按照区片综合价进行补偿，对于东部地区和中西部省会城市早就采用区片综合价进行补偿的地区，要完善补偿办法，对于中西部按照年产值倍数法进行补偿的地区，要尽快建立征地区片价补偿标准。各地要因地制宜地进行征地制度改革，使得政府的支付意愿尽可能接近被征地农民的接受意愿，东部发达地区要让失地农民参与土地增值收益分配，这也是当前农民不满的主要原因。中西部地区要提高征地补偿标准，使得失地农民的福利损失得到足额补偿，尤其是贫困地区、远郊地区存在着补偿过低的现象，有些地区甚至假借公益性征地的名义，截留或压低征地补偿款，农民的生活陷入困难。此外，要完善立法监督机制，对征地过程、征地程序，尤其是征地补偿款的发放使用进行严格的监督和管理，杜绝因征地而产生的贪污腐败现象。同时，政府应该通过产业升级开拓新的收入渠道，从而减轻对土地财政的依赖。加强廉政建设，避免产生农民合法权益被侵害的现象。加强对财政资金的监管和合理配置，将政府获得的土地增值收益用于推动城市建设及乡村治理、扶持农业生产和农民致富上来，让全社会共享农用地增值成果。

11.2.2　各地区要因地制宜采取多种补偿模式保障失地农民权益

我国当前大多数地区都采用一次性货币补偿的模式，这种模式虽然短期内减轻政府和用地单位的负担，但使得农民既失去了农民的身份和土地的社会保障功能，又未获得与市民相同的社会保障待遇，处于社会保障的"真空地带"，失地农民的后续生活没有保障势必会带来一系列的社会问题。因此，我国正积极探索多元化的失地农民保障方式，如留地安置及股份制模式、土地换社保模式、就业安置模式等，每种模式都有其利弊和适应性，各地区要因地制宜、因人而异地选择适合的安置模式，以充分尊重农民的意愿，保障失地农民长远生

计为主要原则，增加失地农民对未来生活的信心，帮助其实现自我价值并尽快融入市民生活。对于经济基础好，社会保障体系完善的地区，可采用土地换社保的模式，对于区位条件好的地区，可采用留地安置及股份制模式，核发一定比例的留用地或留用房给村集体用于非农业建设，使得失地农民可长期享有未来土地的增值收益，但是要注意加强管理者的素质。对于不改变用途的农业项目征地，可采用就业安置模式，优先聘请本村农民继续从事农业生产。对年轻肯学的人员，政府应积极组织再就业培训并给予政策上的优惠，为失地农民的再就业提供支持与帮助。同时各种模式并不是单一且固定的，各地区可根据实际情况采用多种模式，逐步摸索出适合本地区的安置模式。

11.2.3 关注失地农民的心理状态，赋予农民知情权、参与权、表达权和监督权

我国征地制度改革对农民物质层面关注较多，不断提高的征地补偿标准使得失地农民的生活得到明显改善，然而政府对失地农民的心理层面关注较少，农民觉得自身没有得到尊重，处于一种被动的接受状态。在征地前后农民权益保护的分析中，农民的心理状态、程序权益都出现了明显的下降，弱势群体下降得尤为明显，因此，政府要充分尊重农民知情权，让农民参与到征地过程中来。在征地前要召开村民大会，告知土地被征收情况，被征地人可以对征地目的等问题提出质疑，如有异议可以向上级行政主管部门或是法院寻求救济。在征地环节，要充分尊重农民的意愿，在国家和地区的补偿分配大方针政策下，村民代表大会可依据实际情况与政府协商补偿标准及补偿方式，村集体内部协商补偿费的分配方案，并在村内显著位置公布征地的实施方案及征地补偿费的发放使用情况，接受村民的监督，确保征地决策过程的透明性和参与性。在征地完成后，政府也要持续关注失地农民的生活状况，做好信息反馈和后评估工作，对于困难家庭要给予帮助。同时，在农民转化为城市居民中，自身角色发生了重大转换，政府应给予更多的心理安抚，并提供更多的就业机会和优惠政策，在养老、医疗等方面给予同市民一样的待遇，帮助失地农民尽快适应城市生活。

11.2.4 关注征地过程中的弱势群体，给予差异化的权益保护政策

一是要建立弱势群体与非弱势群体差异化的权益保护政策。在经济方面，应当设置土地补偿费和土地增值收益的差异化配置模式。村集体内部分配土地补偿费时可以考虑给予弱势群体一定的倾斜，经村民大会讨论得到其他群体的同意后，利用村级提留款为弱势群体设立专项救助基金。此外，政府可以通过税收的手段

调节增值收益的再分配，防止贫富差距拉大。在发展机会方面，应当设置差异化的安置补偿模式，对于弱势群体尽量采用留地与就业相结合的安置方式，一方面让他们有地可依，规避失业风险；另一方面增加其非农业收入。在心理方面，社区活动中心要定期对弱势群体进行慰问和关心，主动与其接触，及时了解弱势群体的需求，并帮忙解决问题，鼓励其积极参与社区活动，多与邻里交流，早日打开心扉，融入新环境和新集体。在程序权益方面，应当赋予弱势群体和非弱势群体同样的知情权、参与权和表达权，同时设置严格的监督机制，畅通弱势群体的利益诉求渠道。

二是建立弱势群体内部差异化的权益保护政策。针对孤寡老弱类弱势群体，重点是做好养老、医疗保障，以及心理疏导工作，可以增加社区基础设施，供居民休闲娱乐，还可以开展丰富多彩的老年活动，如棋类竞赛、节日送温暖活动等，增添社区的文化氛围，给他们送去心理慰藉。针对病残类弱势群体，他们的压力主要来自巨大的医疗消费支出，因此建议完善医疗保障体系，同时设立专项救助资金，可以以政府集资的形式组成，也可以从土地补偿费村集提留中抽取部分组成。此外，建议政府给病残人员配备专业护工，经费由政府给付，优先为病残类家属推荐离家近的工作岗位，如环卫、绿化等，以方便对家庭的照顾。针对家庭中人多劳动力少类弱势群体，发展机会是其第三重要的诉求，一方面可以对其劳动力进行专项就业培训，增强工作技能，提升工作竞争力，然后推荐就业并对其工作情况进行跟踪调查；另一方面可以为其家庭的非劳动力提供帮助，如对其子女的教育进行补贴、减免学费书杂费等。

11.2.5　协调区域发展，促进土地收益分配的公平与效率统一

研究结果显示，征地虽然使得我国社会总体福利水平上升，但是土地增值收益分配的不平等指数也持续增加。公平和效率往往是相伴而生的，根据福利经济学和公平效率理论可知，征地过程中的土地增值收益分配，如果只考虑效率而不兼顾公平，会导致利益群体和地区之间的贫富差距扩大，引发一系列社会问题。如果只追求利益主体和地区之间的均等化必然会导致"效率危机"，政府土地财政收入减少，进而降低对农村建设的投入力度；投资者（开发商）无利可图，降低对土地市场的投资热情，导致市场经济的发展滞后。因此，征地过程中土地增值收益分配的公平性，应以全社会福利最大化为目标，同时坚持效率与公平协调统一的原则。一方面，要给予处于弱势的农民集体更多的补偿，以满足基本的生活需要，并且让农民参与到土地增值收益分配的过程中来，在保证机会公平的同时追求结果公平，促进资源最优配置，提高全社会成员的福利水平；另一方面，要协调区域发展，提高中西部欠发达地区的经济发展水平，在社会效率增长的同

时，要考虑各主体之间的利益分配关系，兼顾分配的公平性，促进城市化健康有序发展。

11.2.6　构建公平合理的土地征收利益分配机制

土地征收过程涉及政府、开发商、村集体及农民等多个利益主体，构建科学合理的土地征收利益分配机制，既要站在利益分配主体的角度考虑各个主体的主观意愿和期望，又要基于科学的测算，依据各个主体在征地过程中对土地增值的贡献和承担的风险比例，获得相应的土地增值收益份额，以实现多主体的利益共享。基于上述研究，提出如下建议：首先，要努力提高农民在土地增值收益分配中的比例，尤其注重对未成年和老年等弱势群体的权益保护，探索并建立农民分享土地增值收益的长效机制，如留地安置及股份制，使得失地农民能参与和分享城市化所带来的长远稳定的利益。其次，要改革土地征收过程中的租税费制度。当前的租税费体系混杂，存在着不合理征收、重复征收等一系列问题，因此要对征地的税费进行整合，主要用于耕地开发等项目支出，同时出让金收益应向农村倾斜，重点用于保障失地农民生活水平及基础设施建设。再次，进一步提高"招拍挂"的比例，显化土地价值。最后，征地补偿费的分配要遵循村民自治、民主协商的原则，公开分配征地补偿费方案及收益使用情况，接受村民监督，也可指定一个政府之外的机构作为契约中介机构，负责处理土地补偿费或收入的分配事宜，账户的收支情况定期公布于众，防止贪污腐败现象发生。

参 考 文 献

安翔. 2004. 论改革和完善我国收入分配的机制和体制[D]. 上海：华东师范大学.

白呈明. 2008. 土地补偿费分配中的国家政策与农民行为[J]. 中国农村观察，(5)：2-12.

鲍海君. 2009. 城乡征地增值收益分配：农民的反应与均衡路径[J]. 中国土地科学，23（7）：32-36.

边振兴，齐丽，刘洪斌，等. 2016. 城乡建设用地增减挂钩中土地增值收益研究——基于土地发展权视角[J]. 中国农业资源与区划，(3)：55-61.

蔡继明. 2004. 必须给被征地农民以合理补偿[J]. 中国审计，(8)：18.

蔡银莺，余元. 2012. 基本农田规划管制下农民的土地发展权受限分析——以江夏区五里界镇为实证[J]. 中国人口·资源与环境，22（9）：76-82.

柴芳墨，孙永军. 2013. 论基层政府侵害农民宅基地行为的规制[J]. 南京农业大学学报（社会科学版），13（4）：90-96.

陈承明. 2006. 论分配关系及其机制、体制和法制[J]. 郑州航空工业管理学院学报，(5)：18-22.

陈春节，佟仁城. 2013. 征地补偿价格量化研究——以北京市为例[J]. 中国土地科学，27（1）：41-47.

陈第华. 2014. 特殊保护弱势群体：公共政策之公平性考量[J]. 江汉论坛，(2)：81-84.

陈浩，葛亚赛. 2016. 基于可行能力的失地农民市民化测度及其影响因素研究[J]. 华中农业大学学报（社会科学版），(6)：17-75，142-143.

陈立明. 2007. 失地农民安置补偿方式的实证分析——基于永康、义乌的调查[D]. 杭州：浙江大学.

陈利根，刘方启. 2004. 修宪与土地征收制度的完善[J]. 南京农业大学学报（社会科学版），4（4）：13-17.

陈其强. 2018. 土地补偿费分配法律问题研究[D]. 赣州：江西理工大学.

陈婷. 2014. 土地征收补偿费用分配问题分析——以"瞿某、赵某诉小坪村委会案"为例[D]. 兰州：兰州大学.

陈暹秋. 2006. 土地补偿费在农村集体经济组织内部分配及使用的思考与建议[J]. 南方农村，(6)：30-34.

陈艳华，林依标，黄贤金. 2011. 被征地农户意愿受偿价格影响因素及其差异性的实证分析——基于福建省 16 个县 1436 户入户调查数据[J]. 中国农村经济，(4)：26-37，56.

陈莹，谭术魁. 2010. 征地补偿的分配模式与困境摆脱：武汉例证[J]. 改革，(1)：101-107.

陈莹，谭术魁，张安录. 2009. 公益性、非公益性土地征收补偿的差异性研究——基于湖北省 4 市 54 村 543 户农户问卷和 83 个征收案例的实证[J]. 管理世界，(10)：72-79.

陈莹，谭术魁，张安录. 2010. 基于供需理论的土地征收补偿研究——以湖北省为例[J]. 经济地理，30（2）：289-293.

陈莹, 王瑞芹. 2015. 基于农民福利视角的征地补偿安置政策绩效评价——武汉市江夏区和杭州市西湖区的实证[J]. 华中科技大学学报（社会科学版），（5）：71-79.

陈莹, 杨芳玲. 2018. 农用地征收过程中的增值收益分配研究——以湖北省 17 个地市（州）为例[J]. 华中科技大学学报（社会科学版），32（6）：119-126.

陈莹, 张安录. 2008. 宁波和武汉征地模式比较及启示[J]. 中国房地产研究，（2）：132-145.

陈竹, 张安录. 2013. 农地城市流转外部性研究进展评述[J]. 长江流域资源与环境，22（5）：618-625.

丛旭文, 王怀兴. 2012. 各利益主体权衡下的农民土地征收与补偿制度研究[J]. 东南学术，（5）：143-149.

崔永斗, 陈珂, 王秋兵, 等. 2007. 农村集体土地征收补偿费的分配方法[J]. 国土资源，（1）：35-37.

邓大松, 王曾. 2012. 城市化进程中失地农民福利水平的调查[J]. 经济纵横，（5）：53-57.

邓宏乾. 2008. 土地增值收益分配机制：创新与改革[J]. 华中师范大学学报（人文社会科学版），47（5）：42-49.

邓康. 2015. 农村征地补偿费分配中特殊群体利益的法律保护[D]. 长沙：湖南师范大学.

邓晓兰, 陈拓. 2014. 土地征收增值收益分配双规则及相关主体行为分析[J]. 贵州社会科学，（5）：82-87.

丁琳琳, 吴群, 李永乐. 2016. 土地征收中农户福利变化及其影响因素——基于江苏省不同地区的农户问卷调查[J]. 经济地理，36（12）：154-161.

丁琳琳, 吴群, 李永乐. 2017. 新型城镇化背景下失地农民福利变化研究[J]. 中国人口·资源与环境，27（3）：163-169.

杜新波, 孙习稳. 2003. 城市土地增值原理与收益分配分析[J]. 中国房地产，（8）：38-41.

杜业明. 2004. 也谈现阶段农地征用中的是是非非——与周诚先生商榷[J]. 中国土地，（4）：38-39.

冯琦, 冯叶, 叶鹏. 2007. 农村集体土地征收补偿费分配纠纷案件特点、成因及对策[J]. 法律适用，（9）：70-73.

高汉. 2006. 集体产权制度下征地收益分配的不合理性研究[J]. 农业经济，（3）：46-47.

高进云. 2008. 农地城市流转中农民福利变化研究[D]. 武汉：华中农业大学.

高进云, 乔荣锋. 2010a. 农地城市流转福利优化的动态分析[J]. 数学的实践与认识，40（6）：21-29.

高进云, 乔荣锋. 2010b. 森的可行能力框架下福利模糊评价的权重结构讨论[J]. 软科学，24（6）：133-136.

高进云, 乔荣锋. 2010c. 征地对农民福利影响的讨论——基于湖北省的实证分析[J]. 广东土地科学，（5）：31-36.

高进云, 乔荣锋. 2016. 土地征收前后农民福利变化测度与可行能力培养——基于天津市 4 区调查数据的实证研究[J]. 中国人口·资源与环境，26（S2）：158-161.

高进云, 乔荣锋, 张安录. 2007. 农地城市流转前后农户福利变化的模糊评价——基于森的可行能力理论[J]. 管理世界，（6）：45-55.

龚敬芬. 2016. 集体土地征收补偿费分配问题研究[D]. 重庆：西南政法大学.

顾莉萍, 薛莉. 2008. 按农龄分配：征地补偿分配的新思路[J]. 经济问题探索，（3）：161-166.

郭俊霞. 2015. 征地补偿分配中的"外来户"与集体成员权[J]. 华中科技大学学报（社会科学版），29（6）：111-119.

郭亮. 2012. 土地征收中的利益主体及其权利配置——对当前征地冲突的法社会学探析[J]. 华中科技大学学报（社会科学版），（5）：49-57.

郭玲霞，高贵现，彭开丽. 2012. 基于 Logistic 模型的失地农民土地征收意愿影响因素研究[J]. 资源科学，34（8）：1484-1492.

韩久莹，张安录，柯新利. 2017. 农地城市流转效率模式识别与土地差别化管理——基于非意愿产出的效率测度与决策分析[J]. 中国土地科学，31（11）：16-24，97.

韩俊英. 2018. 农村集体经济组织成员资格认定——自治、法制、德治协调的视域[J]. 中国土地科学，32（11）：16-21.

何杨，满燕云. 2012. 地方政府债务融资的风险控制——基于土地财政视角的分析[J]. 财贸经济，（5）：45-50.

胡动刚，闫广超，彭开丽. 2013. 武汉城市圈农地城市流转微观福利效应研究[J]. 中国土地科学，27（5）：20-26.

胡勇军，胡声军. 2005. 福利经济学及其理论演进[J]. 江西青年职业学院学报，（4）：53-55.

胡正平. 2009. 积极探索土地征用款分配制度改革[J]. 中国党政干部论坛，（2）：22-23.

黄琛莹. 2015. 森的可行能力理论下近郊失地农民福利变化研究——以武汉市 H 村为例[D]. 武汉：华中科技大学硕士学位论文.

黄福江. 2011. 构建农地征收补偿款村级分配机制的探讨[J]. 新疆农垦经济，（10）：20-23.

黄美均，诸培新. 2013. 完善重庆地票制度的思考——基于地票性质及功能的视角[J]. 中国土地科学，27（6）：48-52.

黄祖辉，汪晖. 2002. 非公共利益性质的征地行为与土地发展权补偿[J]. 经济研究，（5）：66-71，95.

江平，莫于川，姚辉，等. 2007. 土地流转制度创新六人谈——重庆土地新政争议引出的思考讨论[J]. 河南省政法管理干部学院学报，22（6）：24-38.

蒋冬梅. 2009. 耕地资源综合价值内涵及其量化研究——以南京市为例[D]. 南京：南京农业大学.

蒋省三，刘守英. 2004. 土地资本化与农村工业化——广东省佛山市南海经济发展调查[J]. 经济学（季刊），4：211-228.

金晓斌，魏西云，周寅康，等. 2008. 被征地农民留用地安置模式适用性评价研究——分析浙江省典型案例[J]. 中国土地科学，22（9）：27-32.

李代君. 2013. 论农村征地补偿中的村民分配资格问题[J]. 法制与社会，（18）：221-222.

李国健. 2008. 被征地农民的补偿安置研究[D]. 泰安：山东农业大学.

李集合，彭立峰. 2008. 土地征收：公平补偿离我们有多远？[J]. 河北法学，（9）：117-123.

李闽榕. 2005. 公平与效率真的是"鱼与熊掌不可兼得"吗？——对一个西方经济学界人为制造的伪命题的剖析[J]. 福建论坛（人文社会科学版），（7）：63-69.

李胜利，郑和园. 2015. 农村集体土地增值收益分配的公平与效率——博弈与权衡[J]. 西北工业大学学报（社会科学版），（2）：5-10.

李毅，孙焕良，范焕. 2019. 深度贫困区弱势群体自我发展能力评价研究——基于武陵山片花垣、保靖两县的实证分析[J]. 林业经济，（9）：123-128.

梁流涛，李俊岭，陈常优，等. 2018. 农地非农化中土地增值收益及合理分配比例测算：理论方法与实证——基于土地发展权和要素贡献理论的视角[J]. 干旱区资源与环境，32（3）：44-49.

梁爽. 2009. 土地非农化过程中的收益分配及其合理性评价——以河北省涿州市为例[J]. 中国土地科学，23（1）：4-8.

廖洪乐. 2007. 我国农村土地集体所有制的稳定与完善[J]. 管理世界，（11）：63-70，171-172.

林瑞瑞. 2015. 土地增值收益分配问题研究[D]. 北京：中国农业大学博士学位论文.

林瑞瑞，朱道林，刘晶，等. 2013. 土地增值产生环节及收益分配关系研究[J]. 中国土地科学，27（2）：3-8.

林毅夫. 2004. 征地：应走出计划经济的窠臼[J]. 中国土地，（6）：33-34.

刘灵辉. 2014. 城镇化进程中户籍非农化诱发的征地补偿收益分配冲突研究[J]. 中国人口·资源与环境，24（2）：76-81.

刘守英. 1993. 农地制度建设试验区的经验及其启示[J]. 管理世界，（3）：135-138.

刘卫东，彭俊. 2006. 征地补偿费用标准的合理确定[J]. 中国土地科学，20（1）：7-11.

刘雯波. 2009. 我国土地发展权研究现状[J]. 安徽农业科学，37（19）：9214-9216.

刘祥琪，陈钊，赵阳. 2012. 程序公正先于货币补偿：农民征地满意度的决定[J]. 管理世界，（2）：44-51，187-188.

刘小溪. 2013. 关于我国农村征地补偿款分配纠纷的法律思考[D]. 南宁：广西大学.

刘永健，耿弘，孙文华，等. 2017. 农地非农使用的增值收益及分配测算——来自长三角城市群的数据[J]. 北京理工大学学报（社会科学版），19（5）：97-103.

刘勇. 2003. 涨价归公的理论依据与政策评析——兼论我国土地增值税政策执行中的问题与对策[J]. 当代财经，（2）：24-27.

刘愿. 2008. 农民从土地股份制得到什么？——以南海农村股份经济为例[J]. 管理世界，（1）：75-81.

罗丹，严瑞珍，陈洁. 2004. 不同农村土地非农化模式的利益分配机制比较研究[J]. 管理世界，（9）：87-96，116-156.

罗尔斯 J. 2009. 正义论[M]. 何怀宏，何包钢，廖申白译. 北京：中国社会科学出版社.

罗志文. 2015. 土地产权、村庄治理与征地补偿费分配[D]. 南京：南京农业大学.

吕萍，刘新平，龙双双. 2005. 征地区片综合地价确定方法实证研究[J]. 中国土地科学，19（6）：30-35.

吕图，刘向南，刘鹏. 2018. 程序公正与征地补偿：基于程序性权利保障的影响分析[J]. 资源科学，40（9）：1742-1751.

麻战洪，刘勇. 2003. 关于征地补偿问题的探讨[J]. 农村经济，（2）：63-65.

马爱慧，蔡银莺，张安录. 2012. 基于选择实验法的耕地生态补偿额度测算[J]. 自然资源学报，27（7）：1154-1163.

马爱慧，张安录. 2013. 选择实验法视角的耕地生态补偿意愿实证研究——基于湖北武汉市问卷调查[J]. 资源科学，35（10）：2061-2066.

马建伟. 2013. 农村集体土地征地补偿费分配问题研究——基于集体组织成员视角[D]. 苏州：苏州大学.

马贤磊，曲福田. 2006. 经济转型期土地征收增值收益形成机理及其分配[J]. 中国土地科学，

20（5）：2-6，12.

马歇尔 A. 2017. 经济学原理[M]. 廉运杰译. 北京：华夏出版社.

毛泓，杨钢桥. 2000. 试论土地利益分配[J]. 中南财经大学学报，（2）：31-33.

毛振强，卢艳霞，李宪文，等. 2008. 土地征收和出让中不同集团利益取向的理论分析——兼论对耕地保护的影响[J]. 中国土地科学，22（3）：11-19.

莫玉龙. 2012. 土地征收补偿制度对农民福利影响评价[D]. 武汉：华中农业大学.

欧阳葵，王国成. 2014. 社会福利函数与收入不平等的度量——罗尔斯主义视角[J]. 经济研究，（2）：87-100.

彭开丽，张安录. 2012. 农地城市流转中土地增值收益分配不公平的度量——方法与案例[J]. 价值工程，（31）：1-4.

彭开丽，张鹏，张安录. 2009. 农地城市流转中不同权利主体的福利均衡分析[J]. 中国人口·资源与环境，19（2）：137-142.

钱凤魁. 2015. 基于发展权理论的土地增值收益分配研究[J]. 现代城市研究，（6）：59-63.

钱忠好. 2002. 农村土地承包经营权产权残缺与市场流转困境：理论与政策分析[J]. 管理世界，（6）：35-45.

乔蕻强，陈英. 2016. 基于结构方程模型的征地补偿农户满意度影响因素研究[J]. 干旱区资源与环境，30（1）：25-30.

仇军学. 2012. 浅论农村征地补偿款的分配[J]. 华北国土资源，（4）：137-139.

任纲，杨东朗. 2004. 论征地补偿中的教育补偿[J]. 武警工程学院学报，（2）：66-69.

上官厚兵. 2006. 福利经济学述评[D]. 长春：吉林大学.

邵艳. 2017. 正义理论视角下失地农民权益保障的困境与对策[J]. 江苏农业科学，（21）：349-352.

沈飞，朱道林，毕继业. 2004. 政府制度性寻租实证研究——以中国土地征用制度为例[J]. 中国土地科学，18（4）：3-8.

施英燕. 2013. 农村土地征收中妇女经济权益保障研究[D]. 南京：南京农业大学.

斯密 A. 2011. 国富论[M]. 郭大力译. 南京：译林出版社.

苏亚蕊. 2010. 征地补偿款分配存在的问题及对策建议[J]. 吉林农业，（7）：33，37.

谭术魁，张路，王斯亮，等. 2015. 土地二次开发中政府分享土地增值收益研究[J]. 资源科学，37（3）：436-441.

汪晖. 2002. 城乡结合部的土地征用：征用权与征地补偿[J]. 中国农村经济，（2）：40-46.

汪险生，郭忠兴，李宁，等. 2019. 土地征收对农户就业及福利的影响——基于 CHIP 数据的实证分析[J]. 公共管理学报，16（1）：153-168，176.

王超. 2015. 论罗尔斯《正义论》中的差别原则[D]. 重庆：四川外国语大学.

王崇敏，熊勇先. 2014. 论农地征收补偿费的分配[J]. 山东社会科学，（3）：70-75.

王海鸿，王丹，杜茎深. 2009. 征地补偿款村级分配问题研究[J]. 开发研究，（2）：74-79.

王剑利，庄孔韶，宋雷鸣. 2015. 农村扶贫工作中的弱势群体识别问题[J]. 中国农业大学学报（社会科学版），（2）：91-97.

王克忠. 2014. 论农地发展权和集体建设用地入市[J]. 社会科学，（3）：41-45.

王湃，凌雪冰. 2013. 基于农户受偿意愿的征地补偿及影响因素分析——以湖北省 4 市 25 村 354 份问卷为证[J]. 华中农业大学学报（社会科学版），（5）：127-132.

王如渊，孟凌. 2005. 对我国失地农民"留地安置"模式几个问题的思考——以深圳特区为例[J].

中国软科学，（10）：14-20.

王瑞雪，赵学涛，张安录. 2005. 农地非市场价值条件评估法及其应用[J]. 资源科学，27（3）：105-110.

王珊. 2013. 公益性和非公益性农地城市流转的农户福利效应研究[D]. 武汉：华中农业大学.

王伟，马超. 2013. 不同征地补偿模式下失地农民福利变化研究——来自准自然实验模糊评价的证据[J]. 经济与管理研究，（4）：52-60.

王小映，贺明玉，高永. 2006. 我国农地转用中的土地收益分配实证研究——基于昆山、桐城、新都三地的抽样调查分析[J]. 管理世界，（5）：62-68.

王晓明. 2016. 论农民公平分享农村土地增值收益的制度保障[J]. 农业经济，（1）：96-97.

王晓燕. 2004. 解读福利经济学[J]. 石家庄经济学院学报，（5）：558-561.

王雪青，夏妮妮，袁汝华，等. 2014. 公益性项目征地补偿依据及其测算标准研究——以苏州市为例[J]. 资源科学，36（2）：379-388.

王勇，付时鸣. 2005. 农地征用补偿的实物期权分析[J]. 改革，（9）：58-62.

魏子博，颜玉萍，石晓平，等. 2017. 城市棚户区改造土地增值收益分配机理研究——基于吉林省松原市的改造案例[J]. 中国土地科学，31（8）：24-31.

文学禹. 2009. 我国失地农民权益保障存在的问题、原因与对策[J]. 湖南社会科学，（1）：184-187.

吴克宁，史原轲，路婕，等. 2006. 农用地分等定级估价成果在征地补偿中的应用[J]. 资源与产业，（3）：50-52.

吴兆娟，丁声源，魏朝富，等. 2015. 丘陵山区地块尺度耕地社会稳定功能价值测算与提升[J]. 水土保持研究，22（5）：245-252.

伍世东. 2017. 农村集体成员征地补偿分配问题研究——以肇庆市高要区金渡镇为例[D]. 广州：华南理工大学.

武立永. 2014. 农民公平分享农村土地增值收益的效率和正义[J]. 农村经济，（4）：35-40.

肖屹，钱忠好. 2005. 交易费用、产权公共域与农地征用中农民土地权益侵害[J]. 农业经济问题，（9）：58-63.

谢高地，张彩霞，张昌顺，等. 2015. 中国生态系统服务的价值[J]. 资源科学，37（9）：1740-1746.

邢朝国. 2014. 村民自治与征地补偿费的村级分配[J]. 社会学评论，2（2）：82-89.

徐济益，马晨，许诺. 2018. 城乡结合部被征地农民多维福利测度[J]. 经济体制改革，（3）：59-66.

徐建春，李翠珍. 2013. 浙江农村土地股份制改革实践和探索[J]. 中国土地科学，27（5）：4-13.

徐进才，徐艳红，庞欣超，等. 2017. 基于"贡献—风险"的农地征收转用土地增值收益分配研究——以内蒙古和林格尔县为例[J]. 中国土地科学，31（3）：28-35.

徐唐奇，李雪，张安录. 2011. 农地城市流转中农民集体福利均衡分析[J]. 中国人口·资源与环境，21（5）：50-55.

徐元明. 2004. 失地农民市民化的障碍与对策[J]. 现代经济探讨，（11）：20-23，27.

许恒周，郭忠兴. 2011. 农村土地流转影响因素的理论与实证研究——基于农民阶层分化与产权偏好的视角[J]. 中国人口·资源与环境，21（3）：94-98.

许曼. 2014. 征地过程中土地红利的分配正义问题研究[D]. 长沙：湖南师范大学.

严金明. 2006. 土地收益分配制度改革势在必行[J]. 人民论坛，（22）：17.

杨红朝. 2015. 论农民公平分享土地增值收益的制度保障[J]. 农村经济，（4）：30-34.

杨建顺. 2013. 土地征收中的利益均衡论[J]. 浙江社会科学，（9）：43-54，156.

杨丽霞，苑韶峰，李胜男. 2018. 共享发展视野下农村宅基地入市增值收益的均衡分配[J]. 理论探索，（1）：92-97.

杨萍. 2015. 论农民公平分享农村土地增值收益的产权基础[J]. 开发研究，（3）：77-80.

杨庆育，高军. 2015. 我国农地确权制度改革研究——从正当性维度的考察[J]. 政法论丛，（6）：30-36.

杨维富. 2013-10-31. 完善现行征地补偿法规化解农村征地社会矛盾[N]. 中国经济时报，（5）.

姚明霞. 2001. 西方福利经济学的沉浮[J]. 当代经济研究，（4）：67-69.

姚如青. 2015. 农村土地非农开发和集体经济组织重构——基于浙江两种留地安置模式的比较[J]. 中国经济问题，（6）：37-48.

姚洋. 2000. 中国农地制度：一个分析框架[J]. 中国社会科学，（2）：54-65，206.

叶剑平，蒋妍，普罗斯特曼 R，等. 2006. 2005 年中国农村土地使用权调查研究——17 省调查结果及政策建议[J]. 管理世界，（7）：77-84.

于恩和，乔志敏. 1997. 重新认识级差地租及其与土地收益分配的关系[J]. 经济问题，（3）：9-10.

苑韶峰，杨丽霞，王庆日. 2012. 慈溪市四镇农地转用过程中农户福利变化的定量测度[J]. 中国土地科学，（10）：82-90.

俞静琰. 2013. 土地增值收益及其分配问题探讨[J]. 上海国土资源，（3）：38-41，47.

袁方，蔡银莺. 2012. 城市近郊被征地农民的福利变化测度——以武汉市江夏区五里界镇为实证[J]. 资源科学，（3）：449-458.

袁苗. 2006. 征用土地增值收益分配：一种基于产权经济学的分析框架[J]. 农村经济与科技，（12）：25-26.

原玉廷. 2005. 城市土地管理：："三权分离"与收益分配[J]. 经济问题，（1）：21-23.

臧俊梅，王万茂，陈茵茵. 2008. 农地非农化中土地增值分配与失地农民权益保障研究——基于农地发展权视角的分析[J]. 农业经济问题，29（2）：80-85.

张安录，胡越. 2016. 试论城乡建设用地增减挂钩中土地增值收益均衡分配——以湖北省襄阳市尹集乡为例[J]. 华中科技大学学报（社会科学版），（4）：91-98.

张广辉，魏建. 2013. 土地红利分配："重工业化、轻城镇化"到"工业化、城镇化并重"的转变[J]. 经济学家，（12）：57-64.

张宁宁. 2016. 新型城镇化进程中土地征收增值收益分配问题研究——以山东省为例[D]. 济南：山东财经大学.

张鹏，张安录. 2008. 城市边界土地增值收益之经济学分析——兼论土地征收中的农民利益保护[J]. 中国人口·资源与环境，18（2）：13-17.

张婉莹. 2015. 现阶段我国征地补偿价格标准研究[J]. 中国农业资源与区划，36（6）：69-76.

张小华，黎雨. 1997. 中国土地管理实务全书[M]. 北京：中国大地出版社.

张效军，欧名豪，高艳梅. 2008. 耕地保护区域补偿机制之价值标准探讨[J]. 中国人口·资源与环境，18（5）：154-160.

张志. 2013. 农村土地征收补偿款分配和使用法律问题研究——以山西省晋城市开发区为例[D]. 太原：山西大学.

张祚，李帆，王振伟，等. 2015. "土地财政"对城镇化的影响及相关问题分析——以武汉市为例[J]. 资源开发与市场，31（5）：584-587.

赵敦华. 1988. 劳斯的《正义论》解说[M]. 台北：远流出版事业股份有限公司.

赵秀君，高进云. 2019. 被征地农民福利水平影响因素差异分析——基于 Sen 的可行能力理论和结构方程模型[J]. 天津农业科学, 25（1）：65-71.

郑娟. 2007. 基于理性行动的征地补偿款村级分配研究[D]. 南京：河海大学.

周诚. 2006. "涨价归农"还是"涨价归公"[J]. 中国改革, （1）：63-65.

周建国. 2008. 论农村村民间征地补偿款分配争议[J]. 甘肃农业, （1）：52-53, 67.

周其仁. 2004. 产权与制度变迁：中国改革的经验研究[M]. 北京：北京大学出版社.

周天勇. 2006. 结构转型缓慢、失业严重和分配不公的制度症结[J]. 管理世界, （6）：27-36.

周义，张莹，任宏. 2014. 城乡交错区被征地农户的福利变迁研究[J]. 中国人口·资源与环境, （6）：30-36.

朱金东，孙婷婷. 2012. 论征地补偿费分配的反思与重构[J]. 政法论丛, （6）：115-120.

朱靖娟，李放. 2013. 土地出让金收益分配原则建构——源自分配正义理论的启示[J]. 新疆大学学报（哲学·人文社会科学版）, 41（2）：22-25.

朱兰兰，蔡银莺. 2013. 城乡转型过程中土地征收对失地农民微观福利的影响[J]. 华南农业大学学报（社会科学版）, （2）：34-43.

朱一中，曹裕. 2012. 农地非农化过程中的土地增值收益分配研究——基于土地发展权的视角[J]. 经济地理, 32（10）：133-138.

诸培新. 2005. 农地非农化配置：公平、效率与公共福利——基于江苏省南京市的实证分析[D]. 南京：南京农业大学.

邹海贵，曾长秋. 2010. 罗尔斯差别原则对弱势群体利益的关注——基于社会求助（保障）制度之道德正当性与政治合法性思考[J]. 天津大学学报（社会科学版）, 12（5）：448-453.

邹靖. 2012. 我国土地征收补偿款分配制度研究[D]. 海口：海南大学.

邹秀清，钟骁勇，肖泽干，等. 2012. 征地冲突中地方政府、中央政府和农户行为的动态博弈分析[J]. 中国土地科学, 26（10）：54-60.

Ackerman B A. 1977. Private Property and the Constitution[M]. New Haven：Yale University Press.

Alias A，Daud M D N. 2009. Developing a compensation framework for the acquisition of Orang Asli native lands in Malaysia: the professionals' perceptions[J]. Pacific Rim Property Research Journal，15（1）：36-67.

Anderson J E. 2005. Taxes and fees as forms of land use regulation[J]. The Journal of Real Estate Finance and Economics，（4）：413-427.

Anka L，Miran F，Frane L，et al. 2008. Modeling the rural land transaction procedure[J]. Land Use Policy，25（2）：290-297.

Arnott R，Greenwald B C，Stiglitz J E. 1994. Information and economic efficiency[J]. Information Economics and Policy，6（1）：77-82.

Atkinson A B. 2001. The strange disappearance of welfare economics[J]. Kyklos，Wiley Blackwell，54：193-206.

Blume L，Rubinfeld D L. 1984. Compensation for takings：an economic analysis[J]. California Law Review，72（4）：569-628.

Bohn H，Deacon R T. 2000. Ownership risk，investment，and the use of natural resources[J]. American Economic Review，90（3）：526-549.

Brandolini A，Magri S，Smeeding T. 2010. Asset-based measurement of poverty[J]. Journal of Policy

Analysis and Management，29（2）：267-284.

Bromley D W. 1995. Handbook of Environmental Economics[M]. Oxford：Blackwell Publishing.

Bryant C R，Russwurm L H，Mclellan A G. 1982. The City's Countryside：Land and Its Management in the Rural-Urban Fringe[M]. New York：Longman.

Burrows P. 1991. Compensation for compulsory acquisition[J]. Land Economics，67（1）：49-63.

Dworkin R. 1981. What is equality? Part 1：equality of welfare[J]. Philosophy & Public Affairs，10（3）：185-246.

Epstein R A. 1985. Takings，Private Property and the Power of Eminent Domain[M]. Harvard：Harvard University Press.

Esposto F G. 1996. The political economy of taking and just compensation[J]. Public Choice，89（3/4）：267-282.

Fan H X，Li Q L. 2015. Research on the problem and countermeasures of land expropriation compensation under the back ground of urbanization[R]. Bandung：11th Public Administration International Conference.

Ferranto S，Huntsinger L，Kelly M. 2014. Sustaining ecosystem services from private lands in California：the role of the landowner[J]. Rangelands，36（5）：44-51.

Fischel W A，Shapiro P. 1989. A constitutional choice model of compensation for takings[J]. International Review of Law and Economics，9（2）：115-128.

Gardner B D. 1977. The economics of agricultural land preservation[J]. American Journal of Agricultural Economics，59（5）：1027-1036.

Gengaje R K. 1992. Administration of farmland transfer in urban fringes：lessons from Maharashtra，India[J]. Land Use Policy，9（4）：272-286.

Ghatak M，Mookherjee D. 2014. Land acquisition for industrialization and compensation of displaced farmers[J]. Journal of Development Economics，110：303-312.

Giammarino R. 2005. Loggers versus campers：compensation for the taking of property rights[J]. The Journal of Law，Economics，and Organization，21（1）：136-152.

Han S S，Vu K T. 2008. Land acquisition in transitional Hanoi，Vietnam[J]. Urban Studies，45（5/6）：1097-1117.

Holcombe R G. 2004. The new urbanism versus the market process[J]. The Review of Austrian Economics，17（2/3）：285-300.

Hui E C M，Bao H J，Zhang X L. 2013. The policy and praxis of compensation for land expropriations in China：an appraisal from the perspective of social exclusion[J]. Land Use Policy，32：309-316.

Innes R. 2000. The economics of takings and compensation when land and its public use value are in private hands[J]. Land Economics，76（2）：195-212.

James M B. 1986. Liberty，Market，and State[M]. New York：New York University Press.

Janssen M C W，Gerth C，Jansen L，et al. 1996. The price of land and the process of expropriation[J]. De Economist，144（1）：63-77.

Kaplow L. 1986. An economic analysis of legal transitions[J]. Harvard Law Review，99（3）：509-617.

Kooten V. 1993. Land Resource Economics and Sustainable Development[M]. Vancouver：UBC Press.

Koroso N H, van der Molen P, Tuladhar A M, et al. 2013. Does the Chinese market for urban land use rights meet good governance principles? [J]. Land Use Policy, 30: 417-426.

Krusekopf C C. 2002. Diversity in land arrangements under the household responsibility system in China[J]. China Economic Review, 13 (2/3): 297-312.

Li J H, Yang D S, Hao X Y. 2009. Dynamic analysis method of economics for optimal land requisition path for the government[R]. Nanchang: International Conference on Management of e-Commerce and e-Government.

Lin R R, Zhu D L. 2014. A spatial and temporal analysis on land incremental values coupled with land rights in China[J]. Habitat International, 44: 168-176.

Macmillan D C. 2000. An economic case for land reform[J]. Land Use Policy, 17: 49-57.

Mangone G J. 2002. Private property rights: the development of takings in the United States[J]. The International Journal of Marine and Coastal Law, 17 (2): 195-233.

Mathur S, Smith A. 2013. Land value capture to fund public transportation infrastructure: examination of joint development projects' revenue yield and stability[J]. Transport Policy, 30: 327-335.

Michelman F. 1967. Property, utility, and fairness: comments on the ethical foundations of "just compensation" law[J]. Harvard Law Review, 80 (6): 1165-1258.

Mishra K, Sam A G. 2016. Does women's land ownership promote their empowerment? Empirical evidence from Nepal[J]. World Development, 78: 360-371.

Nosal E. 2001. The taking of land: market value compensation should be paid[J]. Journal of Public Economics, 82: 431-443.

Pond B, Yeates M. 1993. Rural/urban land conversion I: estimating the direct and indirect impacts[J]. Urban Geography, 14 (4): 323-347.

Pond B, Yeates M. 1994. Rural/urban land conversion II: identifying land in transition to urban use[J]. Urban Geography, 15 (1): 25-44.

Qian Z. 2015. Land acquisition compensation in post-reform China: evolution, structure and challenges in Hangzhou[J]. Land Use Policy, 46: 250-257.

Qu X M. 2015. Perfection of Chinese rural land expropriation compensation standard[R]. Paris: the 3rd International Conference on Economics and Social Science.

Ramsey F P. 1928. A mathematical theory of saving[J]. The Economic Journal, 38: 543-559.

Rawls J. 1971. A Theory of Justice[M]. Harvard: Harvard University Press.

Rawls J. 1996. Political Liberalism[M]. New York: Columbia University Press.

Rudi L M, Azadi H, Witlox F, et al. 2014. Land rights as an engine of growth? An analysis of Cambodian land grabs in the context of development theory[J]. Land Use Policy, 38: 564-572.

Sam M. 2005. Land and natural resource redistribution in Zimbabwe: access, equity and conflict[J]. African and Asian Studies, 4 (1/2): 187-224.

Schwarzwalder B. 1999. Compulsory acquisition, in legal impediments to effective rural land relations in Eastern Europe and Central Asia[R]. New York: World Bank.

Shi W. 2016. Measurement and analysis on influence of land expropriation on peasants' welfare based on investigations on Shenyang suburbs[R]. Moscow: the 2nd International Conference on Economy, Management, Law and Education.

Treeger C. 2004. Legal analysis of farmland expropriation in Namibia[J]. Analyses and Views，11：56-59.

Wen H Z，Goodman A C. 2013. Relationship between urban land price and housing price：evidence from 21 provincial capitals in China[J]. Habitat International，40：9-17.

Xiong S C. 2011. Land requisition compensation and resettlement issues and related policy analysis research[R]. Shanghai：the 3rd International Conference on Computer Research and Development.

Zhang N，He G. 2011. The choice of value orientation of land requisition system reform-based on the angle of returning power[R]. Shanghai：the 2nd International Conference on e-Business and e-Government.

附录一：被征地农民福利变化和受偿意愿调查问卷

①调查地点：_____村 ②调查员：_____ ③调查时间：_____

一、农户基本情况

性别	年龄	受教育程度	是否为村干部	是否为党员	是否有学龄子女	外出务工人口	职业类型	健康状况	居住时间

注：职业类型包括 1. 务农 2. 农业为主兼部分副业 3. 非农为主兼部分农业 4. 非农业；健康状况包括 1. 健康 2. 丧失部分劳动能力 3. 丧失绝大部分劳动能力 4. 完全丧失劳动能力；残疾重症等标注；居住时间包括 1.10 年以上 2.5~10 年 3.5 年以下

1. 如果可以选择的话，您是否愿意被征地（　　　）？
A. 愿意　B. 不愿意　C. 无所谓
如果您不愿意，那么原因是（　　　）。
A. 担心失去生活保障　　　　B. 补偿太少　　　　C. 习惯了这种生活方式
D. 担心被征地后自己的生活　　E. 对土地的感情　F. 其他
如果您愿意，那么原因是（　　　）。
A. 种地收入太低　B. 本来就不种地，可到外面专心打工
C. 正缺钱　D. 征地后生活环境会有改善　E. 促进本地区发展　F. 其他

二、征地对农户家庭福利的影响

1. 征地后，您的家庭生活水平总体上是（　　　）？征地后，您家庭的幸福感有什么变化（　　　）？
A. 有大幅度的提高　　B. 提高了一点　C. 没有变化
D. 降低了一点　　　　E. 有大幅度的降低
2. 征地对您家庭在以下哪些方面产生了影响？请在符合描述的一项打钩。

功能性活动	指标	影响				
		大幅下降	轻度下降	不变	轻度上升	大幅上升
经济状况	收入					
	支出					
	储蓄					

收入包括工资收入、务农收入、房屋出租收入、资产性收入等收入方面的变化情况；支出包括个人及家庭日常开销、购买相关物品和服务的支出及享受性消费等支出方面的变化情况；储蓄为被征地农民被征地后在银行等金融机构进行储蓄的变化状况，包括在定期活期存款、购买金融理财产品、股票账户、第三方支付平台上所存储或投入的金额发生的变化

社会保障	社保变化					

社会保障是指征地前后社保（包括养老保险、医疗保险等各类保险）的类型、种类是否发生有所增加，表现为是否新办社会保险

住房状况	房屋条件					
	装修状况					
	家用电器					

房屋条件表示住房条件出现的变化，住房条件包括：简易自建房、农村砖混自建房、还建小区住宅、普通单元式住宅、高端小区住宅、花园洋式住宅；装修状况表示征地前后住房装修状况的变化情况，包括：毛坯、简单装修、中等装修、精品装修、豪华装修；家用电器是指征地前后住房内家用电器的数量和质量状况

居住环境	配套设施					
	小区环境					

配套设施是指所居住地的周边基本的配套设施状况的变化状况，如交通基础设施配套、商业网点、电信邮递等状况；小区环境是指所居住地是否有相关的小区管理、小区设施和小区绿化及其变化

子女教育	便利性					
	教育质量					

便利性是指居住地周边是否新建或者撤销配套的中小学及其上学所需的通勤时间的变化等；教育质量包括师资状况、教学质量状况等

工作条件	工作状态					
	通勤时间					

工作状态是被征地前后具体的工作状况的变化，包括工作环境、工资待遇状况；通勤时间是指上下班所需的通勤时间的变化

家人健康	家人健康					

家人健康是被征地前后各个家庭成员的身体健康状况的变化情况

社会活动	亲友交往					
	公共活动					

亲友交往是指征地后被调查人与亲友交流往来的频率和次数的变化状况；公共活动是指征地后参加公共活动的情况的变化，包括活动内容和活动次数的变化

三、被征地农民受偿意愿调查

1. 对于征地补偿款，您希望的发放方式是（　　　）？

A. 一次性全额发放

B. 首次发放一部分，剩下的分次发放（按存款利息）：首次发放____%

C. 全部分次发放　　D. 其他____

选择的原因是：_____（如家庭急需钱、自己拿钱比较自由、自己可投资、多月发放可以持续保障等）

对于宅基地，您期望的补偿方式是（　　　）？

A. 全部货币补偿　　B. 给予一定的货币补偿，另批宅基地

C. 直接置换新的住宅　　D. 给予货币补偿，但给予优惠购房的价格　　E. 其他

2. 对于征地补偿方式，您希望的是（　　　）

A. 单一模式　　B. 组合模式　　C. 其他

3. 您对征地前的生活状况是否满意（　　　）？您对征地后的生活状况是否满意（　　　）？

A. 非常满意　　B. 基本上满意　　C. 一般　　D. 比较不满意　　E. 完全不满意

4. 如果现在你再次面临征地补偿，现在政府提供普通小学（光谷一小到光谷九小及初中）的入学资格，如果你选择该补偿，你将减少一部分征地补偿款，您最多能接受减少（　　　）的征地补偿款用以获得该项特定的福利。

5. 如果现在你再次面临征地补偿，现在政府的还建房 5 公里范围内提供基层社区医院（医疗设施完善，医务人员充足、具有相关资质，整体上能满足相应的就诊需求），还建房其他的条件不变，如果你选择该补偿，你将减少一部分征地补偿款，您最多能接受减少（　　　）的征地补偿款用以获得该项特定的福利。

6. 如果现在你再次面临征地补偿，现在政府提供普通城市小区平均水平的基础设施建设和生活设施，但还建房其他的条件不变，如果你选择该补偿，你将减少一部分征地补偿款，您最多能接受减少（　　　）的征地补偿款用以获得该项特定的福利。

7. 如果现在你再次面临征地补偿，但现在政府提供拥有普通城市区平均水平治安、绿化环境的还建房，但还建房其他的条件不变，如果你选择该补偿，你将减少一部分征地补偿款，您最多能接受减少（　　　）的征地补偿款用以获得该项特定的福利。

8. 如果现在你再次面临征地补偿，但现在政府提供就业技能培训并推荐就业，使你获得较为稳定的工作以保障后续生活，如果你选择该补偿，你将减少一部分征地补偿款，您最多能接受减少（　　　）的征地补偿款用以获得该项特定的福利。

9. 如果现在你再次面临征地补偿，现在政府提供的还建房不改变原有的居民组成，原有邻居依然住在同一栋楼，但还建房其他的条件不变，如果你选择该补偿，你将减少一部分征地补偿款，您最多能接受减少（　　　）的征地补偿款用以获得该项特定的福利。

A. 5000 元以下　　　　　B. 5000～10 000 元　　　C. 10 000～15 000 元

D. 15 000～20 000 元　　E. 20 000～25 000 元　　F. 25 000～30 000 元

G. 30 000～35 000 元　　H. 35 000～40 000 元

四、其他

您在被征地过程中还有遇到哪些问题？特别是在非经济方面？

附录二：征地过程中各主体认知和意愿期望的土地收益分配调查问卷

调查地点：_____（乡、镇、街道办）_____（村、社区）

调查时间：_____　问卷编号：_____　调查员：_____

一、农户及其征地基本情况

性别	年龄	教育程度	是否为村干部	是否为党员	家庭人口	家庭年收入	家庭年农业收入	职业类型

注：教育程度 A. 小学及以下　B. 中学及以下　C. 高中及以下　D. 高中以上；是否村干部/是否党员 A. 是 B. 不是；家庭年收入（万元/年）A. <3　B. 3~5　C. 5~7　D. 7~9　E. >9；家庭年农业收入（万元/年）A. <2 B. 2~3　C. 3~4　D. 4~5　E. 5~6　F. >6；职业类型 A. 农业　B. 非农业　C. 兼业以农业为主　D. 兼业以非农业为主　E. 学生　F. 其他

征地时间	被征地类型	被征地面积/亩	征地用途	征地补偿/元			
				土地补偿	地上附着物补偿	青苗补偿	安置补助

注：被征地类型 A. 耕地　B. 园地　C. 林地　D. 菜地　E. 宅基地　F. 养殖水面　G. 其他用地类型（备注）；征地用途 A. 住宅用地　B. 商业用地　C. 工业用地　D. 公共事业建设用地　E. 其他

二、农户对征地及其收益分配的认知

1. 您认为土地对农户家庭的作用有哪些：

A. 家庭收入主要来源　　　　B. 全家日常生活所需粮食靠土地提供

C. 土地是主要保障　　　　　D. 可供子女继承的财产

E. 被征地后可以获得补偿　　F. 提供优美的生活环境

G. 其他作用_____

2. 您认为承包土地属于谁所有：

A. 国家　　　　　　　　B. 政府　　　　　　　　C. 村集体

D. 村民小组　　　　　　E. 个人

3. 您认为您获得征地补偿的需求有哪些？（多选）

A. 保障家庭生产和生活所需　　　　B. 未来养老的需要

C. 家庭医疗的需要　　　　　　　　D. 子女接受教育的需要

E. 投资的需要　　　　　　　　　　F. 其他_____

4. 您认为村集体获得征地补偿的需求有哪些？（多选）

A. 村内公共基础设施建设　　　　　B. 村集体经济产业发展

C. 贫困村民补助　　　　　　　　　D. 被征地农民保险缴纳和就业培训

E. 村集体行政开支　　　　　　　　F. 其他_____

5. 您认为国家和政府获得征地收益的需求有哪些？（多选）

A. 城市基础设施建设　　　　　　　B. 征地和拆迁补偿支出

C. 城市土地开发　　　　　　　　　D. 被征地农民社会保障支出

E. 农村和农业土地开发　　　　　　F. 耕地保护开发整理

G. 政府行政办公开支　　　　　　　H. 其他_____

6. 您对当前的土地征收政策满意吗？

A. 满意　　　　　　　B. 不满意　　　　　　　　C. 一般

若不满意，原因是_____

A. 补偿标准太低　　　　　　　　　B. 补偿方式太单一

C. 各主体间收益分配不公平　　　　D. 征地过程中忽视了农民的意见

E. 其他_____

三、农户对征地收益分配的态度

本次研究通过梳理在征地过程中参与土地收益分配的农民、集体、中央政府、地方政府等各主体的收益类型，探讨在现有的征地收益分配制度下各利益主体之间的征地收益分配格局。

1. 您对当前的征地收益分配格局满意吗？　A. 满意　　B. 不满意　　C. 一般

2. 您认为您获得的征地补偿在哪些方面能够满足需求？（多选）哪些方面不能满足？（多选）

A. 保障家庭生产和生活所需　　　　B. 未来养老的需要

C. 家庭医疗的需要　　　　　　　　D. 子女接受教育的需要

E. 投资的需要　　　　　　　　　　F. 其他_____

3. 您认为农民目前所占的土地收益比例：A. 过高　　B. 过低　　C. 合适

如果您认为农民所占收益比例不合适，那么您认为这个比例大概应该是多少？

A. 10%以下　　　　　B. 10%～20%　　　C. 20%～30%　　　D. 30%～40%

E. 40%～50%　　　F. 50%～60%　　　G. 60%～70%　　　H. 70%～80%

I. 80%～90%　　　J. 90%～100%

4. 您认为村集体是否合理使用了征地补偿款？

A. 合理　　　　　　　　　　B. 不合理　　　　　　　　　C. 不清楚

5. 您认为村集体在使用征地补偿款的哪些方面还需要改进？（多选）

A. 村内公共基础设施建设　　　　　B. 村集体经济产业发展

C. 贫困村民补助　　　　　　　　　D. 被征地农民保险缴纳和就业培训

E. 村集体行政开支　　　　　　　　F. 其他_____

6. 您认为村集体是否有权参与分配土地补偿费：

A. 有权　　　　　　　　　　B. 无权

C. 根本不应该　　　　　　　D. 无所谓

如果您认为村组有权留用部分土地补偿费，那您认为这个比例大概是多少？

A. 10%以下　　　B. 10%～20%　　　C. 20%～30%　　　D. 30%～40%

E. 40%～50%　　　F. 50%～60%　　　G. 60%～70%　　　H. 70%～80%

I. 80%～90%　　　J. 90%～100%

7. 您认为村集体目前所占的土地收益比例：

A. 过高　　　　B. 过低　　　　C. 合适　　　　D. 不应该占用

如果您认为村组所占收益比例不合适，那您认为这个比例大概应该是多少？

A. 2%以下　　　B. 2%～4%　　　C. 4%～6%　　　D. 6%～8%

E. 8%～10%　　　F. 10%～15%　　　G. 15%～20%　　　H. 20%～40%

I. 40%～60%　　　J. 60%～80%　　　K. 80%以上

8. 您认为政府是否合理使用了征地收益？

A. 合理　　　　　　　　　　B. 不合理　　　　　　　　　C. 不清楚

9. 您认为政府在使用征地收益的哪些方面还需要改进？（多选）

A. 城市基础设施建设　　　　　　　B. 征地和拆迁补偿支出

C. 城市土地开发　　　　　　　　　D. 被征地农民社会保障支出

E. 农村和农业土地开发　　　　　　F. 耕地保护、开发和整理

G. 政府行政办公开支　　　　　　　H. 其他_____

10. 您认为政府目前所占的土地收益比例（　　　　）？

A. 过高　　　　B. 过低　　　　C. 合适　　　　D. 不应该占用

如果您认为政府所占收益比例不合适，那么您认为这个比例大概应该是多少？

A. 10%以下　　　B. 10%～20%　　　C. 20%～30%　　　D. 30%～40%

E. 40%～50%　　　F. 50%～60%　　　G. 60%～70%　　　H. 70%～80%

I. 80%～90%　　　J. 90%～100%

附录三：失地农民权益保护情况调查问卷

一、被访者的基本情况

您家属于_____村。

A1 您的年龄是（　　）。

A. 30 岁及以下　　　　　　B. 31～40 岁　　　　　　C. 41～50 岁

D. 51～60 岁　　　　　　　E. 60 岁以上

A2 您的受教育程度是（　　）。

A. 小学及小学以下　　　　　　　B. 初中

C. 高中或中专　　　　　　　　　D. 大专及大专以上

A3 您家共有（　　）口人，其中劳动力个数是（　　），抚养儿女个数是（　　），赡养老人个数是（　　）。

A4 您家的生活水平与其他村民相比如何（　　）。

A. 好　　　　　　　　　　B. 较好　　　　　　　　C. 一般

D. 较差　　　　　　　　　E. 差

（选 D/E 原因是：□家人患有严重疾病　　□家庭中人多劳动力少　　□孤寡老弱）

二、征地前后的经济状况

B1 征地前您家的农业收入是（　　）元/年，征地后您家的农业收入是（　　）元/年。

B2 征地前您家的非农业收入是（　　）元/年，征地后您家的非农业收入是（　　）元/年。

B3 征地前您家的家庭支出是（　　）元/年，征地后您家的家庭支出是（　　）元/年。

B4 失地后，您家庭的生活水平与以前相比如何？A. 上升　B. 持平　C. 下降

三、征地前后的家庭居住情况

C1 征地前您家的居住面积：（　　　）；征地后您家的居住面积：（　　　）。

C2 征地前您家的房屋质量（　　　），征地后您家的房屋质量（　　　）。

A. 非常好　　　　　　　　　B. 好　　　　　　　　　C. 一般

D. 不好　　　　　　　　　　E. 非常不好

C3 总体而言，您对征地前后居住环境的变化满意度如何（　　　）？

A. 非常满意　　　　　　　　B. 满意　　　　　　　　C. 一般

D. 不满意　　　　　　　　　E. 非常不满意

四、征地后的社会保障情况

D1 征地后您家享受保险情况（　　　）。

A. 失地养老保险　　　　　　　　　B. 失地医疗保险

D2 总体而言，您对失地后的社会保障情况是否满意（　　　）？

A. 非常满意　　　　　　　　B. 满意　　　　　　　　C. 一般

D. 不满意　　　　　　　　　E. 非常不满意

五、发展机会情况

E1 征地前您家主要劳动力的工作是（　　　），征地后您家主要劳动力的工作是（　　　）。

A. 务农　　　　　　　　　　B. 务工　　　　　　　　C. 个体户

D. 职业技术工作　　　　　　E. 公职人员　　　　　　F. 待业

E2 征地前的就业难易程度（　　　），征地后的就业难易程度（　　　）。

A. 很容易　　　　　　　　　B. 容易　　　　　　　　C. 一般

D. 难　　　　　　　　　　　E. 很难

E3 征地后政府是否提供就业培训（　　　）？A. 是　B. 否

六、心理状态情况

F1 征地前您的家庭关系（　　　），征地后您的家庭关系（　　　）。

A. 非常和谐　　　　　　　　B. 和谐　　　　　　　　C. 一般

D. 不和谐　　　　　　　　　E. 非常不和谐

（如果选 E，请说明原因）＿＿＿＿＿＿＿＿＿＿＿＿＿＿＿＿

F2 征地后您对新环境的适应情况如何（　　　）？

A. 非常适应　　　　　　　　B. 适应　　　　　　　　C. 一般

D. 不适应　　　　　　　　　E. 非常不适应

F3 征地后您的邻里关系情况如何（　　　）？

A. 非常融洽　　　　　　　　B. 融洽　　　　　　　　C. 一般

D. 不融洽　　　　　　　　　E. 非常不融洽

七、程序保障情况

G1 您是否了解征地补偿制度（　　　）？

A. 非常了解　　　　　　　　B. 了解　　　　　　　　C. 一般

D. 不了解　　　　　　　　　E. 非常不了解

G2 您是否参与村民大会讨论决定征地事宜（　　　）？A. 是　B. 否

G3 您是否参与了对土地补偿标准、安置途径听证（　　　）？A. 是　B. 否

G4 您是否有权查询村集体保留的补偿款的使用情况（　　　）？A. 是　B. 否

G5 在征地过程中，您家是否存在被强制搬迁的情况（　　　）？A. 是　B. 否

G6 征地中遇到问题时，上诉的途径是否畅通（　　　）？A. 是　B. 否

G7 总体而言，您对政府的征地的程序性工作是否满意（　　　）？

A. 非常满意　　　　　　　　B. 满意　　　　　　　　C. 一般

D. 不满意　　　　　　　　　E. 非常不满意

H 您对自身权益所获得的保障满意吗？

A. 非常满意　　　　　　　　B. 满意　　　　　　　　C. 一般

D. 不满意　　　　　　　　　E. 非常不满意

针对弱势群体的问题：

I1 您认为以下项目的重要性排序是？

□经济状况　□居住情况　□社会保障　□发展机会　□心理状况　□程序保障

I2 政府是否对您及您的家庭提供额外的帮扶（　　　）？A. 是　B. 否

（如有提供，请填写具体的帮扶措施）

I3 您希望政府给予您及家庭何种帮扶？（可多选，请按重要性排序）

□提供最低生活保障　□提供一次性货币补贴　□提供子女教育补贴

□提供免费就业培训　□提供失业保险　□提供就业岗位

□提供创业基金　□提供新房装修补助　□提供定期免费医疗卫生服务

□提高医疗保险的报销比例　□其他

针对非弱势群体的问题：

J1 您有意愿帮扶弱势群体吗？

A. 有　　　　　　　　　　　　　　B. 没有

J2 您认为应该给予何种帮扶？（可多选，请按重要性排序）

□心理关爱　□就业引导　□生活帮助　□子女教育帮助

□及时告知相关信息　□其他

附录四：弱势群体权益保护访谈提纲

一、针对村干部的提问

1. 您村的土地面积是多少？人口是多少？人均农用地面积是多少？征地前的主要劳动力收入来源是什么？
2. 您村先后发生过几次征地？请说明每次的征地时间、面积、用途、补偿方式。
3. 您觉得征地对弱势群体有何影响？
4. 您觉得村集体在征地过程中应如何帮扶弱势群体？

二、针对政府的提问

1. 征地过程是否遇到困难？什么困难？征地补偿是否考虑到不同群体的需求？如何考虑的？
2. 您觉得征地对弱势群体有何影响？
3. 您觉得政府在征地的过程中应该如何帮扶弱势群体？
4. 您觉得征地补偿制度是否需要完善？如何完善？